山海经

任思源 / 注译

民主与建设出版社

© 民主与建设出版社，2019

图书在版编目（CIP）数据

山海经 / 任思源注译 .-- 北京：民主与建设出版社，2019.5（2021.4 重印）
ISBN 978-7-5139-2468-9

Ⅰ.①山… Ⅱ.①任… Ⅲ.①历史地理—中国—古代 ②《山海经》- 注释 ③《山海经》- 译文 Ⅳ.① K928.631

中国版本图书馆 CIP 数据核字（2019）第 073182 号

山海经
SHAN HAI JING

注　　译	任思源
责任编辑	刘树民
封面设计	三石工作室
出版发行	民主与建设出版社有限责任公司
电　　话	（010）59417747　59419778
社　　址	北京市海淀区西三环中路 10 号望海楼 E 座 7 层
邮　　编	100142
印　　刷	三河市天润建兴印务有限公司
版　　次	2019 年 5 月第 1 版
印　　次	2021 年 4 月第 2 次印刷
开　　本	630mm×910mm　1/16
印　　张	28
字　　数	360 千字
书　　号	ISBN 978-7-5139-2468-9
定　　价	78.00 元

注：如发现质量问题，请联系调换。

前言

　　《山海经》是先秦典籍中包含了历史、神话、宗教、天文、地理、民俗、民族、物产、医药等多种资料的小百科全书，也可以说是最古老的地理人文志。它自古以来就被视为一部奇书，它超越了时空的限制，记叙神奇的人物、灵异的禽兽、域内园林、海外仙山，还有奇珍异宝……形象地展现了一幅幅神奇的远古生活图卷。《山海经》最重要的价值之一在于它保存了大量的神话传说，除了我们所熟知的"大禹治水""夸父逐日""精卫填海"以外，还有很多大家不熟悉的内容，如祭山的仪式、黄帝大战蚩尤的传说等。这些传说为我们研究古代的宗教和部落之间的战争提供了极其珍贵的历史材料；书中记载的各种奇思妙想、世界奇观，是后世乃至今天的文学家、艺术家获得创作灵感的宝库。一千多年前的陶渊明，就把阅读《山海经》当作一种精神享受，他说在春夏之交，静坐南窗下，"泛览《周王传》，流观山海图"，是人生乐事。

　　《山海经》全书18卷，约31000字。全书内容，以《五藏山经》5卷和《海外经》4卷作为一组，《海内经》4卷作为一组，而《大荒经》4卷以及书末《海内经》1卷又作为一组。每组的组织结构自具首尾，前后贯串，纲目分明。《山经》以山为纲，分南、西、北、东、中五个山系，以道路和方向互为经纬，有条不紊地叙述了每座

· 1 ·

山的地理位置、走向及山中树木和物产，详细记载了矿产的分布，并对其颜色、光泽、硬度等详细说明，还记载了各种动植物的形态及药用价值。在叙述河流时，说明了其发源、流向以及主要水系和支流的分布情况。该书按照地区记录事物，所记事物大部分由南开始，然后向西，再向北，最后到达大陆（九州）中部，九州四围是东海、西海、南海和北海。

《山海经》在很长的历史时间里是藏于深宫、王府的，在民间则成为巫师和方士珍藏的秘籍。我们现在看《山海经》完全是穿越时空游历古代知识宝库。在空间上，从海内展现到海外；从时间上，从当世追溯到远古。题《山经》为"藏"，其含义是宝藏，即详述各山各水蕴藏的宝藏；而《海经》《荒经》记载了很多上古、远方的神话传说、神奇巫术、神秘信仰，这其实也是一种宝藏，是人文历史的宝藏，在这里我们可以追寻到许多中华民族的文化之"根"。

这部古老而神秘的奇书不断吸引着现代学者的关注、研究，地理学家、人类学家和古代史专家用现代的观念、科学的思想和方法去深入挖掘宝藏，在地理、神话、民俗等珍贵资料之外还不断有新的发现。可以说，《山海经》是一部有很大开发、研究空间的知识宝库。

为了使广大读者读懂这样一部反映了我们祖先伟大想象力、创造力，蕴藏了巨大智慧的典籍，我们对《山海经》的原文做了系统的、全面的整理，选择最好的古代版本互相参照，并参考了袁珂、张步天等多位当代学者的研究成果，以使本书能体现《山海经》的最新研究水平。本书将正确的原文、详细的注释和准确明白的译文互相对照排列，使读者轻松愉快地读懂历来被认为深奥的《山海经》。

目录

第一卷　南山经
南山经 / 2
南次二经 / 9
南次三经 / 18

第二卷　西山经
西山经 / 26
西次二经 / 40
西次三经 / 49
西次四经 / 66

第三卷　北山经
北山经 / 79
北次二经 / 94
北次三经 / 103

第四卷　东山经
东山经 / 128
东次二经 / 135
东次三经 / 144

东次四经 / 149

第五卷　中山经
中山经 / 156
中次二经 / 164
中次三经 / 169
中次四经 / 173
中次五经 / 179
中次六经 / 186
中次七经 / 195
中次八经 / 207
中次九经 / 219
中次十经 / 229
中次十一经 / 234
中次十二经 / 257

第六卷　海外南经
海外南经 / 269

第七卷　海外西经
海外西经 / 280

第八卷　海外北经

海外北经 / 291

第九卷　海外东经

海外东经 / 302

第十卷　海内南经

海内南经 / 311

第十一卷　海内西经

海内西经 / 319

第十二卷　海内北经

海内北经 / 330

第十三卷　海内东经

海内东经 / 343

第十四卷　大荒东经

大荒东经 / 359

第十五卷　大荒南经

大荒南经 / 374

第十六卷　大荒西经

大荒西经 / 389

第十七卷　大荒北经

大荒北经 / 410

第十八卷　海内经

海内经 / 426

第一卷　南山经

《南山经》记载了位于中国南方的一系列山系，以及从这些山脉发源的各条河流。这些山川河流大致位于今天的浙江舟山群岛以西、湖南西部以东、广东南海以北。在这些地域中孕育着多种多样的植物、动物和神灵，同时还蕴藏了各种珍贵的矿产。

南山经

【导读】

《南山经》记载了南方第一列山系䧿山，以及山系中招摇山、即翼山、基山等九座山和宪翼水、英水、汸水等七个水系，以及生长在其中的各种珍稀奇特的草木植物。这些山峦水系大体分布在广西、广东和福建境内，但几乎所有山的具体位置都难以考证。

【原文】

1.1 南山经①之首曰䧿山②。其首曰招摇之山③，临于西海④之上，多桂⑤，多金、玉。有草焉，其状如韭而青华⑥，其名曰祝余⑦，食之不饥。有木焉，其状如榖⑧而黑理，其华四照，其名曰迷榖⑨，佩之不迷。有兽焉，其状如禺⑩而白耳，伏行人走，其名曰狌狌⑪，食之善走。丽䴢⑫之水出焉，而西流注于海⑬，其中多育沛⑭，佩之无瘕疾⑮。

【注释】

①经：指经典或某些学科的专门性著作。一说指经历；一说是衍文。②䧿山：上古时期山系名。一说指南岭山脉；一说是今广西漓江上游的猫儿山。③招摇之山：招摇山。此山大致在今广西或广东境内。④西海：水名，在今广西境内。⑤桂：桂花树。⑥华：同"花"。⑦祝余：一说指山韭菜；一说指天门冬。⑧榖（gǔ）：构树。理：纹理。⑨迷榖：一说指榖树；一说特指雌性榖树。⑩禺：猴类，似猕猴而较大。⑪狌狌（xīng）：猩猩。⑫丽（jǐ）之水：丽䴢水。一说指今广东的连江；一说指漓江；一说指位于广西的钦江。⑬海：一说指西海；一说指南海。⑭育沛：一说指琥珀；一说指一种外形像龟的爬行动物。⑮瘕（jiǎ）疾：即蛊胀病。

【译文】

南方的第一列山系名叫䧿鹊山。䧿山的首座山，名叫招摇山。它紧靠西海，山上长有许多桂树，又多产金属矿物和玉石。山中有一种草，形状像韭菜，开青色的花，名字叫祝余，人吃了它，就不会感到饥饿。山中还长有一种树，它的形状像构树，树上有黑色的纹理，开的花能发光，可以照亮四周，它的名字叫迷榖，把它佩戴在身上就不会迷路。山中有一种野兽，长得像长尾猿，但耳朵是白色的，趴着身子走路，还能像人一样直立行走，它的名字叫狌狌，人吃了它的肉，能走得更快。丽䴢水发源于招摇山，向西流入大海，水中有很多育沛，把它佩戴在身上，就不会患上由寄生虫引起的病。

【原文】

1.2　又东三百里，曰堂庭之山①，多棪木②，多白猿，多水玉③，多黄金。

【注释】

①堂庭之山：指堂庭山，大体在湘粤交界处。②棪（yǎn）：果木名，果实像苹果。③水玉：水晶。

【译文】

往东三百里，叫作堂庭山，山中生长着很多棪木，它的果实像苹果；又多产白猿，多产水晶，多产黄金。

【原文】

1.3　又东三百八十里，曰即翼之山①，其中多怪兽，水多怪鱼，多白玉，多蝮虫②，多怪蛇，多怪木，不可以上。

【注释】

①即翼之山：即翼山。一说是今广东云开山；一说是今湖南境内的一个山系。②蝮虫：郭璞云："蝮虫，色如绶文，鼻上有针，大

者百余斤,一名反鼻;虫,古虺字。"

【译文】

再往东三百八十里,有一座山,叫即翼山,山里有很多怪兽,附近水中有很多怪鱼,山上有很多白玉,多产反鼻虫,多产怪蛇,多产怪木,高峻不可攀登。

【原文】

1.4 又东三百七十里,曰杻阳之山①,其阳多赤金,其阴多白金。有兽焉,其状如马而白首,其文如虎而赤尾②,其音如谣,其名曰鹿蜀③,佩之宜子孙。怪水出焉④,而东流注于宪翼之水⑤。其中多玄龟,其状如龟而鸟首虺尾⑥,其名曰旋龟,其音如判木⑦,佩之不聋,可以为底⑧。

【注释】

① 杻(niǔ)阳之山:杻阳山。一说指今广东连县北的方山;一说指今广东的鼎湖山。② 文:花纹。③ 鹿蜀:一说指斑马;一说是鹿的一种。④ 怪水:一说指位于今广东的一条河流;一说指形状怪异的河流。⑤ 宪翼之水:宪翼水,可能在今广东境内。⑥ 虺(huǐ):一种毒蛇。⑦ 判木:劈开木头。⑧ 为:治疗。底:同"胝(zhī)",指脚底的茧子。

【译文】

再往东三百七十里,叫作杻阳山。山的南面有很多赤金,山的北面有很多白金。山里有一种兽,形如马,头为白色,身上有老虎一样的花纹,而且还有红色的尾巴,鸣叫声就像唱歌一样,它的名字叫作鹿蜀,佩戴它的皮毛能福延子孙。有一条怪水出自杻阳山,向东流入宪翼水。水中生有很多黑色的龟,形状像乌龟,脑袋像鸟,尾巴与蛇的尾巴相似,这种动物叫作旋龟,它发出的声音就像劈木头的声音一样,佩戴它可以防止耳聋,还能医治足底的老茧。

【原文】

1.5 又东三百里，曰柢山①，多水，无草木。有鱼焉，其状如牛，陵居，蛇尾有翼，其羽在魼下②，其音如留牛③，其名曰鲮④，冬死而夏生⑤，食之无肿疾⑥。

【注释】

①柢（dǐ）山：山名。在今广东境内。②羽：鸟虫的翅膀。魼（xié）：鱼胁，鱼的肋骨部位。③留牛：一说指瘤牛；一说指犁牛。④鲮（lù）：鱼名。一说指穿山甲。⑤冬死：冬眠。⑥肿：毒疮。

【译文】

再往东三百里，有座柢山，山中多水，山上没有草木。山中有一种鱼，形状像牛，生活在丘陵之上，有蛇一样的尾巴，有翅膀，长于胁下，叫声如犁牛一般，它的名字叫作鲮，冬眠夏醒，吃了它的肉，人就不会再长毒疮。

【原文】

1.6 又东四百里，曰亶爰之山①，多水，无草木，不可以上。有兽焉，其状如狸而有髦②，其名曰类③，自为牝牡④，食者不妒。

【注释】

①亶（chán）爰（yuán）之山：亶爰山，在今广东境内。②狸：山猫。髦：头发。③类：大灵猫。④牝（pìn）牡（mǔ）：雌性和雄性。

【译文】

再往东四百里，有一座亶爰山。山里多水，没有草木，人们不能攀登上去。山里有一种兽，形状长得像山猫，头上有毛发，这种兽叫作类，它一身兼有雌雄两性，可以自行交配，人吃了它的肉，就不会嫉妒。

【原文】

1.7 又东三百里，曰基山①，其阳多玉，其阴多怪木。有兽焉，其状如羊，九尾四耳，其目在背，其名曰猼訑②，佩之不畏。有鸟焉，其状如鸡而三首六目、六足三翼，其名曰𪁺鵂③，食之无卧④。

【注释】

①基山：山名。在今广东境内。②猼（bó）訑（shì）：传说中的一种兽。③𪁺（chǎng）鵂（fū）：传说中的一种鸟。④无卧：不想睡觉。

【译文】

再往东三百里，有座基山。山的南面有许多玉石，北面长有很多怪木。山中有一种兽，形状如羊一般，有九条尾巴、四只耳朵，眼睛长在背上，它的名字叫猼訑，佩戴上它的皮毛，人就会无所畏惧。山中有一种鸟，形状像鸡，却有三个脑袋、六只眼睛、六条腿、三只翅膀，它的名字叫作𪁺鵂，人吃了它的肉，就不想睡觉了。

【原文】

1.8 又东三百里，曰青丘之山①，其阳多玉，其阴多青䨼②。有兽焉，其状如狐而九尾，其音如婴儿，能食人；食者不蛊③。有鸟焉，其状如鸠，其音若呵④，名曰灌灌，佩之不惑。英水出焉，南流注于即翼之泽⑤。其中多赤鱬⑥，其状如鱼而人面，其音如鸳鸯，食之不疥⑦。

【注释】

①青丘之山：青丘山，可能是今福建西北的武夷山。②青䨼

(huò)：青色的善丹。古人认为可以做美好的颜料。③蛊：毒热恶气。④呵：大声斥责。⑤即翼之泽：即翼山中的湖泽。⑥鱬：传说中的一种鱼。⑦疥：疥疮。

【译文】

再往东三百里，有座青丘山。山的南面有很多玉石，山的北面出产大量的青䨄。山中有一种野兽，形状像狐狸，长着九条尾巴，发出的声音就像婴儿的啼哭声，能吃人。人吃了它的肉，就能不逢妖邪之气。山中有一种鸟，形状像雉鸡，叫声像人们大声斥骂的声音，这种鸟的名字叫灌灌，把它的羽毛佩戴在身上，人就不会迷惑。英水发源于青丘山，向南流入即翼泽中。英水中有很多人鱼类的赤鱬，形状和鱼相似，长着人一样的脸，发出的声音就像鸳鸯的鸣叫，人吃了它的肉，就不会生疥疮。

【原文】

1.9 又东三百五十里，曰箕尾之山①，其尾踆于东海②，多沙石。汸水出焉③，而南流注于淯④，其中多白玉。

【注释】

①箕（jī）尾之山：箕尾山，可能在今福建东部。②踆：通"蹲"。③汸（fāng）：水名。可能指位于福建福安县南注于三都澳的交溪。④淯（yù）：水名。一说指闽江。

【译文】

再往东三百五十里，有座箕尾山。山的尾部蹲踞在东海海边，山上多沙石。汸水发源于此山，向南流入淯水，汸水之中有很多白玉。

【原文】

1.10 凡䧿山之首，自招摇之山，以至箕尾之山，凡十山，二千九百五十里。其神状皆鸟身而龙首。其祠之礼：毛用一璋玉瘗①，糈用稌米②，白菅为席③。

【注释】

①毛：祭祀时用的带毛的动物。璋：一种玉器，形状像珪的一半。瘗（yì）：埋。②糈（xǔ）：祭神用的精米。稌（tú）：稻子。特指粳稻和糯稻。③菅（jiān）：菅茅。

【译文】

总计䧿山的开始，从第一座山招摇山算起，一直到箕尾山为止，总共有十座山，行经的途程共是二千九百五十里。诸山山神的形状都是鸟的身子，龙的脑袋。祭祀山神的仪式是：把带毛的动物和一块玉璋一起埋入地下，用糯米作为祭神用的精米，用白茅作为草席铺在山神座下。

南次二经

【导读】

《南次二经》中记载了从柜山到漆吴山共十七座山的地理位置和山川风貌，这些山分布在今湖南到浙江一带。中华名山会稽山就在这列山系中。这些山上栖息着各种各样的怪兽，如猪形鸡足的狸力，四只耳朵的水怪长右，长着牛尾能吃人的彘等。这列山系中许多山上还盛产美丽的玉石。

【原文】

1.11　南次二经①之首，曰柜山②，西临流黄③，北望诸毗④，东望长右⑤。英水出焉，西南流注于赤水⑥，其中多白玉，多丹粟⑦。有兽焉，其状如豚，有距⑧，其音如狗吠，其名曰狸力⑨，见则其县多土功⑩。有鸟焉，其状如鸱而人手⑪，其音如痹⑫，其名曰鴸⑬，其鸣自号也，见则其县多放士⑭。

【注释】

①南次二经：南山经中的第二经。②柜（jǔ）山：山名。一说是与武夷山相连的仙霞岭；一说指湖南西北部的某座山。③流黄：即流黄酆氏，国名。④诸毗（pí）：一说为山名；一说为水名。⑤长右：山名。可能是今湖南雪峰山中段。⑥赤水：水名，此水位于闽江上游。⑦丹粟：像粟粒一样的红色细沙。⑧距：雄鸡爪子后面突出像脚趾的部分。⑨狸力：传说中的一种兽。⑩土功：指治水、筑城、建造宫殿等工程。⑪鸱（chī）：鹞鹰。⑫痹（bēi）：鸟名。⑬鴸（zhū）：传说中的一种鸟。⑭放士：被流放的人。

【译文】

南方第二列山系的头一座山，名叫柜山，它西面紧靠流黄酆氏国,北面能望见诸𣭅山,东面能看到长右山。英水从柜山发源,向西南流入赤水,水中有许多白玉,多产像粟粒一样的丹沙。山中有一种野兽,形状如小猪一般,爪子像鸡爪子一样,发出的声音像狗叫声,它的名字叫狸力,它出现在哪个县,哪个县就会大兴土木。有一种鸟,它的形状像鹞鹰,它的脚像人手,声音如同痺鸣一般,它的名字叫鴸,它叫起来,就像是在喊自己的名字,它在哪个县出现,哪个县就会有许多人遭到流放。

【原文】

1.12 东南四百五十里,曰长右之山①,无草木,多水。有兽焉,其状如禺而四耳②,其名长右,其音如吟,见则其郡县大水。

【注释】

①长右之山:长右山。一说在今湖南雪峰山中段。②禺:猴类的一种,似猕猴而较大。

【译文】

往东南四百五十里有座山,叫作长右山。山里没有草木,山间多水。山中有一种兽,形状像猕猴,长着四只耳朵,它的名字叫长右,它发音时像是人在呻吟,它出现在哪个县,哪个县就会发生大水灾。

【原文】

1.13 又东三百四十里,曰尧光之山①,其阳多玉,其阴多金。有兽焉,其状如人而彘鬣②,穴居而冬蛰,其名曰猾褢③,其音如斫木④,见则县有大繇⑤。

【注释】

①尧光之山:尧光山,在湘赣鄂一带。②彘:猪。鬣(liè):

长而刚硬的毛。③猾裹（huái）：一种兽。④斫（zhuó）木：砍伐树木。⑤繇：通"徭"，徭役。

【译文】

再往东三百四十里有座山，名叫尧光山。山的南面有很多玉，山的北面有很多黄金。山里有一种兽，形状像人，长着猪一样的鬃毛，在洞穴里居住，冬天蛰伏起来，它的名字叫猾裹，它的声音如同砍伐木头时发出的声音。它在哪个县出现，哪个县就会有大的劳役之灾。

【原文】

1.14　又东三百五十里，曰羽山①，其下多水，其上多雨，无草木，多蝮虫②。

【注释】

①羽山：山名。一说在今浙江境内；一说在今江西境内。②蝮虫：反鼻虫。

【译文】

再往东三百五十里有座山，名叫羽山。这座山的下边多水，山上雨量充沛，不长草木，到处都是反鼻虫。

【原文】

1.15　又东三百七十里，曰瞿父之山①，无草木，多金玉。

【注释】

①瞿父之山：瞿父山，在今浙江境内。

【译文】

再往东三百七十里，有座瞿父山，山上不长草木，但却盛产金属和玉石。

【原文】

1.16　又东四百里，曰句余之山①，无草木，多金玉。

【注释】

①句余之山：句余山，在今浙江境内。

【译文】

再往东四百里，有座句余山，山上不长草木，山里出产丰富的金属和玉石。

【原文】

1.17　又东五百里，曰浮玉之山①，北望具区②，东望诸毗③。有兽焉，其状如虎而牛尾，其音如吠犬，其名曰彘，是食人。苕水出于其阴④，北流注于具区。其中多鮆鱼⑤。

【注释】

①浮玉之山：浮玉山，即今浙江境内的天目山。②具区：水名，今太湖。③诸毗（pí）：一说为山名；一说为水名。④苕（tiáo）水：苕溪。⑤鮆（cǐ）鱼：一种狭薄而长头的鱼，大的有尺多长，又叫刀鱼。

【译文】

再往东五百里，有座浮玉山，北面能看到具区泽，东面能看到诸毗水。山中有兽，形状像老虎，尾如牛，声如狗吠，它名为彘，会吃人。苕水发源自此山的北面，向北流入太湖。水中多鮆鱼。

【原文】

1.18　又东五百里，曰成山，四方而三坛①，其上多金玉，其下多青䨣。闿水出焉②，而南流注于虖勺③，其中多黄金。

【注释】

①三坛：像三个重叠的坛子。②阏（zhuō）水：水名。③虖勺（hū shuò）：水名。疑为浙江境内的富春江。

【译文】

再往东五百里，有座成山，此山为四方形，像三个重叠的土坛。此山多产金属矿物和玉，山下有很多可作青色颜料的矿物。阏水发源于此，向南流入虖勺，水中多黄金。

【原文】

1.19　又东五百里，曰会稽之山①，四方，其上多金玉，其下多砆石②。勺水出焉③，而南流注于湨④。

【注释】

①会（kuài）稽之山：会稽山，在今浙江境内。②砆（fū）石：即武夫石，近似玉石。③勺水：水名。在会稽山中。④湨（jú）：水名。可能是由勺水等注入后形成的湖泊。

【译文】

再往东五百里有座山，名叫会稽山，山呈四方形，山上盛产丰富的金属和玉石，山下盛产像玉石的武夫石。勺水源自会稽山，之后向南流入湨水。

【原文】

1.20　又东五百里，曰夷山①，无草木，多沙石，湨水出焉，而南流注于列涂②。

【注释】

①夷山：山名。在今浙江或福建境内。②列涂：水名。指丰溪下游云江。

【译文】

再往东五百里,有座夷山,山上不长草木,有很多沙石。溴水从此处发源,向南注入列涂水。

【原文】

1.21 又东五百里,曰仆勾之山①,其上多金玉,其下多草木,无鸟兽,无水。

【注释】

①仆勾之山:仆勾山。一说在今浙江境内;一说在今福建境内。

【译文】

再往东五百里,有座仆勾山,山上盛产金属和玉石,山下有很多草木,山中没有鸟兽,也没有水。

【原文】

1.22 又东五百里,曰咸阴之山①,无草木,无水。

【注释】

①咸阴之山:咸阴山,在今浙江境内。

【译文】

再往东五百里,有座咸阴山,山中没有草木,也没有水。

【原文】

1.23 又东四百里,曰洵山①,其阳多金,其阴多玉。有兽焉,其状如羊而无口,不可杀也②,其名曰𢄈③。洵水出焉,而南流注于阏之泽④,其中多茈蠃⑤。

【注释】

①洵(xún)山:山名。在今浙江境内。②杀:死。③𢄈

（huàn）：传说中的一种兽。④阏（è）之泽：阏泽，水名。⑤茈（zǐ）蠃（luó）：指紫色的螺。蠃：通"螺"。

【译文】

再往东四百里有座山，名叫洵山，山的南面盛产金属，山的北面有许多玉。山中有种兽，形状像羊，没有嘴，但不会饿死，它的名字叫作𤜌。洵水发源于此山，向南流入阏泽，水中生有很多紫色的螺。

【原文】

1.24　又东四百里，曰虖勺之山①，其上多梓枏②，其下多荆杞③。滂水出焉④，而东流注于海。

【注释】

①虖勺之山：虖勺山，在今浙江省境内。②梓枏（nán）：梓树和楠木。③荆：属落叶灌木，种类很多，有牡荆、黄荆、紫荆等。杞：枸杞。④滂（pāng）水：水名。即今浙江瓯江。

【译文】

再往东四百里，就是虖勺山，山上到处是梓树和楠树，山下长着很多牡荆和枸杞这类灌木。滂水就从这座山中发源，然后向东流入大海。

【原文】

1.25　又东五百里，曰区吴之山①，无草木，多沙石。鹿水出焉②，而南流注于滂水。

【注释】

①区（ōu）吴之山：区吴山，在今浙江境内。②鹿水：水名。一说应作"丽水"。

【译文】

再往东五百里,有座区吴山,山中不长草木,有很多沙石。鹿水发源于此,向南流入滂水。

【原文】

1.26　又东五百里,曰鹿吴之山①,上无草木,多金石。泽更之水出焉②,而南流注于滂水。水有兽焉,名曰蛊雕,其状如雕而有角,其音如婴儿之音,是食人。

【注释】

①鹿吴之山:鹿吴山,在今浙江境内。②泽更之水:泽更水,此水应纵横多支,合流后向南注于瓯江。

【译文】

再往东五百里,有座山名叫鹿吴山,山上没有草木,多产金属矿物和玉石。泽更水发源于此,向南流入滂水。水中有一种兽,名叫蛊雕,形状像雕,头上长着角,发音像婴儿啼哭,会吃人。

【原文】

1.27　东五百里,曰漆吴之山①,无草木,多博石②,无玉。处于海,东望丘山,其光载出载入,是惟日次③。

【注释】

①漆吴之山:漆吴山,疑指今浙江东部海外诸岛。②博石:可以做成棋子的石头。③次:停留、休息。

【译文】

再往东五百里,有座漆吴山,山中不长草木,到处都是可用于做成棋子的博石,却不产玉石。此山处于海边,向东望去可以望见一片起伏的丘陵,远处有光影忽明忽灭,是太阳休息的地方。

【原文】

1.28　凡南次二经之首,自柜山至于漆吴之山,凡十七山,七千二百里。其神状皆龙身而鸟首。其祠:毛用一璧瘗①,糈用稌②。

【注释】

①毛:用于祭祀的有毛的动物,如猪、牛等。璧:平而圆、中心有孔的玉。瘗(yì):埋葬。②糈(xǔ):精米,古代用以祭神。稌(tú):稻子。特指糯稻。

【译文】

总计南方第二列山系的开始,从柜山起到漆吴山止,共有十七座山,行经七千二百里。诸山山神都是龙身鸟头。祭祀诸山山神的仪式是:把带毛的动物(猪鸡犬羊等)和一块璧一起埋入地下,用糯米作为祭祀山神的精米。

南次三经

【导读】

《南次三经》记载了天虞山至南禺山的地理分布和物产风貌，经中说有十四座山，其实只有十三座。这列山系位于南次二经所记载的山系的南面，每座山的地理位置都难以考证，只知道它们大体分布在广西、广东境内。

这列山系中也生活着许多奇珍异兽，如：祷过山上被古代人奉为神兽的犀牛，丹穴山中的五彩祥鸟凤凰，还有长着人面、有四只眼睛的颙，以及长着猪毛的鱼。

【原文】

1.29　南次三经之首，曰天虞之山①，其下多水，不可以上。

【注释】

①天虞之山：天虞山，应在今广东境内。

【译文】

南方第三列山系的开头一座山，名叫天虞山，山下多水，人无法登上去。

【原文】

1.30　东五百里，曰祷过之山①，其上多金玉，其下多犀、兕②，多象。有鸟焉，其状如䴔③，而白首、三足、人面，其名曰瞿如，其鸣自号也。浪水出焉④，而南流注于海。其中有虎蛟，其状鱼身而蛇尾，其音如鸳鸯，食者不肿⑤，可以已痔⑥。

【注释】

①祷过之山：祷过山。一说在今广东境内；一说在今广西境内。②犀：犀牛。兕（sì）：一种类似犀牛的动物。③鵁（jiāo）：传说中的一种鸟。④泿（yín）水：古水名。上游是今广西东北部的洛清江，中下游为柳江、黔江、西江。⑤肿：毒疮。⑥已：治愈。痔：痔疮。

【译文】

往东五百里有座山，叫作祷过山，山上盛产金属和玉石，山下有很多犀牛和兕，有很多象。山中有一种鸟，形状像鵁，长着白色的脑袋、三只脚、人一样的脸，它的名字叫瞿如，发出的声音就像在喊自己的名字。泿水发源于此山，向南流入大海。水中有一种虎蛟，形状是鱼身蛇尾，发出的声音好像鸳鸯鸣叫，吃了它的肉不会生毒疮，还可以治疗痔疮。

【原文】

1.31 又东五百里，曰丹穴之山①，其上多金玉。丹水出焉，而南流注于渤海②。有鸟焉，其状如鸡，五采而文③，名曰凤皇④，首文曰德，翼文曰义，背文曰礼，膺文曰仁⑤，腹文曰信。是鸟也，饮食自然，自歌自舞，见则天下安宁。

【注释】

①丹穴之山：丹穴山，在今缅甸境内。②渤海：这里指南海。③文：通"纹"，花纹。④凤皇：凤凰。⑤膺：胸。

【译文】

再往东五百里，有座丹穴山，山上盛产金属和玉石。丹水发源于此山，向南流入南海。山中有一种鸟，形状像鸡，身上有五彩斑斓的羽毛，花纹像文字的形状，它的名字叫凤凰，它头上的花纹像"德"字，翅膀上的花纹像"义"字，背上的花纹像"礼"字，胸部的花纹像"仁"字,腹部的花纹像"信"字。这种鸟,进食从容自如,唱歌跳舞自由自在,它一出现,就表示天下会太平安宁。

【原文】

1.32 又东五百里,曰发爽之山①,无草木,多水,多白猿。汎水出焉,而南流注于渤海。

【注释】

①发爽之山:发爽山。一说在今缅甸境内;一说在今广西境内。

【译文】

再往东五百里有座山,名叫发爽山,山中不长草木,有很多水,也有许多白猿。汎水发源自发爽山,向南流入南海。

【原文】

1.33 又东四百里,至于旄山之尾①,其南有谷,曰育遗,多怪鸟,凯风自是出②。

【注释】

①旄(máo)山:一说是今广东罗浮山;一说是泰国清迈西南的长岭。②凯风:南风,意思是和暖的风。

【译文】

再往东四百里,便到了旄山的尾端,它的南面有一个山谷,名叫育遗,谷中有许多怪鸟,南风从这个山谷中吹出。

【原文】

1.34 又东四百里,至于非山之首,其上多金玉,无水,其下多蝮虫①。

【注释】

①蝮虫:反鼻虫。

【译文】

再往东四百里,就到了非山的前端,山上有很多金和玉,没有水,山下有很多反鼻虫。

【原文】

1.35 又东五百里,曰阳夹之山①,无草木,多水。

【注释】

① 阳夹之山:阳夹山,在今广西境内。

【译文】

再往东五百里有座山,名叫阳夹山,山上不长草木,有很多水。

【原文】

1.36 又东五百里,曰灌湘之山①,上多木,无草;多怪鸟,无兽。

【注释】

① 灌湘之山:灌湘山。一说在今广西境内;一说是云南景洪与琅勃拉邦山之间的山脉。

【译文】

再往东五百里,有座灌湘山,山上多树木,却不长草,山中有很多怪鸟,但没有野兽。

【原文】

1.37 又东五百里,曰鸡山①,其上多金,其下多丹雘②。黑水出焉③,而南流注于海。其中有鱄鱼④,其状如鲋而彘毛⑤,其音如豚⑥,见则天下大旱。

【注释】

① 鸡山:山名。一说是今广东韶关的桂山;一说在今广西境

内。②丹雘（huò）：红色的可做颜料的矿物。③黑水：水名。为澜沧江上游。④鮅（tuán）鱼：传说中的一种鱼。⑤鲋（fù）：鲫鱼。彘：猪。⑥豚：小猪，也泛指猪。

【译文】

再往东五百里有座山，叫作鸡山，山上盛产金属，山下有很多朱红色的善丹。黑水发源于此山，向南注入大海。水中有一种鮅鱼，体形像鲫鱼，身上有猪一样的毛，发出的声音如同小猪在叫，只要它一出现，就会发生大旱。

【原文】

1.38 又东四百里，曰令丘之山①，无草木，多火。其南有谷焉，曰中谷，条风自是出②。有鸟焉，其状如枭③，人面四目而有耳，其名曰颙④，其鸣自号也，见则天下大旱。

【注释】

①令丘之山：令丘山。一说在今老挝境内；一说在今广东或广西境内。②条风：东北风。③枭：通"鸮"，猫头鹰一类的鸟。④颙（yú）：传说中的一种怪鸟。

【译文】

再往东四百里，有座令丘山，山中不长草木，到处有火在燃烧。它的南边有一个山谷，名叫中谷，东北风就从这里吹出。山中有一种鸟，形状像猫头鹰，长着人一样的脸，有四只眼睛，有耳朵，名字叫颙，它发出的声音就像在喊自己的名字，它只要一出现，天下就会大旱。

【原文】

1.39 又东三百七十里，曰仑者之山①，其上多金玉，其下多青雘②。有木焉，其状如榖而赤理③，其汁如漆，其味如饴④，食者不饥，可以释劳，其名曰白䓘⑤，可以血玉⑥。

【注释】

① 仑者之山：仑者山，今老挝镇宁高原的比亚山脉。② 青䨼（huò）：青色的可做颜料的矿物。③ 榖：这里指构树。④ 饴：糖浆。⑤ 白䔄（gāo）：植物名。⑥ 血：染上色彩。

【译文】

再往东三百七十里，有座仑者山，山上有多产金属和玉石，山下多产青䨼。山中生长着一种树，形状像构树，树身有红色的纹理，从枝干流出的汁液如漆一般，味道像糖一般甜蜜，吃了它就不觉得饥饿，还能解除疲劳，此树叫作白䔄，可以用它给玉石染色。

【原文】

1.40 又东五百八十里，曰禺槀之山①，多怪兽，多大蛇。

【注释】

① 禺槀（gǎo）之山：禺槀山。一说是今广州的白云山；一说是广东、广西交界处的云开大山；一说是云南的无量山。

【译文】

再往东五百八十里有座山，名叫禺槀山，山中多怪兽，有很多大蛇。

【原文】

1.41 又东五百八十里，曰南禺之山①，其上多金玉，其下多水。有穴焉，水出辄入②，夏乃出，冬则闭。佐水出焉③，而东南流注于海，有凤皇、鹓雏④。

【注释】

① 南禺之山：南禺山。一说在今云南境内；一说在今广东境内。② 出：似应作"春"。③ 佐水：水名。疑指越南的红河。④ 鹓（yuān）雏：传说中与鸾凤同类的鸟。

【译文】

再往东五百八十里,有座山名叫南禺山,山上盛产金属和玉石,山下有很多水。山里有一个洞穴,春天有水流入其中,夏天水从洞穴里流出,冬天洞内无水。佐水源自此山,向东南流入大海,水边有凤凰和鹓雏。

【原文】

1.42 凡南次三经之首,自天虞之山以至南禺之山,凡一十四山,六千五百三十里。其神皆龙身而人面。其祠皆一白狗祈,糈用稌①。

【注释】

① 糈(xǔ):祭神用的精米。稌(tú):稻子。特指糯稻。

【译文】

南方第三列山系,从天虞山起到南禺山止,共十四座山,行经六千五百三十里。每座山的山神都是龙身人面。祭祀山神时,都要杀一条白色的狗来祈祷,用糯米作祭祀用的精米。

【原文】

1.43 右南经之山志①,大小凡四十山,万六千三百八十里。

【注释】

① 右:古籍通常是从右到左的竖排格式,这里的"右",相当于现在的"以上"。志:记载的文字。

【译文】

以上所说的是《南山经》中记载的山,共有大小四十座,总长达一万六千三百八十里。

第二卷 西山经

《西山经》记载了位于中国西部的七十七座山及其中的河流、动植矿物、山神、历史人物等，位于今陕西、山西、甘肃、宁夏、青海、新疆、内蒙古境内，其中近三分之一的山的具体位置可以确定。

西山经

【导读】

《西山经》记录了钱来山到騩山,共计十九座山的地理位置和山川风貌,它们大致分布在今陕西、甘肃、青海一带,著名的西岳华山就在这列山系中。

经中还记载了许多有药用价值的植物,说明当时的人们已经具备初步的药学知识,如能解毒消肿的木槿、能治疗心痛病的草荔草、能治疗恶疮的熏草等。当时的人们还用碱性的洗石来洗澡,并把羬羊的脂肪涂在身上防止皮肤干裂。

这列山系中还有各种野兽出没,如六足四翅的肥蟥、头上有四只角的玃如。此外,山中栖息着鹦鹉、数斯等禽鸟,水中生活着四只脚的娃娃鱼。

【原文】

2.1 西山经华山之首①,曰钱来之山②,其上多松,其下多洗石③。有兽焉,其状如羊而马尾,名曰羬羊④,其脂可以已腊⑤。

【注释】

①华山:古称"西岳",在今陕西华阴市南。②钱来之山:钱来山,可能指河南洛阳南县与卢氏县之间的界山。③洗石:含碱之石,能溶解污垢。④羬(qián)羊:一种野生的大尾羊。⑤已:治愈。腊(xī):皮肤干裂。

【译文】

西方第一列山系是华山山系,它的第一座山是钱来山,山上有许多松树,山下有很多洗石。山里有一种兽,形状如羊一般,长着马一样的尾巴,名字叫㹅羊,它的油脂可用来治疗皮肤干裂。

【原文】

2.2 西四十五里,曰松果之山①。濩水出焉②,北流注于渭③,其中多铜。有鸟焉,其名曰䳋渠④,其状如山鸡,黑身赤足,可以已㾰⑤。

【注释】

① 松果之山:松果山,在今陕西境内。② 濩(huò)水:一作"灌水",现名潼河,在今陕西境内,流入黄河、渭河。③ 渭:渭河,在今陕西中部。④ 䳋(tóng)渠:鸟名,水雉,外形似雉,体大如斑鸠。⑤ 已:治愈。㾰(bào):皮肉干裂皱起。

【译文】

往西四十五里,有座松果山。濩水发源于此山,向北流入渭水,水中有很多铜。山里有一种鸟,名叫䳋渠,它的形状像山鸡,身子是黑色的,足爪是红色的,吃了它的肉,可以治疗皮肤干裂发皱。

【原文】

2.3 又西六十里,曰太华之山①,削成而四方,其高五千仞②,其广十里,鸟兽莫居。有蛇焉,名曰肥䗖③,六足四翼,见则天下大旱。

【注释】

① 太华之山:太华山,是华山的主峰。② 仞:古代以八尺或七尺为一仞。③ 肥䗖(wèi):传说中的一种蛇。

【译文】

再往西六十里有座山,名叫太华山,山势像是用刀斧劈削而成的一样,呈四方形,高五千仞,范围广阔,纵横十里,连鸟兽都无法在山上栖身。(山中)有一种蛇,名叫肥䗖,长着六条腿、四只翅膀,只要它一出现,天下就会发生旱灾。

【原文】

2.4 又西八十里,曰小华之山①,其木多荆杞②,其兽多㸲牛③,其阴多磬石④,其阳多㻲琈之玉⑤。鸟多赤鷩⑥,可以御火。其草有萆荔⑦,状如乌韭⑧,而生于石上,亦缘木而生,食之已心痛。

【注释】

①小华之山:小华山,也叫少华山,在今陕西境内。②杞:枸杞。③㸲(zuó)牛:野牛。④磬石:适宜制磬的美石。⑤㻲(tū)琈(fú):美玉名。⑥鷩(bì):锦鸡。⑦萆(bì)荔:即薜荔。传说中的一种香草。⑧乌韭:一种苔藓类植物,多生于潮湿的地方。

【译文】

再往西八十里有座山,名叫小华山,山上的树木多是荆类植物和枸杞,山里的野兽多是㸲牛,山的北面有很多适合制磬的石头,山的南面有很多㻲琈玉。所产鸟类多是赤鷩鸟,人们可以用它来防火。山中还有一种叫萆荔的草,形状如乌韭一般,生长在石头上面,有的也攀援树木生长,吃了它可以治疗心痛的疾病。

【原文】

2.5 又西八十里,曰符禺之山①,其阳多铜,其阴多铁。其上有木焉,名曰文茎②,其实如枣,可以已聋。其草多条③,其状如葵,而赤华黄实,如婴儿舌,食之使人不惑。符禺之水出焉,而北流注于渭。其兽多葱聋④,其状如羊而赤鬣⑤。其鸟多鴖,其状如翠而赤喙⑥,可以御火。

【注释】

①符禺之山:符禺山,在今陕西境内。②文茎:植物名。一说

指无刺枣。③条：植物名。一说指蜀葵。④葱聋：动物名。疑指藏羚。⑤鬣（liè）：胡须。⑥翠：翠鸟。喙：鸟兽的嘴。

【译文】

再往西八十里有座山，名叫符禺山，山的南面出产大量的铜，北面铁的产量丰富。山上有一种树，名叫文茎，结的果实像枣，吃了它可以治疗耳聋。山中生长的草多为条，形状像葵一样，开红色的花，结黄色的果实，果实的形状像婴儿的舌头，人吃了它就不会产生迷惑。符禺水发源于此山，向北流入渭河。山中的野兽多是葱聋，它的形状像羊，却长有红色的胡子。山中的鸟多是鴖鸟，形状像翠鸟，却长着红色的嘴巴，人们可以用它来防火。

【原文】

2.6　又西六十里，曰石脆之山①，其木多棕枏②，其草多条③，其状如韭，而白华黑实，食之已疥④。其阳多㻬琈之玉⑤，其阴多铜。灌水出焉，而北流注于禺水。其中有流赭，以涂牛马无病。

【注释】

①石脆之山：石脆山，在今陕西境内。②棕枏（nán）：棕榈和楠木。③条：植物名，与2.5中的"条"不同。④疥：疥疮。⑤㻬（tū）琈（fú）：美玉名。

【译文】

再往西六十里有座山，名叫石脆山，山上生长着很多棕树和楠树，生长的草多为条草。这种草形状与韭菜相似，开白色的花，结黑色的果实，吃了这种果实可以治疗疥疮。山的南面有很多㻬琈玉，山的北面有许多铜。灌水发源于此，向北流入禺水。水中产有流赭，将它们涂在牛马身上，牛马就不会生病。

【原文】

2.7 又西七十里，曰英山①，其上多杻、檀②，其阴多铁，其阳多赤金。禺水出焉，北流注于招水③，其中多䱱鱼④，其状如鳖，其音如羊。其阳多箭、𥳑⑤，其兽多㸲牛⑥、羬羊⑦。有鸟焉，其状如鹑⑧，黄身而赤喙，其名曰肥遗，食之已疠⑨，可以杀虫。

【注释】

①英山：山名。在今陕西境内。②杻（niǔ）：一种像棣树的树，能用来造弓。檀（jiāng）：木名，古时用作造车的材料。③招（sháo）水：水名。可能为今陕西渭南的皂水。④䱱（bàng）鱼：鱼名。一说应作"蚌"。⑤箭、𥳑（mèi）：箭竹和𥳑竹。⑥㸲牛：野牛。⑦羬（qián）羊：一种野生的大尾羊。⑧鹑：鹌鹑。⑨疠（lì）：瘟疫，也指恶疮。

【译文】

再往西七十里有座山，名叫英山，山上长着很多杻树和檀树，山的北面有很多铁，山的南面有很多赤金。禺水发源于此山，向北流入招水，水中有很多䱱鱼，形状像鳖，发出的声音像羊的叫喊声。山的南面生长着很多箭竹和𥳑竹，山里的野兽多是㸲牛和羬羊。山中有一种鸟，形状像鹌鹑，长着黄色的羽毛，红色的嘴壳，这种鸟名叫肥遗，人吃了它可以治疗恶疮，还能杀死人体内的寄生虫。

【原文】

2.8 又西五十二里，曰竹山①，其上多乔木，其阴多铁。有草焉，其名曰黄雚②，其状如樗③，其叶如麻④，白华而赤实，其状如赭⑤，浴之已疥⑥，又可以已胕⑦。竹水出焉⑧，北流注于渭，其阳多竹箭⑨，多苍玉⑩。丹水出焉⑪，东南流注于洛水⑫，其中多水玉⑬，多人鱼⑭。有兽焉，其状如豚而白毛⑮，毛大如笄而黑端⑯，名曰豪彘⑰。

【注释】

①竹山：山名。在今陕西境内。②黄雚（guàn）：指黄花蒿。③樗（chū）：臭椿树。④麻：草本植物，有大麻、亚麻等。⑤赭（zhě）：红土。⑥疥：疥疮。⑦胕（fú）：浮肿。⑧竹水：水名。在今陕西境内。⑨竹箭：细竹。⑩苍玉：灰白色的玉。⑪丹水：水名。在今陕西境内。⑫洛水：今陕西洛河。⑬水玉：水晶。⑭人鱼：大鲵，俗称娃娃鱼。⑮豚：小猪，也泛指猪。⑯笄（jī）：古代用来固定头发的簪子，用竹、木、玉等制成。⑰豪彘：豪猪。

【译文】

再往西五十二里有一座山，名叫竹山，山上长有很多乔木，山的北面有很多铁。山中生长着一种草，名叫黄雚，形状像臭椿树，叶子与麻类植物的叶子相像，开白色的花，结红褐色的果实，它的形状像红土，用它来洗澡，能够治疗疥疮，还可以治疗浮肿。竹水源自此山，向北流入渭水，水的南面长着很多细竹子，还出产大量青色的玉石。丹水也从此山发源，向东南流入洛水，水中有很多水晶，还有很多娃娃鱼。山中有一种野兽，形状像幼猪，身上长着白色的毛，毛粗如笄一般，尖端呈现黑色，它的名字叫豪彘。

【原文】

2.9　又西百二十里，曰浮山①，多盼木②，枳叶而无伤③，木虫居之④。有草焉，名曰薰草⑤，麻叶而方茎，赤华而黑实，臭如蘼芜⑥，佩之可以已疠。

【注释】

①浮山：山名。在今陕西境内。②盼木：木名。③枳（zhǐ）：臭橘。无伤：这里指叶上无刺。④木虫：树木上长的虫子。⑤薰草：一种香草，又叫蕙草，俗名佩兰。⑥臭（xiù）：气味。蘼芜：

芎（xiōng）䓖（qióng）的苗。

【译文】

再往西一百二十里有座山，名叫浮山，山上长着很多盼木，叶子如枳树的叶子一般，但不长刺，树干里生有蛀虫。山中有薰草，它长着与麻类植物一样的叶子，方形的茎干，开红色的花，结黑色的果实，发出如蘼芜一般的香味，把它佩戴在身上，能治疗恶疮。

【原文】

2.10 又西七十里，曰羭次之山①，漆水出焉②，北流注于渭。其上多棫橿③，其下多竹箭，其阴多赤铜，其阳多婴垣之玉④。有兽焉，其状如禺而长臂⑤，善投，其名曰嚣。有鸟焉，其状如枭⑥，人面而一足，曰橐𧐐⑦，冬见夏蛰，服之不畏雷。

【注释】

①羭（yú）次之山：在今陕西境内。②漆水：今名漆水河。③棫（yù）：白桵（ruǐ）。橿（jiāng）：木名。古时用作造车的材料。④婴垣：一说应作"脰"，指脖子，婴脰就是挂在脖子上。⑤禺：猴类，似猕猴而较大。⑥枭：指猫头鹰一类的鸟。⑦橐（tuó）𧐐（féi）：短耳猫头鹰。

【译文】

再往西七十里有座山，名叫羭次山。漆水发源于羭次山，向北流入渭水。山上生长着很多棫树和橿树，山下长着许多小竹丛，山的北面有许多赤铜，山的南面有许多婴垣玉。山中有种野兽，它的形状像猿猴，前臂很长，擅长投掷，它的名字叫嚣。有一种鸟，形状像猫头鹰，长着人一样的面孔，只有一只脚，它的名字叫橐𧐐，这种鸟冬天活动而夏天蛰伏，人吃了它的肉，可以不用害怕雷击。

【原文】

2.11 又西百五十里,曰时山①,无草木。逐水出焉②,北流注于渭,其中多水玉。

【注释】

①时山:山名。在今陕西境内。②逐水:水名。今陕西长安东南的潏(jué)水。

【译文】

再往西一百五十里有座山,名叫时山,山上不长草木。逐水发源于这座山,向北流入渭水,水中有很多水晶。

【原文】

2.12 又西百七十里,曰南山①,上多丹粟②。丹水出焉③,北流注于渭。兽多猛豹④,鸟多尸鸠⑤。

【注释】

①南山:山名。在今陕西境内。②丹粟:丹砂。③丹水:水名。即今陕西周至县东的黑水河。④猛豹:动物名。一说应作"貘豹",似熊而小。⑤尸鸠:布谷鸟。

【译文】

再向西一百七十里有座山,名叫南山,山上有很多米粒大小的丹砂。丹水源自此山,向北流入渭水。山中的野兽多是猛豹,鸟类多是尸鸠——布谷鸟。

【原文】

2.13 又西百八十里,曰大时之山①,上多榖柞②,下多杻橿,阴多银,阳多白玉。涔水出焉③,北流注于渭。清水出焉④,南流注于汉水⑤。

【注释】

①大时之山：大时山，在今陕西境内。②榖（gǔ）：构树。柞（zuò）：柞树。③涔（qián）水：水名。可能是今斜水，又名石头河。④清水：一说指今褒水；一说指褒水的上源紫金河。⑤汉水：今汉江。

【译文】

再往西一百八十里有座山，名叫大时山，山上长着很多构树和柞树，山下长着很多杻树和橿树，山的北面有许多银，南面有许多白玉。涔水发源于大时山，向北流入渭河。清水源自这座山，向南流入汉水。

【原文】

2.14 又西三百二十里，曰嶓冢之山①，汉水出焉，而东南流注于沔②；嚻水出焉，北流注于汤水③。其上多桃枝钩端④，兽多犀、兕、熊、罴⑤，鸟多白翰、赤鷩⑥。有草焉，其叶如蕙⑦，其本如桔梗⑧，黑华而不实，名曰蓇蓉⑨，食之使人无子。

【注释】

①嶓（bō）冢之山：嶓冢山。一说在今陕西境内；一说在今甘肃境内。②沔（miǎn）：沔水，汉水的上流，在今陕西境内。③汤水：一作"阳水"。④桃枝：今名矮竹。钩端：今名刺竹。⑤兕（sì）：犀牛一类的兽。罴：棕熊。⑥白翰：白雉。鷩（bì）：锦鸡。⑦蕙：蕙兰。⑧本：草木的茎或根。⑨蓇（gū）蓉：草名。

【译文】

再往西三百二十里有座山，名叫嶓冢山，汉水发源于此山，向东南流入沔水；嚻水也发源于此，向北流入汤水。山上有很多桃枝竹和钩端竹，野兽多为犀牛、兕、熊、罴，鸟类以白翰和赤为多。

山中有一种草，它长着蕙兰那样的叶子，茎干像桔梗，开黑色的花但不结果实，名字叫菁蓉，人一旦吃了它，就会丧失生育能力。

【原文】

2.15 又西三百五十里，曰天帝之山①，上多棕枏，下多菅蕙②。有兽焉，其状如狗，名曰谿边，席其皮者不蛊③。有鸟焉，其状如鹑，黑文而赤翁④，名曰栎，食之已痔⑤。有草焉，其状如葵，其臭如蘼芜，名曰杜衡⑥，可以走马⑦，食之已瘿⑧。

【注释】

①天帝之山：山名。在今陕西境内。②菅：菅茅。蕙：蕙兰。③蛊：毒热恶气。④翁：鸟颈上的毛。⑤已：治愈。⑥杜衡：亦作"杜蘅"。⑦走马：使马跑得快。⑧瘿（yǐng）：长在脖子上的一种囊状的瘤子。

【译文】

再往西三百五十里有座山，名叫天帝山，山上长着很多棕树和楠木，山下长有很多菅茅和蕙兰。山里有一种兽，形状像狗，名叫谿边，人坐卧时，把它的皮铺在身下，可以免受毒热恶气的侵袭。山里有一种鸟，形状像鹌鹑，身上有黑色的花纹和红色的颈毛，它的名字叫作栎，人吃了它的肉，可以治疗痔疮。山里长着一种草，形状像葵，散发出的气味与蘼芜相似，叫作杜衡，骑马的人佩戴上它，可以使马跑得快，吃了它的肉可治疗脖子上长大瘤子的病。

【原文】

2.16 西南三百八十里，曰皋涂之山①，蔷水出焉②，西流注于诸资之水③；涂水出焉④，南流注于集获之水⑤。其阳多丹粟⑥，其阴多银、黄金，其上多桂木。有白石焉，其名曰礜⑦，可以毒鼠。有草焉，其状如藁茇⑧，其叶如葵而赤背，名曰无条⑨，可以毒鼠。有兽焉，其状如鹿而白尾，马足人手而四角，名曰㸲如⑩。有鸟焉，其状如鸱而人足⑪，名曰数斯，食之已瘿⑫。

【注释】

①皋涂之山：皋涂山，即今陕西境内的峪山岭。②蔷水：水名。可能是今甘肃洮河的支流。③诸资之水：诸资水，可能指今洮河或洮河等江汇聚而成的沼泽。④涂水：水名。可能是岷江源头与汉江源头多条水流的总称。⑤集获之水：集获水，可能是今甘肃的白龙江。⑥丹粟：丹砂。⑦礜（yù）：礜石，一种性热含毒的矿石。⑧藁（gǎo）茇（bá）：香草名。⑨无条：植物名。可能指天葵。⑩㸲（jué）如：传说中的一种兽。⑪鸱（chī）：鹞鹰。⑫已：治愈。瘿（yǐng）：长在脖子上的一种囊状的瘤子。

【译文】

往西南三百八十里有座山，名叫皋涂山，蔷水发源于皋涂山，向西流入诸资水；涂水也从这里发源，向南流入集获水。山的南面有很多丹砂，山的北面有许多银和黄金，山上长着很多桂树。山中有一种白色的石头，叫作礜，可以用来毒杀老鼠。山中有一种草，形状如藁茇一般，叶子的形状与葵的叶子相似，但叶背呈现红色，名叫无条，可以毒杀老鼠。山中有一种野兽，形状像鹿，长着白色的尾巴、马一样的脚、人一样的手，有四只角，它的名字叫㸲如。山中有一种鸟，它的形状像鹞鹰，长着人一样的脚，它的名字叫作数斯，人吃了它的肉，能够治疗脖子的肿瘤。

【原文】

2.17 又西百八十里，曰黄山①，无草木，多竹箭。盼水出焉②，西流注于赤水③，其中多玉。有兽焉，其状如牛，而苍黑大目，其名曰𢆯④。有鸟焉，其状如鸮⑤，青羽赤喙，人舌能言，名曰鹦䳇⑥。

【注释】

①黄山：不是今天的安徽黄山，可能是今甘肃临洮的东山。②盼水：为甘肃会川县北山之河。③赤水：水名。一说为洮河；一说为黄河。④𤜵（mǐn）：传说中的一种似牛的野兽。⑤鸮（xiāo）：鹰一类的猛禽。⑥鹦䳇（mǔ）：鹦鹉。

【译文】

再往西一百八十里有座山，名叫黄山，山上不长草木，长着很多小竹。盼水发源于黄山，向西流入赤水，水中有很多玉。山中有一种野兽，形状像牛，皮毛呈现灰黑色，眼睛很大，它的名字叫作𤜵。山中有一种鸟，形状像鸮，长着青色的羽毛和红色的嘴，舌头跟人的相似，会说话，叫作鹦䳇。

【原文】

2.18 又西二百里，曰翠山①，其上多棕枏②，其下多竹箭。其阳多黄金、玉，其阴多旄牛、羚、麝③。其鸟多鸓④，其状如鹊，赤黑而两首、四足，可以御火。

【注释】

①翠山：山名。一说指今青海西宁的小积石山；一说在今甘肃境内。②棕：棕榈。枏（nán）：楠木。③旄（máo）牛：牦牛。麝（shè）：也叫香獐子，哺乳动物，外形像鹿而小。④鸓（lěi）：传说中的一种鸟。

【译文】

再往西二百里有座山，名叫翠山，山上有很多棕树和楠树，山下长着许多低矮的竹丛。山的南面有很多黄金和玉石，北面有很多牦牛、羚羊和香獐。山中的鸟多是鸓鸟，它的形状像喜鹊，身体呈现红黑色，有两个脑袋、四只脚，养它可以预防防火。

【原文】

2.19 又西二百五十里，曰騩山①，是錞于西海②，无草木，多玉。凄水出焉③，西流注于海④，其中多采石、黄金⑤，多丹粟⑥。

【注释】

①騩（guī）山：今青海西宁日月山。②錞（chún）：这里是蹲踞的意思。西海：今青海湖。③凄水：今倒淌河。④海：指青海湖。⑤采石：彩色的石头。⑥丹粟：粟米粒大小的丹沙。

【译文】

再往西二百五十里有座山，名叫騩山，它位于青海湖畔，山中没有草木，有很多玉。凄水发源于此山，向西流入青海湖，水中有许多彩色的石头和黄金，还有很多粟米粒大小的细丹沙。

【原文】

2.20 凡西经之首，自钱来之山至于騩山①，凡十九山，二千九百五十七里。华山，冢也②，其祠之礼：太牢③。羭山，神也④，祠之用烛⑤，斋百日以百牺⑥，瘗用百瑜⑦，汤其酒百樽⑧，婴以百珪百璧⑨。其余十七山之属，皆毛牷用一羊祠之⑩。烛者，百草之未灰，白席采⑪等纯之。

【注释】

①騩（guī）山：山名。可能为青海湖东侧的日月山。②冢：这里指大的山神。③太牢：古代祭祀天地，以牛、羊、猪三牲具备为太牢。④羭（yú）山：指羭次山。⑤烛：这里指火炬，用百草扎束而成，用来照明。⑥斋：祭祀前或举行典礼前清心洁身。牺：古代称祭品用的纯色牲畜为牺。⑦瘗（yì）：埋葬。瑜：美玉。⑧汤：通"烫"。樽：酒杯。⑨婴：颈上的饰物。珪：同"圭"，古代祭祀时用的条状玉器，上尖下方。⑩毛牷（quán）：带毛的纯色的全牲。

⑪采：有彩色花纹的丝织物。纯：镶边。

【译文】

西方第一列山系，自钱来山到騩山一共十九座，长达二千九百五十七里。华山是大的山神的所在地。祭祀华山山神的礼仪是：用太牢之礼。羭次山的山神很神妙，祭祀时要用火炬，先斋戒一百天，然后用一百头纯色的牲畜做祭品，把一百块美玉埋入地下，再烫上一百樽美酒，把一百只珪和一百块璧系在山神的颈上，作为祭祀时的饰物。剩余的十七座山的山神，都是用一只纯色的完整的羊来祭祀。祭祀用的烛，是还没有烧成灰的百草结成的火把，祭祀的席用白茅织成，再用五种不同颜色的花纹，等差有序地把席子的边缘装饰起来。

西次二经

【导读】

《西次二经》记载了钤山到莱山共计十七座山的地理位置和山川风貌。它们大致分布在现在的山西、陕西、宁夏、甘肃、青海一带。

这列山系中有五彩祥鸟凤凰，还有一种在远古时代就非常珍贵的朱厌，长着白色的脑袋和白色的眉毛、人一样的脸，外形很漂亮。山中的野兽有虎、豹、麢、鹿等。

【原文】

2.21 西次二经之首，曰钤山①，其上多铜，其下多玉，其木多杻、檀。

【注释】

①钤（qián）山：今稷山，在山西西南部。

【译文】

西方第二列山系的开头一座山，叫作钤山，山上有很多铜，山下有很多玉，山中的树木大多是杻树和檀树。

【原文】

2.22 西二百里，曰泰冒之山①，其阳多金，其阴多铁。洛水出焉②，东流注于河③，其中多藻玉④。多白蛇。

【注释】

①泰冒之山：泰冒山，为今陕西韩城附近的西山，又名虚梯山、中山寺山、西山寺山。②洛水：水名。今洛河。③河：黄河。④藻玉：有彩纹的玉。

【译文】

往西二百里有座山,名叫泰冒山,山的南面出产大量黄金,北面有很多铁矿。洛水发源于泰冒山,向东流入黄河,水中很多带有彩纹的玉,还有很多白色的水蛇。

【原文】

2.23 又西一百七十里,曰数历之山①,其上多黄金,其下多银,其木多杻橿,其鸟多鹦鹉。楚水出焉②,而南流注于渭,其中多白珠。

【注释】

①数历之山:数历山,可能在今陕西境内。②楚水:今陕西耀县的石川河。

【译文】

再往西一百七十里有座山,名叫数历山,山上黄金储量丰富,山下有很多银矿,山中的树木多是杻树和橿树,山中的鸟类多为鹦鹉。楚水发源于数历山,向南流入渭水,水中有很多白色的珍珠。

【原文】

2.24 又西北五十里,曰高山①,其上多银,其下多青碧、雄黄②,其木多棕③,其草多竹。泾水出焉④,而东流注于渭,其中多磬石、青碧⑤。

【注释】

①高山:今宁夏六盘山山脉中的米缸山。②青碧:青色的玉石。雄黄:一种含硫化砷的矿石,为橘黄色。③棕:棕榈。④泾水:今泾河。⑤磬石:适宜制磬的美石。

【译文】

再往西北五十里有座山,名叫高山,山上有很多白银,山下有很多青色玉石和雄黄，山中生长的树木多是棕榈，生长的草多是竹。泾水发源于此山，向东流入渭水，水中多产可以做乐石的磬古和青碧。

【原文】

2.25　西南三百里，曰女床之山①，其阳多赤铜，其阴多石涅②，其兽多虎、豹、犀、兕③。有鸟焉，其状如翟而五采文④，名曰鸾鸟⑤，见则天下安宁。

【注释】

①女床之山：一说是今宁夏回族自治区西南部、甘肃省东部的六盘山；一说是今陕西岐山。②石涅：石墨。③兕：一种类似犀牛的动物。④翟（dí）：长尾的野鸡。⑤鸾鸟：传说中凤凰一类的鸟。

【译文】

往西南三百里有座山，名叫女床山，山的南面赤铜产量丰富，北面多产石涅——就是石墨。山中的野兽多是老虎、豹子、犀牛、兕。山里有一种鸟，形状像长尾野鸡，身上有五彩斑纹，它的名字叫作鸾鸟，只要它一出现，天下就会太平。

【原文】

2.26　又西二百里，曰龙首之山①，其阳多黄金，其阴多铁。苕水出焉②，东南流注于泾水，其中多美玉。

【注释】

①龙首之山：龙首山，可能为今陕西和甘肃交界处的陇山。②苕（tiáo）水：水名，疑为散渡河。

【译文】

再往西二百里有座山，名叫龙首山，山的南面有很多黄金，北面有很多铁。苕水发源于龙首山，向东南流入泾水，水中有很多美玉。

【原文】

2.27 又西二百里,曰鹿台之山①,其上多白玉,其下多银,其兽多㸲牛、羬羊、白豪②。有鸟焉,其状如雄鸡而人面,名曰凫徯③,其鸣自叫也,见则有兵。

【注释】

①鹿台之山:鹿台山,可能是今甘肃岷县的东山。②㸲(zuó)牛:野牛。羬(qián)羊:野生的大尾羊。豪:箭猪。③凫徯(xī):传说中的一种鸟。

【译文】

再往西二百里有座山,名叫鹿台山,山上有很多白玉,山下有很多银,山中的野兽多为㸲牛、羬羊和白豪猪。山中有一种鸟,它的形状同雄鸡相似,却长着人一样的脸,它的名字叫作凫徯,它叫起来像是在叫自己的名字,这种鸟一出现,就会有战争发生。

【原文】

2.28 西南二百里,曰鸟危之山①,其阳多磬石,其阴多檀、楮②,其中多女床③。鸟危之水出焉④,西流注于赤水,其中多丹粟。

【注释】

①鸟危之山:鸟危山,在今甘肃境内。②檀:檀树。楮(chǔ):构树。③女床:植物名,据古人说是女床草。④鸟危之水:一说指洮河,是黄河水系上游的支流;一说指甘肃会宁祖历河或其上游支流。

【译文】

往西南二百里有座山,名叫鸟危山,山的南面有很多适合制磬的美石,北面有许多檀树和构树,山中还生长着很多女床。鸟危水发源于此山，向西流入赤水，水中有很多像粟粒一样的细丹沙。

【原文】

2.29　又西四百里，曰小次之山①，其上多白玉，其下多赤铜。有兽焉，其状如猿，而白首赤足，名曰朱厌，见则大兵。

【注释】

①小次之山：小次山，在今甘肃境内。

【译文】

再向西四百里有座山，名叫小次山，山上有很多白玉，山下有很多赤铜。山中有一种野兽，它的形状似猿猴，但长着白色的脑袋、红色的脚，它的名字叫朱厌。它一旦出现，天下就会有大的战乱。

【原文】

2.30　又西三百里，曰大次之山，其阳多垩①，其阴多碧②，其兽多㸲牛、麢羊③。

【注释】

①垩（è）：可用来涂饰的有色土。②碧：青绿色的玉石。③㸲（zuó）牛：野牛。麢（líng）羊：传说中的一种野兽名。

【译文】

再往西三百里有座山，名叫大次山，山的南面有很多可用于涂饰的有色土，北面有很多青绿色的玉石，山中的野兽多是㸲牛、麢羊。

【原文】

2.31　又西四百里，曰熏吴之山①，无草木，多金玉。

【注释】

①熏吴之山：熏吴山，在今青海境内。

【译文】

再往西四百里有座山，名叫熏吴山，山上不生长草木，有很多金属和玉石。

【原文】

2.32 又西四百里，曰䣛阳之山①，其木多㮆、枏、豫章②，其兽多犀、兕、虎、豹、柞牛③。

【注释】

①䣛（zhǐ）阳之山：阳山，今巴颜喀拉山，昆仑山脉东延部分。②㮆（jì）：水松。豫章：木名，即樟树。③兕：一种类似犀牛的动物。豹（zhuó）：传说中的一种兽。

【译文】

再往西四百里有座山，名叫䣛阳山，山中的树木多为水松、楠木、樟树，野兽多为犀牛、兕、老虎、豹、柞牛。

【原文】

2.33 又西二百五十里，曰众兽之山①，其上多㻬琈之玉②，其下多檀楮，多黄金，其兽多犀、兕。

【注释】

①众兽之山：众兽山，在今青海境内。②㻬（tū）琈（fú）：美玉名。

【译文】

再往西二百五十里有座山，名叫众兽山，山上有很多㻬琈玉，山下长着很多檀树和构树，盛产黄金，山中的野兽多为犀牛和兕。

【原文】

2.34 又西五百里,曰皇人之山①,其上多金玉,其下多青、雄黄②。皇水出焉③,西流注于赤水④,其中多丹粟。

【注释】

① 皇人之山:皇人山,今巴颜喀拉山西段。② 青:石青。③ 皇水:水名。今青海湟水。④ 赤水:水名。一说是乌拉山与西藏交界处大小河流的总称。

【译文】

再往西五百里有座山,名叫皇人山,山上有很多金属和玉石,山下有许多石青和雄黄。皇水发源于此,向西流入赤水,水中很多粟米粒大小的丹沙。

【原文】

2.35 又西三百里,曰中皇之山①,其上多黄金,其下多蕙棠②。

【注释】

① 中皇之山:中皇山,今青海省乌兰乌拉山。② 蕙:蕙兰。棠:棠梨。

【译文】

再往西三百里有座山,名叫中皇山,山上有很多黄金,山下生长着很多蕙兰和棠梨树。

【原文】

2.36 又西三百五十里,曰西皇之山①,其阳多金,其阴多铁,其兽多麋、鹿、𰻝牛。

【注释】

①西皇之山：西皇山，今青海乌兰乌拉山的长岭，为扬子江源头的西界山。

【译文】

再往西三百五十里有座山，名叫西皇山，山的南面黄金储量丰富，北面铁矿储量丰富，山中野兽多以麋、鹿、㸨牛居多。

【原文】

2.37 又西三百五十里，曰莱山①，其木多檀、楮，其鸟多罗罗②，是食人。

【注释】

①莱山：为今青海境内的托莱山。②罗罗：鸟名，秃鹫之类。

【译文】

再往西三百五十里有座山，名叫莱山，山上生长的树木多是檀树和构树，山中的鸟多是罗罗鸟，这种鸟能吃人。

【原文】

2.38 凡西次二经之首，自钤山至于莱山，凡十七山，四千一百四十里。其十神者，皆人面而马身。其七神皆人面牛身，四足而一臂，操杖以行：是为飞兽之神①。其祠之，毛用少牢②，白菅为席，其十辈神者，其祠之，毛一雄鸡，钤而不糈③，毛采④。

【注释】

①飞兽之神：奔走如飞的兽形神。②毛：用于祭祀的带毛的动物。少（shào）牢：古代祭祀用羊和猪做祭品，称少牢。③钤（qián）：祈祷。糈（xǔ）：祭神用的精米。④毛采：指杂色的雄鸡。

【译文】

总计西方第二列山系的开始,从第一座山钤山起到莱山止,共有十七座,长达四千一百四十里。其中的十位山神,都是人面马身的样子。另外七位山神都是人面牛身,有四条腿、一只胳膊,拄着拐杖行走,是奔走如飞的兽形之神。祭祀他们的方法为:用羊和猪作为祭品,用白茅草铺成山神的坐席。祭祀十位山神的仪式为:以雄鸡作祭品,祈祷时,不用精米,祭祀用的雄鸡必须是杂色的。

西次三经

【导读】

《西次三经》中记载了崇吾山到翼望山的地理分布及山川风貌。经中说有二十三座山,其实只有二十二座山。这列山系位于《西次二经》所载山系的北面,即今新疆、甘肃、青海、蒙古一带。

经中记载了齐飞的比翼鸟、长着翅膀的文鳐鱼、人面虎身的九尾兽陆吴等奇珍异兽,还记载了历史人物和神仙故事,如居住在玉山的西王母,以及黄帝杀死钟山山神的儿子鼓的故事,这些神话展现了古人丰富的想象力,为后世研究上古文化提供了不可或缺的素材。

【原文】

2.39 西次三经之首,曰崇吾之山①,在河之南,北望冢遂②,南望䍃之泽③,西望帝之搏兽之山④,东望螞渊⑤。有木焉,员叶而白柎⑥,赤华而黑理,其实如枳⑦,食之宜子孙。有兽焉,其状如禺而文臂⑧,豹虎⑨而善投,名曰举父。有鸟焉,其状如凫⑩,而一翼一目,相得乃飞,名曰蛮蛮⑪,见则天下大水。

【注释】

①崇吾之山:崇吾山。一说在今青海茶卡盐湖附近;一说为昆仑山系中的祁曼山。②冢遂:今新疆境内阿尔金山中的峡谷。③䍃(yáo)之泽:䍃泽,水名。④搏兽之山:与猛兽搏斗的山。⑤螞(yān)渊:一说指新疆柴达木盆地西北角的格孜湖;一说指茶卡盐湖。⑥柎(fū):花萼,花瓣外部的一圈叶状绿色小片。⑦枳(zhǐ):枸橘。⑧禺:猴类动物,似猿猴而较大。⑨豹虎:疑应作

"尾"。⑩凫：野鸭。⑪蛮蛮：比翼鸟。

【译文】

西方第三列山系的第一座山叫作崇吾山，它位于黄河南面，北面可望到冢遂山，南面可望见猺之泽，西面可看到黄帝与猛兽搏斗的山，东面可望到蟜渊。山中有一种树，长着圆圆的叶子，白色的花萼，开红色的花朵，有黑色的纹理，结的果实与枳相像，人吃了它能使子孙兴旺发达。山中有一种野兽，形状像猿猴，上肢有花纹，有豹子一样的尾巴，擅长投掷，名字叫举父。山中有一种鸟，形貌像野鸭，却长着一只翅膀和一只眼睛，它必须和另一只相同的鸟合起来才能飞行，这鸟的名字叫蛮蛮，它一旦出现，天下就会发生大水灾。

【原文】

2.40 西北三百里，曰长沙之山①。泚水出焉，北流注于泑水，无草木，多青②、雄黄。

【注释】

①长沙之山：长沙山，可能在今新疆境内。②青：石青。

【译文】

往西北三百里有一座山，名叫长沙山。泚水发源于长沙山，向北流入泑水，山上不长草木，有许多石青和雄黄。

【原文】

2.41 又西北三百七十里，曰不周之山①。北望诸毗之山②，临彼岳崇之山，东望泑泽，河水所潜也，其原浑浑泡泡③。爰有嘉果④，其实如桃，其叶如枣，黄华而赤柎，食之不劳。

【注释】

①不周之山：不周山，今新疆昆仑山系中的一座雪山。②诸毗

（pí）：山名。③浑（gǔn）浑泡（páo）泡：大水奔流的声音。④爰：这里，那里。

【译文】

再往西北三百七十里有座山，名叫不周山。它的北面可以望见诸毗山，面对着岳崇山，东面可以望见泑泽，这是黄河水在地下潜流的地方，水在流出的地方发出巨大的喷涌声。这里有一种能结鲜美果实的果树，结出的果实形状像桃，叶子像枣树叶，开黄色的花，长着红色的花萼，人们吃了这种果实，就不会感到疲劳。

【原文】

2.42　又西北四百二十里，曰峚山①，其上多丹木②，员叶而赤茎，黄华而赤实，其味如饴③，食之不饥。丹水出焉④，西流注于稷泽⑤，其中多白玉。是有玉膏⑥，其原沸沸汤汤⑦，黄帝是食是飨⑧。是生玄玉⑨。玉膏所出，以灌丹木，丹木五岁，五色乃清，五味乃馨。黄帝乃取峚山之玉荣⑩，而投之钟山之阳。瑾瑜之玉为良⑪，坚栗精密⑫，浊泽有而光⑬。五色发作⑭，以和柔刚。天地鬼神，是食是飨；君子服之，以御不祥。自峚山至于钟山，四百六十里，其间尽泽也。是多奇鸟、怪兽、奇鱼，皆异物焉。

【注释】

①峚（mì）山：今新疆叶城县米尔岱山。②丹木：木名，一说指槭树。③饴（yí）：糖浆。④丹水：今玉河。⑤稷泽：水名，此河在叶耳羌西北、英吉沙尔东南，古称太泽，现在已干涸为沙漠。⑥玉膏：玉的脂膏。据说是一种仙药。⑦沸沸汤（shāng）汤：指玉膏涌出时的样子。⑧黄帝：传说中中原各族的祖先，姬姓，少典之子，号轩辕氏、有熊氏。飨（xiǎng）：用酒食招待客人。⑨玄：黑色。⑩玉荣：玉的精华。⑪瑾：美玉。瑜：美玉。⑫坚栗：坚硬而状如栗。⑬有而：应作"而有"。⑭五色发作：指焕发的光彩

互相映衬。

【译文】

再往西北四百二十里有座山，名叫峚山，山上生长着许多丹木，长着圆圆的叶子、红色的茎干，开黄色的花朵，结红色的果实，果实的味道如糖浆一样甜，吃了它就不会感觉到饥饿。丹水发源于峚山，向西流入稷泽，水中有很多白玉，还有玉膏，玉膏涌出的地方一片沸腾，黄帝就曾以这种玉膏为食，还用它来招待宾客。由玉膏又生出了黑玉。用玉膏涌出之地的水来浇灌丹木，经过五年，丹木便会呈现出五种清新的色彩，发出五种芬芳的香味。黄帝于是取峚山之玉的精华，将其投在钟山的南面。后来便生出优良的美玉，坚硬而状如栗，精密细致，浑厚润泽而有光彩。它发出的五种颜色相互辉映，以此来调和阴柔与阳刚。天地间的鬼神，都来享用这种美玉；君子将其佩戴在身上，可以抵御不祥之气。从峚山到钟山，距离为四百六十里，其间全部是池泽。那里生长着许多奇鸟、怪兽和奇鱼，都是怪异罕见的动物。

【原文】

2.43 又西北四百二十里，曰钟山。其子①曰鼓，其状人面而龙身，是与钦䲹杀葆江于昆仑之阳②，帝乃戮之钟山之东，曰𢄛崖③。钦䲹化为大鹗④，其状如雕而黑文白首，赤喙而虎爪，其音如晨鹄⑤，见则有大兵；鼓亦化为鵔鸟⑥，其状如鸱⑦，赤足而直喙，黄文而白首，其音如鹄，见则其邑大旱。

【注释】

①其子：指钟山山神的儿子。②钦䲹（pí）：传说中的神名。葆江：人名，一作"祖江"。昆仑：昆仑山，古代昆仑山在今甘肃境内。③𢄛（yáo）崖：地名。一作"瑶岸"。④鹗（è）：鱼鹰。⑤鹄（hú）：天鹅。⑥鵔（jùn）鸟：传说中的一种鸟。⑦鸱（chī）：鹞鹰。

【译文】

再往西北四百二十里有座山,名叫钟山。钟山山神的儿子叫鼓,他的形状为人面龙身,他与钦䲹神联手在昆仑山的南坡杀死了天神葆江,黄帝因此将鼓与钦诛杀于钟山东面的崤崖。钦䲹死后化为一只大鱼鹰,形状像雕,有着黑色的斑纹和白色的脑袋,红色的嘴,长着老虎一样的爪子,发出的声音与早晨天鹅的叫声相似,只要它一出现,就会发生大的战争。鼓死后化为鵕鸟,形状像鸱鹰,长着红色的脚和又长又直的嘴,身上黄色的斑纹,脑袋是白色的,它发出的声音与天鹅的叫声相似,它在哪座城邑出现,哪座城邑就会有大的旱灾。

【原文】

2.44 又西百八十里,曰泰器之山①。观水出焉②,西流注于流沙③。是多文鳐鱼④,状如鲤鱼,鱼身而鸟翼,苍文而白首赤喙,常行西海,游于东海,以夜飞。其音如鸾鸡⑤,其味酸甘,食之已狂⑥,见则天下大穰⑦。

【注释】

①泰器之山:泰器山,在今新疆莎车县。②观水:水名,今新疆听难阿布河。③流沙:古时指中国西北的沙漠地区。④文鳐(yáo)鱼:传说中的一种鱼。⑤鸾鸡:传说中的一种鸟。⑥已:治愈。狂:疯癫。⑦穰(ráng):丰收。

【译文】

再往西一百八十里有座山,名叫泰器山。观水发源于此山,向西注入流沙。水中有很多文鳐鱼,形似鲤鱼,长着鱼的身子和鸟的翅膀,它的身上有青色的斑纹,长着白色的头和红色的嘴,常常在西海活动,在东海畅游,夜里时常跳出水面飞翔。发出的声音和鸾鸡的叫声相似,肉味酸中带甜,吃了以后可以医治癫狂病,它只要一出现，天下就会获得大丰收。

【原文】

2.45 又西三百二十里，曰槐江之山①。丘时之水出焉②，而北流注于泑水。其中多蠃母③，其上多青、雄黄④，多藏琅玕⑤、黄金、玉，其阳多丹粟⑥，其阴多采黄金银⑦。实惟帝之平圃⑧，神英招司之⑨，其状马身而人面，虎文而鸟翼，徇于四海⑩，其音如榴⑪。南望昆仑，其光熊熊，其气魂魂。西望大泽⑫，后稷所潜也⑬。其中多玉，其阴多榣木之有若⑭。北望诸毗⑮，槐鬼离仑居之⑯，鹰鹯之所宅也⑰。东望恒山四成⑱，有穷鬼居之⑲，各在一抟。爰有瑶水⑳，其清洛洛。有天神焉，其状如牛，而八足二首马尾，其音如勃皇㉑，见则其邑有兵。

【注释】

①槐江之山：槐江山。一说此山为密尔岱山附近的英峨奇盘山；一说此山在新疆与甘肃的交界处。②丘时之水：丘时水，即今喇斯库木河。③蠃（luó）母：指螺蛳、蜗牛等。④青：石青。⑤琅（láng）玕（gān）：美石。⑥丹粟：丹砂。⑦采：这里指纹理色彩。⑧平圃：即玄圃，传说中的神居处。⑨英招（sháo）：传说中的神。司：管理。⑩徇（xùn）：巡行。⑪榴：同"抽"，引出提取。⑫大泽：水名。后稷所葬之地。⑬后稷：周族的始祖，名弃。虞舜命他为农官，教民耕稼。⑭榣木：大木。若：若木，传说中的树名。⑮诸毗（pí）：山名。⑯槐鬼离仑：传说中的神名。⑰鹯（zhān）：鸟名，外形与鹞相似。⑱恒山四成：连在一起的四座山。恒山不是今天的恒山。⑲有穷鬼：一说是鬼的名称；一说是氏族的名称。⑳爰：这里；那里。瑶（yáo）水：瑶池，传说中神的住处。㉑勃皇：动物名。一说是拟声词。

【译文】

再往西三百二十里有座山,名叫槐江山。丘时水发源于这座山,向北注入泑水。水中生有许多螺。山上有许多石青、雄黄,还有很多上乘的美石、黄金、玉;山的南面多产像粟粒一样的细丹砂,北面有很多带彩色纹理的黄金和白银。槐江山其实是黄帝成仙后的住所,由天神英招负责管理,英招长着马身人面,身上有虎一样的斑纹,并长有鸟的翅膀,他在四海巡行,发出的声音像是辘轳抽水的嘶鸣声。槐江山向南望可以看到昆仑山,那里火光熊熊,雾气缭绕;向西可以望见大泽,后稷死后就埋葬在那里。山中有很多玉石,山的阴面有很多长在榣木上的若木。北边可以望见诸毗山,槐鬼离仑就居住在那里,也是鹰和鹯栖息的地方。向东可以望见连在一起名叫恒山的四座山,有穷鬼就居住在那里,并且各住在山一边的臂膊下。这里有瑶池,里面的水十分清澈。有一位天神,他的形状像牛,有八只脚,两个脑袋,长着马一样的尾巴,他发音时如勃皇啼叫一般,他只要一出现就会发生战争。

【原文】

2.46 西南四百里,曰昆仑之丘①,实惟帝之下都②,神陆吾司之③。其神状虎身而九尾,人面而虎爪。是神也,司天之九部及帝之囿时④。有兽焉,其状如羊而四角,名曰土蝼⑤,是食人。有鸟焉,其状如蜂,大如鸳鸯,名曰钦原,蠚鸟兽则死⑥,蠚木则枯。有鸟焉,其名曰鹑鸟⑦,是司帝之百服。有木焉,其状如棠⑧,黄华赤实,其味如李而无核,名曰沙棠,可以御水,食之使人不溺。有草焉,名曰薲草⑨,其状如葵,其味如葱,食之已劳⑩。河水出焉⑪,而南流东注于无达⑫。赤水出焉,而东南流注于汜天之水⑬。洋水出焉⑭,而西南流注于丑涂之水⑮。黑水出焉⑯,而西流于大杅⑰。是多怪鸟兽。

【注释】

①昆仑之丘：昆仑山，古代的昆仑山在今甘肃境内。②帝：这里指黄帝。下都：在下界的都城。③陆吾：神名，即开明兽。④天之九部：天上的九个部界。囿：养动物的园子。时：时节。⑤土蝼（lóu）：猞（shě）猁（lì）。⑥蠚（hē）：蜇，蜂、蝎子等用毒刺刺（人或动物）。⑦鹑鸟：传说中的赤凤。⑧棠：棠梨。⑨蘋（pín）草：蘋草。⑩已：治愈。劳：忧愁。⑪河：黄河。⑫无达：水名。一说是山名。⑬氾（fán）天之水：氾天水，即疏勒河。⑭洋水：水名。可能是今阿姆河。⑮丑涂之水：丑涂水，阿姆河在阿富汗与塔吉克斯坦边界形成的大泽。⑯黑水：水名。可能为今甘肃西北的黑河。⑰大杅（yú）：山名。

【译文】

往西南四百里有座山，名叫昆仑山，这里实际上是黄帝在下界的都城，由天神陆吾负责管理。陆吾的形貌像老虎，长着九条尾巴，人一样的脸，手像虎爪。这位天神，还掌管着天上的九个部界和天帝苑囿里的时令节气。山中有一种兽，它的形状像羊，长着四只角，它的名字叫作土蝼，能吃人。山中有一种鸟，它的形状像蜂，大小跟鸳鸯差不多，名字叫作钦原，它只要蜇一下鸟兽，鸟兽就会死亡；蜇一下树木，树木就会枯死。山中还有一种鸟，名叫鹑鸟，它专门管理天帝的各种服饰。山中有一种树木，形状像棠梨，开黄色的花，结红色的果实，果实的味道如李子一般，没有核，它的名字叫作沙棠，可以用来防水，吃了这种果实，人就不会被淹死。山中有一种草，名字叫蘋草，其形状如葵一般，味道与葱的味道差不多，人们吃了它就会远离各种烦恼忧愁。黄河源自昆仑山，先向南流再折向东流，注入无达。赤水源自昆仑山，向东南注入氾天水。洋水源自昆仑山，向西南流入丑涂水。黑水也源自此山，向西流入大杅山附近的水中。昆仑山中生活着很多怪鸟和怪兽。

【原文】

2.47　又西三百七十里,曰乐游之山①。桃水出焉,西流注于稷泽②,是多白玉,其中多䱉鱼③,其状如蛇而四足,是食鱼。

【注释】

①乐游之山:乐游山,可能在今青海境内。②稷泽:水名。在叶尔羌河西北,英吉沙漠东南,今已干涸为沙漠。③䱉(huá)鱼:传说中的一种鱼。

【译文】

再往西三百七十里有座山,名叫乐游山。桃水发源于乐游山,向西流入稷泽,这里遍布着白色的玉石,桃水水域有大量的䱉鱼,它的形状如蛇一般,却长着四只脚,以食鱼为生。

【原文】

2.48　西水行四百里,流沙二百里①,至于蠃母之山②,神长乘司之③,是天之九德也④。其神状如人而犳尾⑤。其上多玉,其下多青石而无水。

【注释】

①流沙:古时指中国西北的沙漠地区。②蠃(luó)母之山:蠃母山,可能在今新疆且末附近。③长乘:神名。④天之九德:天的九种德行。⑤犳(zhuó):传说中的一种兽。

【译文】

往西走四百里水路,二百里流沙,便到了蠃母山,天神长乘掌管着这座山,长乘禀有天所具备的九种德行。这位天神形貌像人,长着犳一样的尾巴。蠃母山上有很多玉,山下有很多青石,但没有水。

【原文】

2.49 又西三百五十里,曰玉山①,是西王母所居也②。西王母其状如人,豹尾虎齿而善啸,蓬发戴胜③,是司天之厉及五残④。有兽焉,其状如犬而豹文,其角如牛,其名曰狡,其音如吠犬,见则其国大穰⑤。有鸟焉,其状如翟而赤⑥,名曰胜遇,是食鱼,其音如录⑦,见则其国大水。

【注释】

①玉山:山名。此山中多玉,故叫玉山,在今新疆和田市。②西王母:传说中的女神,亦称金母、瑶池金母、瑶池圣母,住在昆仑山的瑶池中。③胜:古代妇女首饰。④厉:灾疫。五残:五刑残杀。⑤穰(ráng):丰收。⑥翟(dí):长尾的野鸡。⑦录:动物名。一说可能为"鹿"。

【译文】

再往西三百五十里有座山,名叫玉山,这是西王母居住的地方。西王母形貌像人,长着豹一样的尾巴和老虎一样的牙齿,善于长啸,蓬散着头发,头上戴着玉胜,主管天上的灾厉和五刑残杀之气。玉山中有一种兽,它的形状像狗,身上有豹一样的斑纹,长着牛一样的角,它被叫作狡,发出的声音跟狗的吠叫声相像,它出现在哪个国家,哪个国家就会获得大丰收。山中有一种鸟,形状像长尾的野鸡,红色,名字叫作胜遇,它以鱼类为食,发出的声音像录的叫声,它出现在哪个国家,哪个国家就会发生水灾。

【原文】

2.50 又西四百八十里,曰轩辕之丘,无草木。洵水出焉,南流注于黑水,其中多丹粟,多青、雄黄①。

【注释】

①青:石青。

【译文】

再往西四百八十里有座山丘,名叫轩辕丘,这里不长草木。洵水发源于此,向南流入黑水,水中有很多粟米粒大小的丹沙,还有许多石青和雄黄。

【原文】

2.51 又西三百里,曰积石之山①,其下有石门②,河水冒以西南流③。是山也,万物无不有焉。

【注释】

① 积石之山:积石山,今青海省东南部的阿尼玛卿山。② 石门:这里指大石洞。③ 冒:向外透。

【译文】

再往西三百里有座山,名叫积石山,山下有一个巨大的石洞,黄河水从石洞中涌出,向西南方向奔流而去。在这座积石山上,各种各样的东西俱全。

【原文】

2.52 又西二百里,曰长留之山①,其神白帝少昊居之②。其兽皆文尾,其鸟皆文首。是多文玉石。实惟员神磈氏之宫③。是神也,主司反景④。

【注释】

① 长留之山:长留山,今新疆布尔汗布达山东北的山脉。② 白帝:古神话中五天帝之一,主西方之神。少(shào)昊(hào):相传是黄帝之子,是远古时羲和部落的后裔,为华夏部落联盟的首领,同时也是东夷族的首领。③ 员神磈(wěi)氏:一说指少昊;一说"员"即"圆",员神指日神。④ 反景:就是把中午之前指向西方的影子反拨向东方。景:通"影"。

【译文】

再向西二百里有座山,名叫长留山,此山的山神白帝少昊就居住在这里。山中的野兽尾巴上都有花纹,山中的鸟类脑袋上都有斑纹。山中还有很多带彩色花纹的玉石。这座山其实是员神魂氏的宫殿。这位神掌管太阳落山时把影子折向东方。

【原文】

2.53 又西二百八十里,曰章莪之山①,无草木,多瑶碧②。所为甚怪。有兽焉,其状如赤豹,五尾一角,其音如击石,其名如狰③。有鸟焉,其状如鹤,一足,赤文青质而白喙④,名曰毕方,其鸣自叫也,见则其邑有讹火⑤。

【注释】

①章莪(é)之山:章莪山。在今青海湖境内。②瑶:美玉。碧:青绿色的玉石。③如:"如"应作"曰"。狰:怪兽名。④喙:鸟兽的嘴。⑤讹火:野火。

【译文】

再往西二百八十里有座山,名叫章莪山,山中不长草木,有很多美玉和青绿色的玉石。山里的东西十分怪异。山中有一种兽,它的形状像红色的豹,长着五条尾巴和一只角,叫声像是敲击石头发出的响声,它的名字叫作狰。山中有一种鸟,它的形状像鹤,只有一只脚,青色的羽毛之上有红色的斑纹,长着白色的嘴巴,这种鸟名叫毕方,它鸣叫起来就好像是在呼喊自己的名字,它在哪里出现,哪里就会有大片的野火。

【原文】

2.54 又西三百里,曰阴山①。浊浴之水出焉②,而南流注于蕃泽③,其中多文贝。有兽焉,其状如狸④而白首,名曰天狗,其音如猫猫,可以御凶。

【注释】

①阴山：山名。今塔塔河和巴嘎柴达木湖南的山脉。②浊浴之水：浊浴水，今青海的塔塔凌河。③蕃泽：水名。可能是今青海的巴嘎柴达木湖。④狸：山猫。

【译文】

再向西三百里有座山，名叫阴山。浊浴水发源于阴山，向南注入蕃泽，水中有很多带花纹的贝壳。山中有一种野兽，形状像山猫，长着白色的脑袋，名叫天狗，它鸣叫的声音像是"猫猫"样的，人们可用它来防御凶邪。

【原文】

2.55　又西二百里，曰符惕之山①，其上多棕枬，下多金玉。神江疑居之②。是山也，多怪雨，风云之所出也。

【注释】

①符惕（dàng）之山：符惕山，当为祁连山中的一个山岭。②江疑：传说中的神名。

【译文】

再往西二百里有座山，名叫符惕山，山上生长着许多棕树和楠木树，山下有大量的金属和玉石。天神江疑就居住在这座山上。此山中，常常会下怪雨，风和云就是从这里兴起的。

【原文】

2.56　又西二百二十里，曰三危之山①，三青鸟居之②。是山也，广员百里。其上有兽焉，其状如牛，白身四角，其豪如披蓑③，其名曰㹀㺄④，是食人。有鸟焉，一首而三身，其状如鸮⑤，其名曰鸱⑥。

【注释】

① 三危之山：三危山，在今甘肃敦煌市。② 三青鸟：传说中为西王母取食的鸟。③ 豪：通"毫"，细而尖的毛。④ 傲（ào）狠（yē）：传说中的兽。⑤ 鸱（luò）：鸟名。形状像雕。⑥ 鸱（chī）：传说中的一种鸟。

【译文】

再往西二百二十里有座山，名叫三危山，三青鸟就栖居在这里。这座山，方圆百里。山上有一种野兽，形状像牛，身子为白色，头上长着四只角，身上的毛如披着的蓑衣一般，它名字叫傲狠，能吃人。山中有一种鸟，长着一个脑袋、三个身子，形状与鸱鸟相似，它的名字叫作鸱。

【原文】

2.57 又西一百九十里，曰騩山①，其上多玉而无石。神耆童居之②，其音常如钟磬。其下多积蛇③。

【注释】

①騩（guī）山：山名。今甘肃、青海、新疆三省（区）交界处的当金山。②耆（qí）童：也称老童，古代神话中的神名，颛顼之子。③积蛇：堆在一起的蛇。

【译文】

再往西一百九十里有座山，名叫騩山，山上有很多美玉，没有石头。名叫耆童的神就居住在此山中，他发出的声音像是敲击钟磬发出的声响。山下到处是成堆成堆的蛇。

【原文】

2.58 又西三百五十里，曰天山①，多金玉，有青、雄黄②。英水出焉，而西南流注于汤谷③。有神焉，其状如黄囊，赤如丹火，六足四翼，浑敦无面目，是识歌舞，实为帝江也④。

【注释】

①天山：山名。一说是天山山脉东段；一说在今甘肃境内；一说在昆仑山脉北面。②青：石青。③汤（yáng）谷：今吐鲁番盆地。④帝江：传说中的神名。

【译文】

再往西三百五十里有座山，名叫天山，山上有很多金和玉，还有石青和雄黄。英水发源于天山，向西南流入汤谷。山中有一位神，他的形状像黄色的皮囊，红如火焰，长着六只脚和四只翅膀，脑袋部位浑沌一团，分不清面目，却会唱歌跳舞，这个神其实就是帝江。

【原文】

2.59 又西二百九十里，曰泑山①，神蓐收居之②。其上多婴脰之玉③，其阳多瑾瑜之玉④，其阴多青、雄黄。是山也，西望日之所入，其气员，神红光之所司也⑤。

【注释】

①泑（yōu）山：山名。一说是阿尔金山南段；一说是吐鲁番盆地北缘的火焰山。②蓐（rù）收：古代传说中的西方神名，司秋。③婴脰：玉石名。④瑾：美玉。瑜：美玉。⑤红光：传说中的神名。

【译文】

再往西二百九十里有座山，名叫泑山，名叫蓐收的天神就居住在这里。山上盛产可用作颈饰的玉石，山的南边遍布着瑾、瑜一类美玉，北面有很多石青和雄黄。从此山向西望去，可以看见太阳落山时的浑圆气象，这种景象，正是由名叫红光的神掌管的。

【原文】

2.60 西水行百里,至于翼望之山①,无草木,多金玉。有兽焉,其状如狸②,一目而三尾,名曰讙③,其音如夺百声④,是可以御凶,服之已瘅⑤。有鸟焉,其状如乌,三首六尾而善笑,名曰鵸䳜⑥,服之使人不厌⑦,又可以御凶。

【注释】

①翼望之山:翼望山,在库尔汗山西南面。②狸:山猫。③讙(huān):传说中的一种兽。④夺:同"夺",这里指压倒、胜过。⑤已:治愈。瘅:通"疸",黄疸病。⑥鵸(qí)䳜(tú):传说中的一种鸟。⑦厌:梦魇。

【译文】

往西走一百里水路,就到了翼望山,山中不长草木,有很多金属和玉石。山中有一种兽,它的形状与山猫相似,长着一只眼睛和三条尾巴,名字叫讙,它的叫声仿佛能盖过各种声音,可以用它来防御凶险,人们食用它可以治疗黄疸病。山中有一种鸟,形状似乌鸦一般,长着三个脑袋,六条尾巴,经常发出笑声,它的名字叫鵸䳜,人吃了它的肉就不会做恶梦,还可以防御凶邪。

【原文】

2.61 凡西次三经之首,自崇吾之山至于翼望之山,凡二十三山①,六千七百四十四里。其神状皆羊身人面。其祠之礼:用一吉玉瘗②,糈用稷米③。

【注释】

①凡二十三山:应为"二十二山"。②吉玉:彩色的玉。瘗(yì):埋葬。③稷:古代一种粮食作物,指粟或黍。

【译文】

西方第三列山系,从首座崇吾山起到翼望山为止,共有二十三(二十二)座山,途经六千七百四十四里。这些山的山神的形象,都是羊身人面。祭祀这些山神的方法是:把一块吉玉埋入地下,将稷米作为祀神用的精米。

西次四经

【导读】

《西次四经》记载了从阴山到崦嵫山共计十九座山的地理位置和山川风貌。这些山大致分布在今陕西、甘肃、宁夏、内蒙古境内。

这列山系中多怪兽，如独手独脚的神䰠，形态似虎、背生双翼的穷奇，人脸蛇尾、背生翅膀的孰湖。

【原文】

2.62 西次四经之首，曰阴山①，上多榖②，无石，其草多茆、蕃③。阴水出焉④，西流注于洛⑤。

【注释】

①阴山：山名。在今陕西境内。②榖（gǔ）：疑应作"榖"，构树。③茆（mǎo）：茆就是莼菜，也叫凫葵。蕃：通"蘋"，即青蘋，一种草。④阴水：水名。今石门河。⑤洛：洛河。

【译文】

西方第四列山系的头一座山，名叫阴山，山上生长着很多构树，没有石头，山中的草多是凫葵和蕃草。阴水发源于阴山，向西流入洛河。

【原文】

2.63 北五十里，曰劳山①，多茈草②。弱水出焉③，而西流注于洛④。

【注释】

①劳山：山名。在今陕西境内。②茈（zǐ）草：紫草。③弱水：水名。一说是今黄连河；一说是今甘泉河、介子河，流经陕西

甘泉县。④洛：洛河。

【译文】

往北五十里有座山，名叫劳山，山上长着很多紫草。弱水发源于此山，向西流入洛河。

【原文】

2.64 西五十里，曰罢谷之山①。洱水出焉②，而西流注于洛③，其中多茈、碧④。

【注释】

①罢谷之山：罢谷山，在今陕西境内。②洱水：水名。一说今仙宫河；一说今周河。③洛：洛河。④茈：紫石。碧：青绿色的玉石。

【译文】

向西五十里有座山，名叫罢谷山，洱水发源于此山，之后向西流入洛河，山中有许多紫石及青色的玉石。

【原文】

2.65 北百七十里，曰申山①，其上多榖、柞②，其下多杻橿，其阳多金玉。区水出焉③，而东流注于河。

【注释】

①申山：山名。一说在今陕西境内；一说是今黄龙山。②榖：疑应作"榖"，即构树。柞（zuò）：柞树。③区（ōu）水：水名，可能为位于延安的延河。

【译文】

往北一百七十里有座山，名叫申山，山上有很多构树和柞树，山下生长着许多杻树和橿树，山的南面有很多金属和玉石。区水发源于此山，之后向东流入黄河。

【原文】

2.66 北二百里，曰鸟山①，其上多桑，其下多楮，其阴多铁，其阳多玉。辱水出焉②，而东流注于河。

【注释】

①鸟山：山名。今大盘山。②辱水：水名。可能为今陕西的清涧河，又名秀延河。

【译文】

往北二百里有座山，名叫鸟山，山上长着很多桑树，山下长着很多构树，山的北面有很多铁，南面有很多玉石。辱水发源于此山，之后向东流入黄河。

【原文】

2.67 又北百二十里，曰上申之山①，上无草木，而多硌石②，下多榛楛③，兽多白鹿。其鸟多当扈④，其状如雉，以其髯飞⑤，食之不眴目⑥。汤水出焉⑦，东流注于河。

【注释】

①上申之山：上申山，今崆峒山。②硌（luò）：山上的大石。③榛（zhēn）：落叶灌木或小乔木，叶子为圆形或倒卵形，坚果为球形。楛（hù）：古书上指荆一类的植物。④当扈：传说中的一种鸟。⑤髯：两颊上的胡须。⑥眴（shùn）目：眨眼。⑦汤水：水名。即今云岩河，在延河南面。

【译文】

再往北一百二十里有座山，名叫上申山，山上不长草木，却有很多大的石头，山下长着很多榛和楛，山里的野兽多是白鹿。山里的鸟多为当扈，这种鸟的形状像野鸡，它借助自己长长的胡子飞翔，人们吃了它的肉就不会得眨眼睛的病。汤水发源于上申山,之后向东流入黄河。

【原文】

2.68 又北百八十里,曰诸次之山①,诸次之水出焉②,而东流注于河。是山也,多木无草,鸟兽莫居,是多众蛇。

【注释】

①诸次之山:诸次山,一说在今陕西榆林北;一说为梁山。②诸次之水:诸次水,一说为延河;一说是流经陕西佳县的佳芦河。

【译文】

再往北一百八十里有座山,名叫诸次山,诸次水发源于此山,向东流入黄河。在这座山上,长着很多树,不长草,也没有鸟兽栖居,但有很多各种大大小小的蛇。

【原文】

2.69 又北百八十里,曰号山①,其木多漆、棕②,其草多药、䕡、芎䓖③。多泠石④。端水出焉⑤,而东流注于河。

【注释】

①号山:山名。在今陕西境内。②漆:漆树。棕:棕榈。③药(yuè):白芷。䕡(xiāo):香草也;芎(xiōng)䓖(qióng):川芎。④泠(jīn)石:矿石名。一说在古时用作黑色染料。⑤端水:水名。一说是今陕西境内的秃尾河。

【译文】

再往北一百八十里有座山,名叫号山,山里生长的树木多是漆树和棕榈,生长的草多为白芷草、䕡草、芎䓖草。山中有很多泠石。端水由此山发源,向东流入黄河。

【原文】

2.70 又北二百二十里,曰孟山①,其阴多铁,其阳多铜,其兽多白狼、白虎,其鸟多白雉、白翟②。生水出焉③,而东流注于河。

【注释】

①孟山:山名。在今陕西境内。②雉:野鸡。翟(dí):长尾野鸡。③生水:水名。今黄河支流无定河。

【译文】

再往北二百二十里有座山,名叫孟山,山的北面有很多铁,南面有很多铜,山中的野兽多为白狼和白虎,鸟类多为白雉和白色的长尾野鸡。生水发源于孟山,之后向东流入黄河。

【原文】

2.71 西二百五十里,曰白於之山①,上多松、柏,下多栎、檀②,其兽多牸牛、羬羊③,其鸟多鸮④。洛水出于其阳⑤,而东流注于渭;夹水出于其阴⑥,东流注于生水⑦。

【注释】

①白於之山:白於山,在今陕西境内。②栎(lì):栎树。檀:檀树。③牸(zuó)牛:野牛。羬(qián)羊:野生的大尾羊。④鸮(xiāo):鸮似鸠而青色。⑤洛水:洛河。⑥夹水:水名。一说即今陕西的红柳河。⑦生水:水名。今黄河支流无定河。

【译文】

往西二百五十里有座山,名叫白於山,山上长着很多松树和柏树,山下长着很多栎树和檀树,山中的野兽多为牸牛、羬羊,鸟多为鸮。洛水发源于此山的南面,向东注入渭河;夹水发源于此山的北面,向东流入生水。

【原文】

2.72　西北三百里，曰申首之山①，无草木，冬夏有雪。申水出于其上②，潜于其下，是多白玉。

【注释】

①申首之山：申首山。一说在今陕西境内；一说在今宁夏境内。②申水：水名。今蒲河。

【译文】

往西北三百里有座山，名叫申首山，山上不长草木，冬夏两季都会下雪。申水由这座山的上面发源，流到山下后潜入地下，这一带有很多白玉。

【原文】

2.73　又西五十五里，曰泾谷之山①。泾水出焉②，东南流注于渭，是多白金、白玉。

【注释】

①泾谷之山：泾谷山。一说在今陕西境内；一说在今宁夏境内。②泾水：水名。一说是今泾河。

【译文】

再往西五十五里有座山，名叫泾谷山。泾水发源于泾谷山，向东南流入渭水，这一带多产白金和白玉。

【原文】

2.74　又西百二十里，曰刚山①，多柒木②，多㻬琈之玉③。刚水出焉，北流注于渭。是多神𩳁④，其状人面兽身，一足一手，其音如钦⑤。

【注释】

①刚山：山名。今祁连山东延余脉屈吴山。②柒木：漆树。③㻬（tū）琈（fú）：美玉名。④神䰠（chì）：传说中的一种兽。⑤钦：通"吟"，打呵欠。

【译文】

再往西一百二十里有座山，名叫刚山，山中长有很多漆树，还有很多㻬琈玉。刚水发源于此山，向北流入渭河。山中有很多神䰠，形状为人面兽身，只有一只脚和一只手，发出的声音像人在打呵欠。

【原文】

2.75　又西二百里，至刚山之尾①。洛水出焉②，而北流注于河。其中多蛮蛮③，其状鼠身而鳖首，其音如吠犬。

【注释】

①刚山：山名。今祁连山东延余脉屈吴山。②洛水：水名。不是现在的洛河。一说是甘肃境内的祖厉河；一说是宁夏境内的清水河。③蛮蛮：兽名。一说指水獭。

【译文】

再往西二百里，便到了刚山的尾端。洛水发源于这一带，向北流入黄河。洛水中有很多蛮蛮，长着鼠一样的身子和鳖一样的脑袋，发出的声音如狗吠声一般。

【原文】

2.76　又西三百五十里，曰英鞮之山①，上多漆木，下多金玉，鸟兽尽白。涴水出焉②，而北流注于陵羊之泽③。是多冉遗之鱼④，鱼身蛇首六足，其目如马耳，食之使人不眯⑤，可以御凶。

【注释】

①英鞮(dī)之山：英鞮山，在今甘肃境内。②涴(yuān)水：水名。今甘肃河西走廊东端的石羊河。③陵羊之泽：陵羊泽，水名。今甘肃省白亭海。④冉遗之鱼：冉遗鱼，传说中的一种鱼。⑤眯(mì)：梦魇。

【译文】

再往西三百五十里有座山，名叫英鞮山，山上长着很多漆树，山下有很多金和玉，山中鸟兽都是白色的。涴水发源于此山，向北流入陵羊泽。涴水中有很多冉遗鱼，长着鱼一样的身子和蛇一样的脑袋，有六只脚，眼睛的形状如马的耳朵一般，人吃了这种鱼的肉就不会梦魇，还可以用它来防御凶邪。

【原文】

2.77　又西三百里，曰中曲之山①，其阳多玉，其阴多雄黄、白玉及金。有兽焉，其状如马，而白身黑尾，一角，虎牙爪，音如鼓音，其名曰䮰，是食虎豹，可以御兵②。有木焉，其状如棠，而员叶赤实③，实大如木瓜，名曰櫰木④，食之多力。

【注释】

①中曲之山：中曲山。一说是今甘肃境内的天梯山；一说在今内蒙古境内。②兵：武器。③棠：棠梨。④櫰(guī)木：櫰槐，一种落叶乔木。

【译文】

再往西三百里有座山，名叫中曲山，中曲山南面有很多玉石，北面雄黄、白玉和金属储量丰富。山中有一种兽，它的形状像马，长着白色的身子和黑色的尾巴，一只角，有老虎一样的牙齿和爪子，发出的叫声如击鼓声音一般，这种兽的名字叫䮰，它能吃老虎和豹子，人们可用它来抵御兵器的伤害。山中有一种树，它的形状像棠梨，长着圆圆的叶子，结红色的果实，果实的大小如木瓜一般，这种树的名字叫櫰木，人吃了它的果实能增添力气。

【原文】

2.78　又西二百六十里，曰邽山①，其上有兽焉，其状如牛，猬毛，名曰穷奇，音如獆狗②，是食人。濛水出焉③，南流注于洋水④，其中多黄贝、蠃鱼⑤，鱼身而鸟翼，音如鸳鸯，见则其邑大水。

【注释】

①邽（guī）山：山名。在今甘肃省境内。②獆（háo）：野兽吼叫。③濛水：今甘肃天水市的来谷河。④洋水：今湟水河，流经西宁城北，是黄河的重要支流。⑤蠃（luó）鱼：传说中的一种鱼。

【译文】

再往西二百六十里有座山，名叫邽山。山上有一种兽，形状像牛，身上的毛如刺猬身上的刺一般，它的名字叫穷奇，发出的声音如同狗吠声，能吃人。濛水发源于此山，向南流入洋水，水中有很多黄色的贝和蠃鱼，蠃鱼长着鱼身，有鸟一样的翅膀，叫声像鸳鸯的鸣叫声，它只要一出现就会发生水灾。

【原文】

2.79　又西二百二十里，曰鸟鼠同穴之山①，其上多白虎、白玉。渭水出焉，而东流注于河。其中多鳋鱼②，其状如鳣鱼③，动则其邑有大兵。滥水出于其西④，西流注于汉水⑤，多䱻魮之鱼⑥，其状如覆铫⑦，鸟首而鱼翼鱼尾，音如磬石之声⑧，是生珠玉。

【注释】

①鸟鼠同穴之山：今鸟鼠山，在今甘肃渭源县西南。②鳋（sāo）鱼：传说中的一种鱼。③鳣（zhān）：鲔，即鳇。④滥水：北陇水，在今甘肃临潭县。⑤汉水：一说应作"洮水"，即今洮河。⑥鮆（rú）魮（pí）：传说中的一种鱼。⑦铫（yáo）：一种带柄有嘴的小锅。⑧磬石：适宜制磬的美石。

【译文】

再往西二百二十里有座山，名叫鸟鼠同穴山，山上有很多白虎和白玉。渭水发源于此山，向东流入黄河。渭水中有许多鳋鱼，它的形状像鳣鱼，它在哪个地方出现，那里就会发生大的战争。滥水发源于此山的西面，向西注入汉水，水中有很多鮆魮鱼，形状像倒扣着的铫，长着鸟一样脑袋、鱼一样的鳍和尾巴，叫声像敲击磬石的响声，它能从体内排出珠玉。

【原文】

2.80　西南三百六十里，曰崦嵫之山①，其上多丹木②，其叶如榖③，其实大如瓜，赤符而黑理④，食之已瘅⑤，可以御火。其阳多龟，其阴多玉。苕水出焉⑥，而西流注于海⑦，其中多砥砺⑧。有兽焉，其状马身而鸟翼，人面蛇尾，是好举人，名曰孰湖。有鸟焉，其状如鸮而人面，雎身犬尾⑨，其名自号也，见则其邑大旱。

【注释】

①崦（yān）嵫（zī）之山：崦嵫山。传说是日落的地方，在今甘肃天水市西部。②丹木：植物名。一说是槭树。③榖：应作"穀"，构树。④符：通"柎"，花萼，花瓣外部的一圈叶状绿色小片。⑤已：治愈。瘅：通"疸"，黄疸病。⑥苕水：水名。今青海省境内的哈伦乌苏河。⑦海：一说指青海湖；一说疑为甘肃、青

海、四川边境的沼泽地。⑧砥砺：磨刀石。⑨蜼（wèi）：一种长尾猿。

【译文】

往西南三百六十里有座山，名叫崦嵫山，山上长着很多丹树，它的叶子像构树叶，结出的果实如瓜一般大，长着红色的花萼和黑色的纹理，吃了它可以治疗黄疸病，还可以用它来防火。山的南面有很多龟，北面有很多玉石。苕水发源于崦嵫山，向西流入大海，水中有很多磨刀石。山里有一种兽，长着马一样的身子和鸟一样的翅膀，人一样的脸，蛇一样的尾巴，它喜欢把人举起来，这种兽的名字叫作孰湖。山中有一种鸟，形状像猫头鹰，长着人的面孔，长尾猿的身子，狗的尾巴，它的叫声像是在喊自己的名字，它在哪里出现，哪里就会有大的旱灾发生。

【原文】

2.81　凡西次四经，自阴山以下，至于崦嵫之山，凡十九山，三千六百八十里。其神祠礼，皆用一白鸡祈，糈以稻米，白菅为席①。

【注释】

①菅：菅茅。

【译文】

西方第四列山系，从第一座阴山始到崦嵫山，共有十九座山，长达三千六百八十里。祭祀这些山的山神的仪式为：都用一只白鸡为祭品来祈祷，以稻米作为祭神用的精米，以白茅作为山神的坐垫席。

【原文】

2.82 右西经之山,凡七十七山,一万七千五百一十七里。

【译文】

以上是西山方山系的记录,总共有七十七座,行经一万七千五百一十七里。

第三卷　北山经

《北山经》记载了位于中国北部的八十八座山及其中的河流、动植物、矿物、山神等，这些山位于今宁夏、新疆、山西、河南、河北、内蒙古及蒙古国境内，其中近四分之一的山的具体位置可以确定。

北山经

【导读】

《北山经》记录了从单狐山到隄山共计二十五座山的地理位置和山川风貌，它们大致分布在今新疆、宁夏、内蒙古一带，有的可能在今西伯利亚、蒙古国境内。

山中栖息有"沙漠之舟"橐驼、人首牛耳的诸犍、人面蛇身的䑏疏等各种怪兽；水中生活着一首十身的何罗鱼、长着十只翅膀的鰼鰼鱼以及有毒的江豚等。

【原文】

3.1　北山经之首，曰单狐之山①，多机木②，其上多华草③。漨水出焉，而西流注于泑水，其中多茈石、文石④。

【注释】

①单狐之山：单狐山。一说为今贺兰山一部分；一说在今新疆境内。②机木：木名，桤木。③华草：一说指草名；一说指多花之草。④茈（zǐ）石：疑为"茈"，紫色的石头。

【译文】

北方第一列山系的第一座山是单狐山，山中长着许多桤木，山上长有许多华草。漨水发源于此山，之后向西流入泑水，水中有很多紫色的和带花纹的石头。

【原文】

3.2　又北二百五十里，曰求如之山①，其上多铜，其下多玉，无草木。滑水出焉②，而西流注于诸㢻之水。其中多滑鱼③，其状如鳝，赤背，其音如梧④，食之已疣⑤。其中多水马⑥，其状如马，而文臂牛尾，其音如呼⑦。

【注释】

①求如之山：求如山。一说是天主山脉的一部分；一说是苏浑山。②滑水：水名。③滑鱼：鱼名。疑作"鳟鱼"。④梧：琴。⑤已：治愈。疣（yóu）：俗称瘊子。⑥水马：动物名。一说指河马。⑦呼：人呼叫。

【译文】

再往北二百五十里有座山，名叫求如山，山上铜的储量丰富，山下有很多玉石，不长草木。滑水发源于此山，之后向西流入诸毗水。滑水中有很多滑鱼，形状如鳟鱼一般，背部呈现红色，发出的声音如琴声一般，人吃了它可以治疗瘊子。水中有很多水马，形状与马相似，前肢上有花纹，长着牛一样的尾巴，叫声像人的呼喊声。

【原文】

3.3　又北三百里，曰带山①，其上多玉，其下多青碧②。有兽焉，其状如马，一角有错③，其名曰䑏疏④，可以辟火。有鸟焉，其状如乌，五采而赤文，名曰鵸䳜⑤，是自为牝牡⑥，食之不疽⑦。彭水出焉，而西流注于芘湖之水，其中多儵鱼⑧，其状如鸡而赤毛，三尾、六足、四目，其音如鹊，食之可以已忧。

【注释】

①带山：山名。一说是哈拉钱客套山；一说是贺兰山的一部分。②青碧：青色的玉石。③错：用来打磨玉石的石头。④䑏（huān）疏：传说中的一种兽。⑤鵸（qí）䳜（yú）：传说中的一种鸟。⑥牝牡：动物的雌性和雄性。⑦疽（jū）：中医指一种毒疮。⑧儵（tiáo）鱼：传说中的怪鱼。

【译文】

再往北三百里有座山,名叫带山,山上有很多玉,山下有很多青色的玉石。山中有一种野兽,形状似马,长着一只角,角上有磨刀石般坚硬的角质层,这种兽的名字叫䑏疏,人们可以用它来避火。山中有一种鸟,形状像乌鸦,身上五彩斑斓,有红色斑纹,这种鸟名叫鹒鹒,此鸟雌雄同体,吃了它的肉,人就不会患痈疽。彭水发源于这座山,之后向西流入芘湖水,水中有很多儵鱼,它的形状像鸡,长着红色的羽毛,有三条尾巴,六只脚,四个脑袋,它的叫声像喜鹊,人吃了它的肉就不再忧愁。

【原文】

3.4　又北四百里,曰谯明之山①。谯水出焉,西流注于河。其中多何罗之鱼②,一首而十身,其音如吠犬,食之已痈③。有兽焉,其状如貆而赤豪④,其音如榴榴,名曰孟槐,可以御凶。是山也,无草木,多青、雄黄⑤。

【注释】

①谯(qiáo)明之山:谯明山。一说在今新疆境内。②何罗之鱼:何罗鱼,传说的一种鱼。③痈(yōng):一种毒疮。④貆(huán):豪猪。豪:通"毫",指细而尖的毛。⑤青:石青。

【译文】

再往北四百里有座山,名叫谯明山。谯水发源于谯明山,之后向西流入黄河。水中有很多何罗鱼,它们长着一个鱼头,十个身子,发出的声音像狗吠声,人们吃了何罗鱼的肉可以治疗痈肿病。山中有一种野兽,形状像豪猪,长着红色的毛,发出的声音像是猫的叫声,这种兽名叫孟槐,人们可用它来抵御凶险。谯明山上不长草木,有很多石青、雄黄。

【原文】

3.5 又北三百五十里，曰涿光之山①。嚣水出焉②，而西流注于河。其中多鳛鳛之鱼③，其状如鹊而十翼，鳞皆在羽端，其音如鹊，可以御火，食之不瘅④。其上多松柏，其下多棕橿⑤，其兽多麢羊，其鸟多蕃⑥。

【注释】

①涿光之山：涿光山，可能是天可汗岭西南及其以下南行各分支山岭的总称。②嚣水：水名，今阿克苏河。③鳛鳛（xí）之鱼：鳛鳛鱼，传说中的一种鱼。④瘅：同"疸"，黄疸病。⑤棕：棕榈。橿（jiāng）：木名，古时用作造车的材料。⑥蕃：鸟名。

【译文】

再往北三百五十里有座山，名叫涿光山。嚣水发源于这座山，之后向西流入黄河。水中有许多鳛鳛鱼，形状像喜鹊，长着十只翅膀，鱼鳞均长在翅膀的前端，这种鱼发出的声音与喜鹊的叫声相似，人们可以用它来防火，吃了它的肉就不会患黄疸病。山上长着很多松柏，山下有许多棕榈和橿树，山中的野兽多是麢羊，鸟类多是蕃鸟。

【原文】

3.6 又北三百八十里，曰虢山①，其上多漆②，其下多桐椐③。其阳多玉，其阴多铁。伊水出焉，西流注于河。其兽多橐驼④，其鸟多寓，状如鼠而鸟翼，其音如羊，可以御兵⑤。

【注释】

①虢（guó）山：山名。一说在今新疆境内；一说在今内蒙古境内。②漆：漆树。③桐：桐树。椐（jū）：古书上说的一种树，又叫灵寿木。④橐（tuó）驼：骆驼。⑤兵：兵器。

【译文】

再往北三百八十里有座山，名叫虢山，山上长着很多漆树，山下长有许多桐树和椐树，山的南面有许多玉，北面有许多铁。伊水发源于虢山，向西流入黄河。山中的野兽多是骆驼，鸟类多是寓鸟，这种鸟的形状与老鼠相似，长着鸟一样的翅膀，发出的声音像羊的叫声，人们可用它来防御兵器的伤害。

【原文】

3.7 又北四百里，至于虢山之尾，其上多玉而无石。鱼水出焉①，西流注于河，其中多文贝。

【注释】

①鱼水：水名。今伯什克勒克河。

【译文】

再往北四百里，就到了虢山的尾端，山上有很多玉，没有石头。鱼水发源于此，之后向西流入黄河，水中有很多带有纹理的贝。

【原文】

3.8 又北二百里，曰丹熏之山①，其上多樗柏②，其草多韭韰③，多丹雘④。熏水出焉⑤，而西流注于棠水⑥。有兽焉，其状如鼠，而菟首麇身⑦，其音如獋犬⑧，以其尾飞，名曰耳鼠⑨，食之不𭈥⑩，又可以御百毒。

【注释】

①丹熏之山：丹熏山。一说在今内蒙古境内；一说在今新疆境内。②樗（chū）：臭椿树。③韰（xiè）：一种野菜，草本植物。④丹雘（huò）：可做颜料，红色的矿物。⑤熏水：水名。注入今新疆草湖的河流。⑥棠水：水名。今新疆境内库尔楚草湖或哈拉里克草湖。⑦菟（tù）：通"兔"，兔子。麇身：一作"麇耳"。⑧獋

(háo)：野兽吼叫。⑨耳鼠：鼯鼠。⑩㿍（cǎi）：大腹，这里指肚子胀大的病。

【译文】

再往北二百里有座山，名叫丹熏山，山上有很多臭椿树和柏树，山中的草多为韭菜和䪥菜，山中还出产很多青雘。熏水发源于此，之后向西流入棠水。山中有一种野兽，它的形状似老鼠，长着兔子一样的脑袋，麋鹿一样的身体，发出的声音与狗的吠声相似，凭借它的尾巴飞行，这种兽名叫耳鼠，人吃了它的肉，可以治疗肚子胀大的病，还可以抵御百毒侵害。

【原文】

3.9　又北二百八十里，曰石者之山①，其上无草木，多瑶碧②。泚水出焉③，西流注于河。有兽焉，其状如豹，而文题白身④，名曰孟极，是善伏，其鸣自呼。

【注释】

①石者之山：石者山，今库尔泰山。②瑶：美玉。碧：青绿色的玉石。③泚（zǐ）水：水名。今新疆库尔勒市的孔雀河。④题：额头。

【译文】

再往北二百八十里有座山，名叫石者山，山上不长草木，有很多美玉和青绿色的石头。泚水发源于此，之后向西流入黄河。山中有一种野兽，形状如豹，额头上有花纹，周身都是白色的，它的名字叫孟极，这种兽善于潜伏隐藏，它发出的叫声像是在喊自己的名字。

【原文】

3.10　又北百一十里，曰边春之山①，多葱、葵、韭、桃、李。杠水出焉，而西流注于泑泽。有兽焉，其状如禺而文身②，善笑，见人则卧，名曰幽鴳③，其鸣自呼。

【注释】

①边春之山：边春山，属葱岭的一部分。②禺：猴类，似猿猴而较大。③幽鴳（è）：传说中的一种兽。

【译文】

再往北一百一十里有座山，名叫边春山，山上有很多葱、葵、韭菜、桃树、李树。杠水发源于边春山，向西流入泑泽。山中有一种野兽，形状与猿猴相似，身上有花纹，常常发出笑声，看见人就卧倒在地，这种兽名叫幽鴳，它的叫声像是在自呼其名。

【原文】

3.11 又北二百里，曰蔓联之山①，其上无草木。有兽焉，其状如禺而有鬣②，牛尾、文臂、马蹄，见人则呼，名曰足訾③，其鸣自呼。有鸟焉，群居而朋飞④，其毛如雌雉⑤，名曰鵁⑥，其鸣自呼，食之已风⑦。

【注释】

①蔓联之山：蔓联山。一说在今内蒙古境内；一说是珠勒都斯山。②鬣（liè）：兽类颈上的长毛。③足訾（zī）：传说中的一种兽。④朋：并列、并排。⑤毛：一作"尾"。雉：野鸡。⑥鵁（jiāo）：鸟名。一说是䴉鹠的一种。⑦已：治愈。风：指中风、痛风等。

【译文】

再往北二百里有座山，名叫蔓联山，山上不长草木。山中有一种野兽，形状像猿猴，颈部长有长毛，有牛一样的尾巴，前肢有花纹，有马一样的蹄子，它看见人就会呼叫，这种兽名字叫足訾，它的叫声像是在喊自己的名字。山中有一种鸟，喜欢成群栖息，结队飞行，身上的毛与雌野鸡相似，这种鸟名为鵁。它的叫声像是在自呼其名，人吃了它的肉可以治疗中风、痛风等病症。

【原文】

3.12 又北百八十里,曰单张之山①,其上无草木。有兽焉,其状如豹而长尾,人首而牛耳,一目,名曰诸犍②,善咤③,行则衔其尾,居则蟠其尾④。有鸟焉,其状如雉⑤,而文首、白翼、黄足,名曰白鵺⑥,食之已嗌痛⑦,可以已瘅⑧。栎水出焉⑨,而南流注于杠水。

【注释】

①单张之山:单张山。一说在今内蒙古境内;一说在今新疆境内。②诸犍(jiān):传说中的一种兽。③咤(zhà):发怒时大声叫喊。④蟠(pán):环绕。⑤雉:野鸡。⑥白鵺(yè):传说中的一种鸟。⑦已:治愈。嗌(ài):咽喉阻塞。⑧瘛(chì):癫狂病。⑨栎(lì)水:水名。

【译文】

再往北一百八十里有座山,名叫单张山,山上不长草木。山中有一种野兽,身形似豹,长着长长的尾巴,人一样的脑袋,牛一样的耳朵,只有一只眼睛,名字叫作诸犍,它常常大声吼叫。它行走时用嘴衔着尾巴,睡觉时就将尾巴盘曲起来。山中有一种鸟,形状似野鸡,头上有花纹,长着白色的翅膀和黄色的脚爪,这种鸟名叫白鵺,人吃了它的肉,可以治疗咽喉肿痛,还可以治疗癫狂症。栎水发源于此,之后向南流入杠水。

【原文】

3.13 又北三百二十里,曰灌题之山①,其上多樗柘②,其下多流沙,多砥③。有兽焉,其状如牛而白尾,其音如訆④,名曰那父。有鸟焉,其状如雌雉而人面⑤,见人则跃,名曰竦斯,其鸣自呼也。匠韩之水出焉⑥,而西流注于泑泽⑦,其中多磁石。

【注释】

①灌题之山：灌题山，今天格尔山。②樗（chū）：臭椿树。柘（zhè）：柘树。③砥：细的磨刀石。④训（jiào）：大声呼唤。⑤雉：野鸡。⑥匠韩之水：匠韩水，今巴伦哈布齐垓河。⑦泑（yōu）泽：水名。一说指今新疆的罗布泊。

【译文】

再往北三百二十里有座山，名叫灌题山，山上生长着许多臭椿树和柘树，山下有很多流沙，还有很多细磨刀石。山中有一种野兽，形状似牛，长着白色的尾巴，它的叫声如同人在大喊，这种兽名叫那父。山中有一种鸟，形状似雌野鸡，长着人一样的脸，见到人就跳跃，它的名字叫作竦斯，它的叫声像是在自呼其名。匠韩水发源于此，之后向西流入泑泽，水中有很多磁石。

【原文】

3.14　又北二百里，曰潘侯之山①，其上多松柏，其下多榛楛②，其阳多玉，其阴多铁。有兽焉，其状如牛，而四节生毛③，名曰旄牛④。边水出焉⑤，而南流注于栎泽⑥。

【注释】

①潘侯之山：潘侯山。一说是今新疆境内的罗格多山。②榛（zhēn）：落叶灌木或小乔木，结球形坚果，称"榛子"。楛（hù）：古书上指荆一类的植物。③四节：四肢关节。④旄（máo）牛：牦牛。⑤边水：水名，今新疆哈密的白杨河。⑥栎（lì）泽：水名，今吐鲁番觉罗浣。

【译文】

再往北二百里有座山，名叫潘侯山，山上生长着许多松柏，山下生长着许多榛树和楛树，山的南面有许多玉石，北面有许多铁。山中有一种野兽，形状似牛，四条腿的关节部位均长着毛，这种兽名叫牦牛。边水发源于这座山,向南流入栎泽。

【原文】

3.15　又北二百三十里,曰小咸之山①,无草木,冬夏有雪。

【注释】

①小咸之山:小咸山,在今新疆境内。

【译文】

再往北二百三十里有座山,名叫小咸山,山上不长草木,冬天、夏天都会下雪。

【原文】

3.16　北二百八十里,曰大咸之山①,无草木,其下多玉。是山也,四方,不可以上。有蛇名曰长蛇,其毛如彘豪②,其音如鼓柝③。

【注释】

①大咸之山:大咸山。一说在今新疆哈密附近。②彘:猪。豪:毛。③鼓:敲击。柝(tuò):打更用的梆子。

【译文】

往北二百八十里有座山,名叫大咸山,山上不长草木,山下有很多玉石。此山呈四方形,人不能攀登上去。山中有一种名叫长蛇的蛇,它身上的毛像猪毛一样,叫声像是在敲击打更用的梆子。

【原文】

3.17　又北三百二十里,曰敦薨之山①,其上多棕枏,其下多茈草②。敦薨之水出焉③,而西流注于泑泽。出于昆仑之东北隅④,实惟河原⑤。其中多赤鲑⑥。其兽多兕⑦、旄牛⑧,其鸟多尸鸠⑨。

【注释】

①敦薨（hōng）之山：敦薨山，在今新疆境内。②苀草：紫草。③敦薨之水：敦薨水，今弱水。④昆仑：古代的昆仑山，在今甘肃境内。⑤河原：河水的源头。⑥鲑（guī）：鱼名。一说即河豚。⑦兕：一种类似犀牛的动物。⑧旄牛：牦牛。⑨尸（shī）鸠：指布谷鸟。

【译文】

再往北三百二十里有座山，名叫敦薨山，山上长着很多棕榈和楠木，山下长着许多紫草。敦薨水发源于此山，向西流入泑泽。（敦薨水）由昆仑山的东北角流出，它其实是河水的源头。水中有很多红色的鲑鱼。山中的野兽多为兕、牦牛，鸟类大多为尸鸠，即布谷鸟。

【原文】

3.18　又北二百里，曰少咸之山①，无草木，多青碧②。有兽焉，其状如牛，而赤身、人面、马足，名曰窫窳③，其音如婴儿，是食人。敦水出焉④，东流注于雁门之水⑤，其中多鲈鲈之鱼⑥，食之杀人。

【注释】

①少咸之山：少咸山，山名。一说是库库推穆尔河；一说是今山西大同、阳高二县界上的采凉山。②青碧：青色的玉石。③窫（yà）窳（yǔ）：猰貐。传说中的一种兽。④敦水：水名。为注入居延海的河流。⑤雁门之水：今山西代县的南洋河。⑥鲈（pèi）鲈：江豚。

【译文】

再往北二百里有座山，名叫少咸山，山中不长草木，有很多青色的玉石。山中有一种野兽，它形状似牛，长着红色的身子，人一样的脸，马一样的脚，这种兽名叫窫窳，叫声像婴儿的啼哭声，能吃人。敦水发源于少咸山，之后向东流入雁门水，水中有很多𩽾𩾌鱼，人吃了它的肉就会被毒死。

【原文】

3.19 又北二百里，曰狱法之山①。瀤泽之水出焉②，而东北流注于泰泽③。其中多䲢鱼④，其状如鲤而鸡足，食之已疣⑤。有兽焉，其状如犬而人面，善投，见人则笑，其名曰山㹿⑥，其行如风，见则天下大风。

【注释】

①狱法之山：狱法山。一说在今内蒙古境内。②瀤（huái）泽之水：瀤泽水。一说是今注入贝加尔湖的色楞格河；一说是今注入内蒙古岱海的一条河。③泰泽：水名。一说指今内蒙古凉城县东的岱海；一说是今贝加尔湖。④䲢（zǎo）鱼：传说中的一种鱼。⑤疣（yóu）：瘊子。⑥山㹿（huī）：传说中的一种兽。

【译文】

再往北二百里有座山，名叫狱法山。瀤泽水发源于此，之后向东北流入泰泽。水中有很多䲢鱼，这种鱼形状像鲤鱼，却长着鸡一样的爪子，人们吃了它的肉可以治疗瘊子。山中有一种野兽，形状似狗，长着人一样的脸，擅长投掷，一看见人就会笑，名字叫山㹿，这种兽行动迅捷如风。它只要一出现，天下就会起刮大风。

【原文】

3.20 又北二百里，曰北岳之山①，多枳棘刚木②。有兽焉，其状如牛而四角、人目、彘耳，其名曰诸怀，其音如鸣雁，是食人。诸怀之水出焉，而西流注于嚣水③，其中多鮨鱼④，鱼身而犬首，其音如婴儿，食之已狂⑤。

【注释】

①北岳之山：北岳山。一说在今内蒙古境内；一说是阿尔泰山

中的山峰。② 枳（zhǐ）：枸橘。棘：酸枣树。刚木：木质坚硬的树，如柘、檀等。③ 嚻水：水名。所指待考。④ 鮨（yì）鱼：鱼名。外形与娃娃鱼相似。⑤ 狂：癫狂病。

【译文】

再往北二百里有座山，名叫北岳山。山上长着很多枳木、棘木和檀、柘等硬木。山中有一种野兽，形状似牛，长着四只角、人一样的眼睛、猪一样的耳朵，这种兽名叫诸怀，它发出的声音像大雁的鸣叫声，会吃人。诸怀水发源于此，之后向西流入嚻水，水中有很多鮨鱼，这种鱼长着鱼的身子，狗一样的脑袋，发出的声音如婴儿的啼哭声，吃了它的肉可以治疗癫狂症。

【原文】

3.21　又北百八十里，曰浑夕之山①，无草木，多铜玉。嚻水出焉，而西北流注于海②。有蛇一首两身，名曰肥遗，见则其国大旱。

【注释】

① 浑夕之山：浑夕山。今阿尔泰山中的布鲁哈山。② 海：指今北冰洋的喀拉海。

【译文】

再往北一百八十里有座山，名叫浑夕山，山中不长草木，有很多铜和玉。嚻水发源于此，之后向西北流入大海。山里有一种蛇，长着一个脑袋两个身子，名字叫作肥遗，它在哪个国家出现，哪个国家就会发生旱灾。

【原文】

3.22　又北五十里，曰北单之山①，无草木，多葱韭。

【注释】

① 北单之山：北单山。一说在今内蒙古境内。

【译文】

再往北五十里有座山，名叫北单山，山中不长草木，长着很多葱和韭菜。

【原文】

3.23　又北百里，曰𫛟差之山①，无草木，多马。

【注释】

① 𫛟差之山：𫛟差山。在今内蒙古境内。

【译文】

再往北一百里有座山，名叫𫛟差山，山里不长草木，有许多马。

【原文】

3.24　又北百八十里，曰北鲜之山①，是多马。鲜水出焉②，而西北流注于涂吾之水③。

【注释】

① 北鲜之山：北鲜山，在今内蒙古境内。② 鲜水：水名。今乌鲁克穆河或喀孜尔河。③ 涂吾之水：涂吾水，今中西伯利亚高原西侧的叶尼塞河。

【译文】

再往北一百八十里有座山，名叫北鲜山，山中有很多马。鲜水由此处发源，之后向西北流入涂吾水。

【原文】

3.25　又北百七十里，曰隄山①，多马。有兽焉，其状如豹而文首,名曰狕②。隐水出焉③,而东流注于泰泽④,其中多龙龟⑤。

【注释】

①隐山:山名。一说指今西伯利亚的屯金山。②狕:兽名。③隐水:水名。④泰泽:水名。一说今贝加尔湖。⑤龙龟:一说指龙和龟;一说指一种大龟。

【译文】

再往北一百七十里有座山,名叫隐山,山里有很多马。山中有一种野兽,形状似豹,脑袋上长有花纹,这种兽名叫狕。隐水发源于此山,之后向东流入泰泽,水中有很多龙龟。

【原文】

3.26 凡北山经之首,自单狐之山至于隐山,凡二十五山,五千四百九十里。其神皆人面蛇身。其祠之:毛用一雄鸡彘瘗①,吉玉用一珪②,瘗而不糈。其山北人,皆生食不火之物。

【注释】

①毛:用于祭祀的带毛的动物。彘:猪。瘗(yì):埋葬。②吉玉:彩色的玉。珪:古代祭祀时用的条状玉器,上尖下方。

【译文】

北方第一山系,从首座山单狐山起到隐山止,总共二十五座山,长达五千四百九十里。这些山的山神都是人面蛇身。祭祀这些山神的仪式为:把一只雄鸡和一头猪当作祭祀用的带毛的动物,把它们和一块彩色的玉埋入地下,祭祀时不用精米。住在山北面的人,都生吃未经火烧煮过的食物。

北次二经

【导读】

《北次二经》中记载了从管涔山到敦题山共计十六座山的地理位置。它们大致位于今山西、河北、内蒙古以及蒙古国境内。

这些山中生活着无数的怪兽,有独角的勃马、虎齿人爪的狍鸮、马尾猪鬣的独狢等。这列山系中还盛产各种各样的玉石及矿物。

【原文】

3.27 北次二经之首,在河之东,其首枕汾①,其名曰管涔之山②。其上无木而多草,其下多玉。汾水出焉,而西流注于河。

【注释】

①汾:汾河。②管涔(cén)之山:管涔山,在今山西宁武县境内。

【译文】

北方第二列山系的第一座山在黄河的东岸,起始于汾河边上,名叫管涔山。山上没有树木,长着很多草,山下有很多玉石。汾水发源于此山,之后向西流入黄河。

【原文】

3.28 又西二百五十里,曰少阳之山①,其上多玉,其下多赤银。酸水出焉②,而东流注于汾水③,其中多美赭④。

【注释】

①少阳之山:少阳山。一说即今山西关帝山。②酸水:水名。今山西的文峪河。③汾水:汾河。④赭(zhě):一种含着铁质矿物

的红土。

【译文】

再往北二百五十里有座山,名叫少阳山,山上有很多玉,山下有很多赤银。酸水由此山发源,之后向东流入汾河,水中有很多优质赭石。

【原文】

3.29　又北五十里,曰县雍之山①,其上多玉,其下多铜,其兽多闾麋②,其鸟多白翟白䳑③。晋水出焉④,而东南流注于汾水⑤。其中多鮆鱼⑥,其状如鯈而赤鳞⑦,其音如叱⑧,食之不骄⑨。

【注释】

①县雍之山:县雍山,今山西晋祠西山。②闾(lú):兽名。一说即羭,指黑色母羊。麋:麋鹿。③翟(dí):长尾的野鸡。白䳑(yǒu):鸟名。白翰。④晋水:水名。在今山西境内。⑤汾水:汾河。⑥鮆(jì)鱼:刀鱼。⑦鯈(tiáo):鱼名。白鲦。⑧叱:大声呵斥。⑨骄:一作"骚",指狐臭。

【译文】

再往北五十里有座山,名叫县雍山,山上有很多玉,山下有很多铜,山中的野兽多为闾和麋鹿,鸟类多为白色长尾野鸡和白翰。晋水发源于此,之后向东南流入汾河。水中有很多鮆鱼,形状像鯈鱼,它的鳞片是红色的,发出的声音如人的呵斥声,吃了这种鱼的肉,可以消除狐臭。

【原文】

3.30　又北二百里,曰狐岐之山①,无草木,多青碧②。胜水出焉③,而东北流注于汾水④,其中多苍玉⑤。

【注释】

①狐岐之山：狐岐山，在今山西孝义市西南。②青碧：青色的玉石。③胜水：水名，在今山西省境内。④汾水：汾河。⑤苍玉：灰白色的玉。

【译文】

再往北二百里有座山，名叫狐岐山，山中不长草木，有很多青色的玉石。胜水由此处发源，之后向东北流入汾河，水中有很多青玉。

【原文】

3.31　又北三百五十里，曰白沙山①，广员三百里，尽沙也，无草木鸟兽。鲔水出于其上②，潜于其下，是多白玉。

【注释】

①白沙山：山名。一说在今山西境内；一说在今河北境内。②鲔（wěi）水：水名。

【译文】

再往北三百五十里有座山，名叫白沙山，这座山方圆三百里，四处都是沙子，不长草木，也没有鸟兽。鲔水从白沙山的山顶发源，在山下潜流，水中有很多白玉。

【原文】

3.32　又北四百里，曰尔是之山①，无草木，无水。

【注释】

①尔是之山：尔是山。一说是今山西高阳县的老爷岭。

【译文】

再往北四百里有座山，名叫尔是山，山中没有草木，也没有水。

【原文】

3.33 又北三百八十里，曰狂山①，无草木。是山也，冬夏有雪。狂水出焉②，而西流注于浮水③，其中多美玉。

【注释】

①狂山：山名。在今大兴安岭南端。②狂水：水名。今公吉尔河。③浮水：水名。今内蒙古境内的达里河。

【译文】

再往北三百八十里有座山，名叫狂山，山中不长草木。这座山，冬、夏两季都会下雪。狂水发源于此，之后向西流入浮水，水中多有很多美玉。

【原文】

3.34 又北三百八十里，曰诸余之山①，其上多铜玉，其下多松柏。诸余之水出焉②，而东流注于旄水③。

【注释】

①诸余之山：诸余山。今都图伦群山。②诸余之水：诸余水。③旄（máo）水：水名。今克鲁伦河。

【译文】

再往北三百八十里有座山，名叫诸余山，山上有很多铜和玉，山下长着很多松柏。诸余水发源于此，之后向东流入旄水。

【原文】

3.35 又北三百五十里，曰敦头之山①，其上多金玉，无草木。旄水出焉，而东流注于邛泽②。其中多䮝马③，牛尾而白身，一角，其音如呼。

【注释】

①敦头之山：敦头山。一说在今内蒙古境内；一说在今山西省境内。②邛泽：水名。③䭷（bó）马：水兽名。

【译文】

再往北三百五十里有座山，名叫敦头山，山上有许多金属和玉石，山中不长草木。旄水发源于敦头山，之后向东流入邛泽。山中有许多䭷马，长着牛一样的尾巴，全身白色，有一只角，发出的声音如同人在呼叫。

【原文】

3.36 又北三百五十里，曰钩吾之山①，其上多玉，其下多铜。有兽焉，其状如羊身人面②，其目在腋下，虎齿人爪，其音如婴儿，名曰狍鸮③，是食人。

【注释】

①钩吾之山：钩吾山。一说在今山西省境内。②如：疑为衍文。③狍（páo）鸮（xiāo）：传说中的一种兽。

【译文】

再往北三百五十里有座山，名叫钩吾山，山上有很多美玉，山下有很多铜。山中有一种野兽，形状是羊身人面，眼睛长在腋窝下面，有老虎一样的牙齿、人一样的指掌，发出的声音似婴儿的哭啼声，它的名字叫狍鸮，能吃人。

【原文】

3.37 又北三百里，曰北嚣之山①，无石，其阳多碧②，其阴多玉。有兽焉，其状如虎，而白身犬首，马尾彘鬣③，名曰独狢④。有鸟焉，其状如乌，人面，名曰𪆴𪄀⑤，宵飞而昼伏，食之已暍⑥。涔水出焉⑦，而东流注于邛泽⑧。

【注释】

①北嚻之山：北嚻山。一说在今山西省境内。②碧：青绿色的玉石。③鬣（liè）：兽类颈上的长毛。④独𤞞（yù）：传说中的一种兽。⑤鶻（pán）𪃑（mào）：传说中的一种鸟。⑥暍（yē）：中暑。⑦涔（cén）水：水名。⑧邛（qióng）泽：水名。

【译文】

再往北三百里，是北嚻山，山上没有石头，山的南坡多出产碧玉，山北面遍布玉石。山中有一种野兽，形状像普通的老虎，长着白色身子，狗的脑袋，马的尾巴，身上的毛像猪鬃，名叫独𤞞。还有一种禽鸟，体形像乌鸦，长着一副人脸，名称是鶻𪃑，它夜里飞行白天隐伏，吃了它的肉能防止中暑。涔水发源于此，之后向东流入邛泽。

【原文】

3.38　又北三百五十里，曰梁渠之山①，无草木，多金玉。脩水出焉②，而东流注于雁门③。其兽多居暨④，其状如彙而赤毛，其音如豚⑤。有鸟焉，其状如夸父⑥，四翼、一目、犬尾，名曰嚻，其音如鹊，食之已腹痛，可以止衕⑦。

【注释】

①梁渠之山：梁渠山，在今内蒙古兴和县。②脩水：今内蒙古的东洋河。③雁门：水名。今南洋河。④居暨（jì）：短棘猬。⑤豚：小猪，也泛指猪。⑥夸父：鸟名。具体所指不详。⑦衕（dòng）：腹泻。

【译文】

再往北三百五十里有座山，名叫梁渠山，山中不长草木，有很多金和玉，脩水发源于此山，之后向东流入雁门水。山中的野兽多是居暨，它形状与刺猬相似，长着红色的毛，发出的声音如猪叫一般。山中有一种鸟，形状像夸父，长着四只翅膀，一只眼睛，狗一样的尾巴,这种鸟名叫䳇,它的叫声好似喜鹊的鸣叫,人们吃了它的肉可以治疗腹痛,还可以治疗腹泻。

【原文】

3.39　又北四百里,曰姑灌之山①,无草木。是山也,冬夏有雪。

【注释】

①姑灌之山:姑灌山。一说在今河北省境内。

【译文】

再往北四百里有座山,名叫姑灌山,山中不长草木。这座山上不管冬夏都会下雪。

【原文】

3.40　又北三百八十里,曰湖灌之山①,其阳多玉,其阴多碧②,多马。湖灌之水出焉③,而东流注于海④,其中多鳣⑤。有木焉,其叶如柳而赤理。

【注释】

①湖灌之山:湖灌山。今河北沽源县境内的大马群山。②碧:青绿色的玉石。③湖灌之水:湖灌水,上游即今白河,下游叫北运河。④海:这里指渤海。⑤鳣:同"鳝",指鳝鱼。

【译文】

再向北三百八十里有座山,名叫湖灌山,山的南面有很多玉,北面有许多青绿色的玉石,山中有很多马。湖灌水发源于此山,之后向东流入渤海,水中有许多鳝鱼。山中长着一种树,叶子像柳树叶,上面有红色的纹理。

【原文】

3.41　又北水行五百里，流沙三百里，至于洹山①，其上多金玉。三桑生之，其树皆无枝，其高百仞②。百果树生之。其下多怪蛇。

【注释】

①洹（huán）山：山名。一说在今内蒙古境内。②仞：古代以七尺或八尺为一仞。

【译文】

再往北行五百里水路，经过三百里流沙，便到了洹山，山上有很多金属和玉。山里有种三桑树，树干上没有枝条，高达百仞。山上还生长着各种果树。山下有很多怪蛇。

【原文】

3.42　又北三百里，曰敦题之山①，无草木，多金玉。是于镎北海②。

【注释】

①敦题之山：敦题山。一说在今俄罗斯境内。②镎（chún）：这里指蹲踞。北海：水名。一说指贝加尔湖。

【译文】

再往北三百里有座山，名叫敦题山，山中不长草木，有很多金属和玉石。这座山蹲踞于北海的岸边。

【原文】

3.43　凡北次二经之首，自管涔之山至于敦题之山，凡十七山①，五千六百九十里。其神皆蛇身人面。其祠：毛用一雄鸡、彘瘗②；用一璧一珪③，投而不糈。

【注释】

①凡十七山：郝懿行云："今才十六山。"②毛：祭祀用的带毛的动物。③璧：平圆形中间有孔的玉，古代在典礼时用作礼器，亦可作饰物。珪：古代祭祀时用的条状玉器，上尖下方。

【译文】

总计北方第二列山系的开始，自第一座管涔山起到敦题山止，总共十七（十六）座山，长达五千六百九十里。这些山的山神都是蛇身人面。祭祀这些山神的仪式为：带毛的动物用一只雄鸡和一头猪，把它们作为祭品埋入地下；用一块璧和一块珪，将它们投向山中，祭祀时不用精米。

北次三经

【导读】

《北次三经》中记载了从太行山到毋逢山共计四十七座山的地理分布、山川物产。这些山大致分布在今天的山西、河北、河南、内蒙古境内。其中为大家所熟知的有太行山、王屋山、燕山等。

经中提到了"精卫填海"的神话，并且记载了各种飞禽走兽。如能飞翔的天马、健壮威武的领胡、一身兼具雌雄二性的象蛇、四翅六眼三只脚的酸与、歌声美妙的黄莺等。

【原文】

3.44　北次三经之首，曰太行之山①。其首曰归山②，其上有金玉，其下有碧③。有兽焉，其状如麢羊而四角，马尾而有距④，其名曰䭺⑤，善还⑥，其鸣自䚯⑦。有鸟焉，其状如鹊，白身、赤尾、六足，其名曰䴗⑧，是善惊，其鸣自詨。

【注释】

①太行之山：山西高原和河北平原之间的太行山。②归山：山名。③碧：青绿色的玉石。④距：雄鸡爪后面突出像脚趾的部分。⑤䭺（hún）：传说中的一种兽。⑥还（xuán）：旋转。⑦䚯（jiào）：同"叫"，大声叫唤。⑧䴗（bēn）：传说中的一种鸟。

【译文】

北方第三列山系名叫太行山。太行山中的第一座山名叫归山，山上有金属和玉石，山下有青绿色的玉石。山中有一种野兽，形状像麢羊，头上有四只角，长着马一样的尾巴、鸡一样的爪子，它的名字叫䭺，这种兽善于旋转起舞，发出的声音像是在自呼其名。山中有一种鸟，它的形状像喜鹊，身上有白色的羽毛，长着红色的尾巴，六只脚，它的名字叫鵸，这种鸟十分容易受惊，发出的叫声像是在喊自己的名字。

【原文】

3.45 又东北二百里，曰龙侯之山①，无草木，多金玉。决决之水出焉②，而东流注于河。其中多人鱼③，其状如鯑鱼④，四足，其音如婴儿，食之无痴疾。

【注释】

①龙侯之山：龙侯山。今刑台五指山。②决决之水：决决水。一说指今河南济源市的淇河，俗称白涧河。③人鱼：指大鲵。④鯑（tí）鱼：指鲇鱼。

【译文】

再往东北二百里有座山，名叫龙侯山，山上不长草木，有很多金属和玉石。决决水发源于此山，向东流入黄河。水中有很多大鲵，它的形状像鲇鱼，身上长着四只脚，发出的声音就像婴儿的啼哭声，人吃了它的肉就不会得痴呆病。

【原文】

3.46 又东北二百里，曰马成之山①，其上多文石，其阴多金玉。有兽焉，其状如白犬而黑头，见人则飞，其名曰天马，其鸣自訆②。有鸟焉，其状如乌，首白而身青、足黄，是名曰鶌鶋③，其鸣自詨④，食之不饥，可以已寓⑤。

【注释】

①马成之山：马成山。一说在今山西境内；一说在今河南境内。②訆（jiào）：同"叫"，大声叫唤。③鶌（qū）鶋（jū）：斑鸠。④詨：呼叫。⑤已：治愈。寓：一说指老年健忘症；一说指疣病。

【译文】

再往东北二百里有座山,名叫马成山,山上有很多带有花纹的石头,山的北面有很多金属和玉。山中有一种野兽,它的形状像白色的狗,长着黑色的脑袋,见到人就腾空飞起,它的名字是天马,它的叫声像是在自呼其名。山里有一种鸟,它的外形像乌鸦,脑袋是白色的,身子是青色的、脚爪是黄色的,这种鸟名叫鶌鶋,它叫起来像是在喊自己的名字,人们吃了它的肉就不会再感到饥饿,还可以治疗疣子。

【原文】

3.47 又东北七十里,曰咸山①,其上有玉,其下多铜,是多松柏,草多茈草②。条菅之水出焉③,而西南流注于长泽④。其中多器酸⑤,三岁一成,食之已疠⑥。

【注释】

①咸山:山名。一说是河南张岭山;一说在今山西省南部。②茈(zǐ)草:紫草。③条菅之水:条菅水。一说在今山西省南部解州附近的水流。④长泽:水名。一说指今山西省南部解池周围的盐沼泽地。⑤器酸:一说可能是一种味酸的食物;一说可能是一种植物。⑥疠:恶疮;瘟疫。

【译文】

再往东北七十里有座山,名叫咸山,山上有很多玉石,山下有很多铜,山里长着许多松柏,山中的草多为紫草。条菅水发源于此山,向西南流入长泽。水中有很多器酸,它三年才成熟一次,吃了它能治疗恶疮。

【原文】

3.48 又东北二百里,曰天池之山①,其上无草木,多文石。有兽焉，其状如兔而鼠首，以其背飞，其名曰飞鼠。浑水出焉②，潜于其下，其中多黄垩③。

【注释】

①天池之山：天池山，在今山西南部。②浑（shéng）水：水名。在今山西南部。③垩（è）：可用来涂饰的有色土。

【译文】

再向东北二百里有座山，名叫天池山，山上不长草木，有许多带有花纹的石头。山中有一种兽，形状似兔子，头部像老鼠，它能借助背部长毛飞行，这种兽名叫飞鼠。浑水发源于此，在山底下潜流，水中有很多可做涂料的黄色土。

【原文】

3.49　又东三百里，曰阳山①，其上多玉，其下多金铜。有兽焉，其状如牛而赤尾，其颈䟐②，其状如句瞿③，其名曰领胡，其鸣自詨④，食之已狂⑤。有鸟焉，其状如雌雉而五采以文，是自为牝牡⑥，名曰象蛇，其鸣自詨。留水出焉⑦，而南流注于河。其中有鲐父之鱼⑧，其状如鲋鱼⑨，鱼首而彘身⑩，食之已呕。

【注释】

①阳山：山名。一说在今江苏省常熟市内；一说在今山西省南部。②䟐（shèn）：肉隆起的样子。③句瞿：所指待考。一说指斗。④詨：呼叫。⑤已：治愈。狂：癫狂病。⑥牝牡：雌性和雄性。⑦留水：水名。一说指今沙涧河。⑧鲐（xiàn）父之鱼：鲐父鱼。⑨鲋（fù）鱼：鲫鱼。⑩彘：猪。

【译文】

再往东三百里有座山，名叫阳山。山上有很多玉石，山下有很多金属和铜。山中有一种野兽，形状似牛，长着红色的尾巴，颈部有块隆起的肉，形状如斗一般，这种兽名叫领胡，它发出的叫声像是在自呼其名，吃了它的肉可以治疗癫狂症。山中有一种鸟，形状与雌野鸡相似，身上花纹五彩斑斓，这种鸟雌雄同体，名叫象蛇，它叫起来像在叫自己的名字。留水发源于此山，之后向南流入黄河。水中有鲌父鱼，它的形状像鲫鱼，长着鱼一样的头，猪一样的身子，吃了它的肉可以治疗呕吐。

【原文】

3.50　又东三百五十里，曰贲闻之山①，其上多苍玉，其下多黄垩②，多涅石③。

【注释】

①贲（fèn）闻之山：贲闻山，在今河南省境内。②垩（è）：可用来涂饰的有色土。③涅石：黑矾石。

【译文】

再向东三百五十里有座山，名叫贲闻山。山上有很多青玉，山下出产大量的黄色垩土，还有许多黑色矾石。

【原文】

3.51　又北百里，曰王屋之山①，是多石。㵎水出焉②，而西北流注于泰泽。

【注释】

①王屋之山：王屋山，在今山西垣县和河南济源市之间。②㵎（lián）水：水名。

【译文】

再往北一百里有座山，名叫王屋山，山中有许多石头。㵎水发源于此，向西北流入泰泽。

【原文】

3.52　又东北三百里，曰教山①，其上多玉而无石。教水出焉②，西流注于河，是水冬干而夏流，实惟干河。其中有两山，是山也，广员三百步，其名曰发丸之山③，其上有金玉。

【注释】

①教山：今山西历山。②教水：水名。在今山西垣曲县。③发丸之山：发丸山。此山应该是一座产铜的山。

【译文】

再往东北三百里有座山，名叫教山，山上有很多玉石，没有石头。教水发源于此山，之后向西流入黄河，教水冬季干枯，夏季才有水流，其实可以说是一条干河。教水流经两座山，方圆为三百步，山名叫作发丸山，山上有金属和玉。

【原文】

3.53　又南三百里，曰景山①，南望盐贩之泽②，北望少泽③。其上多草、藷藇④，其草多秦椒⑤。其阴多赭⑥，其阳多玉。有鸟焉，其状如蛇而四翼、六目、三足，名曰酸与，其鸣自詨，见则其邑有恐。

【注释】

①景山：山名。在今山西闻喜县。②盐贩之泽：盐贩泽，今山西南部的解池。③少泽：水名。在今山西南部。④藷藇（yù）：即薯蓣，俗称山药。⑤秦椒：这里指辣椒。⑥赭（zhě）：红土。

【译文】

再往南三百里有座山，名叫景山。从这座山向南可以望见盐贩泽，向北可以看到少泽。山上生长着很多草和薯蓣，所长的草多为辣椒。山的北面有很多楮石，南面有很多玉石。山里有一种鸟，形状与蛇相似，长有四只翅膀，六只眼睛，三只脚，名字叫酸与，它发出的叫声像是在喊自己的名字，它在哪里出现，哪里就会有使人惊恐的事情发生。

【原文】

3.54　又东南三百二十里，曰孟门之山①，其上多苍玉，多金；其下多黄垩，多涅石。

【注释】

①孟门之山：孟门山，在今山西省长治市。

【译文】

再向东南三百二十里有座山，名叫孟门山。山上有许多青玉，还有很多金属；山下遍布着黄色的垩土，也有储量丰富的涅石。

【原文】

3.55　又东南三百二十里，曰平山①。平水出于其上②，潜于其下，是多美玉。

【注释】

①平山：山名。今山西姑射山。②平水：水名。发源于姑射山，向东流入汾河。

【译文】

再往东南三百二十里有座山，名叫平山。平水发源于平山的上面，在山下潜流，这一带有很多美玉。

【原文】

3.56　又东二百里，曰京山①，有美玉，多漆木，多竹，其阳有赤铜，其阴有玄䃴②。高水出焉③，南流注于河。

【注释】

①京山：山名。在今山西省境内。②玄：黑色。䃬（sù）：磨刀石。③高水：水名。一说应作"京水"，指浍河。

【译文】

再往东二百里有座山，名叫京山。山中有美玉，长有许多漆树，还长着许多竹子。山的南面有赤铜，北面有黑色磨刀石。高水由此山发源，之后向南注入黄河。

【原文】

3.57 又东二百里，曰虫尾之山①，其上多金玉，其下多竹，多青碧②。丹水出焉③，南流注于河。薄水出焉④，而东南流注于黄泽⑤。

【注释】

①虫尾之山：虫尾山。一说在今山西晋城市北。②青碧：青色的玉石。③丹水：水名。流经山西高平市、晋城市，在河南泌阳流入沁河。④薄水：水名。一说是个波河。⑤黄泽：水名。

【译文】

再往东二百里有座山，名叫虫尾山。山上有很多金属和玉石，山下有很多低矮的竹丛，山里还有大量青石和碧玉。丹水发源于虫尾山，之后向南流入黄河；薄水也由此处发源，之后向东南流入黄泽。

【原文】

3.58 又东三百里，曰彭毗之山①，其上无草木，多金玉，其下多水。蚤林之水出焉，东南流注于河。肥水出焉，而南流注于床水②，其中多肥遗之蛇③。

【注释】

① 彭毗（pí）之山：彭毗山。一说在今山西省境内；一说在今河南省境内。② 床水：水名。一说指今河南淇水。③ 肥遗之蛇：肥遗蛇。传说中的蛇，一首二身。

【译文】

再向东三百里有座山，名叫彭毗山。山上不长草木，有许多金属和玉石，山下有许多水。蚤林水发源于此，之后向东南流入黄河。肥水也从由此处发源，之后向南流入床水，水中有很多名叫肥遗的蛇。

【原文】

3.59　又东百八十里，曰小侯之山①。明漳之水出焉②，南流注于黄泽。有鸟焉，其状如乌而白文，名曰鸪鹠③，食之不灂④。

【注释】

① 小侯之山：小侯山，在今河南北部。② 明漳之水：明漳水。一说指今河南汤河；一说指鹤壁河。③ 鸪（gū）鹠（xí）：鹧鸪。④ 灂（jiào）：眼睛昏蒙。

【译文】

再往东一百八十里有座山，名叫小侯山。明漳水发源于这座山，之后向南流入黄泽。山中有一种鸟，形状似乌鸦，身上有白色花纹，这种鸟名叫鸪鹠，吃了它的肉，人的眼睛就不会昏花。

【原文】

3.60　又东三百七十里，曰泰头之山。共水出焉①，南注于虖沱②。其上多金玉，其下多竹箭③。

【注释】

①泰头之山：泰头山。一说在今河南省境内；一说在今山西省境内。②虖沱：今河北省北部的滹沱河。③竹箭：细竹。

【译文】

再往东三百七十里有座山，名叫泰头山。共水发源于此山，之后向南流入虖沱河。山上有很多金属和玉石，山下长着很多低矮的小竹丛。

【原文】

3.61　又东北二百里，曰轩辕之山①，其上多铜，其下多竹。有鸟焉，其状如枭而白首②，其名曰黄鸟，其鸣自詨，食之不妒。

【注释】

①轩辕之山：轩辕山。一说在今河北省境内；一说在今山西省境内。②枭：猫头鹰一类的鸟。

【译文】

再往东北二百里有座山，名叫轩辕山。山上有很多铜，山下长着许多竹子。山中有一种鸟，它形状似猫头鹰，长着白色的脑袋，名字叫作黄鸟，它的叫声像是在喊自己的名字，吃了它的肉，人们就不会再生妒嫉之心。

【原文】

3.62　又北二百里，曰谒戾之山①，其上多松柏，有金玉。沁水出焉②，南流注于河。其东有林焉，名曰丹林。丹林之水出焉③，南流注于河。婴侯之水出焉④，北流注于汜水⑤。

【注释】

① 谒戾（lì）之山：谒戾山。一说在今河北省境内；一说在今山西省境内。② 沁水：今沁河。③ 丹林之水：今丹河。④ 婴侯之水：婴侯水。一说是今山西平遥县东南的中都山。⑤ 氾（sì）水：水名。一说是今山西平遥县东部的贺河。

【译文】

再向北二百里有座山，名叫谒戾山，山上长着很多松柏，还有金属和玉石。沁水发源于此，之后向南流入黄河。这座山的东面有一片树林，叫作丹林。丹林水便由这一带发源，之后向南流入黄河。婴侯水也由此处发源，之后向北流入氾水。

【原文】

3.63　东三百里，曰沮洳之山①，无草木，有金玉。濝水出焉②，南流注于河。

【注释】

① 沮（jù）洳（rù）之山：沮洳山。一说是今河南北部的大号山；一说是今山西陵川县东北的棋子山。② 濝（qí）水：今河南北部的淇水。

【译文】

往东三百里有座山，名叫沮洳山。山上不长草木，有金属和玉石。濝水发源于此，之后向南流入黄河。

【原文】

3.64　又北三百里，曰神囷之山①，其上有文石，其下有白蛇，有飞虫。黄水出焉②，而东流注于洹③。滏水出焉④，而东流注于欧水⑤。

【注释】

①神囷（qūn）之山：神囷山，今河南省临渭区的石鼓山。②黄水：今河南安阳河的上源。③洹（huán）：今河南安阳河的一部分。④滏（fǔ）水：今河南安阳河的一部分。⑤欧水：水名。今河北西部的滏阳河。

【译文】

再向北三百里有座山，名叫神囷山。山上有带花纹的石头，山下有白蛇，还有飞虫。黄水发源于此，之后向东流入洹水。滏水也由此处发源，之后向东流入欧水。

【原文】

3.65 又北二百里，曰发鸠之山①，其上多柘木②。有鸟焉，其状如乌，文首、白喙、赤足③，名曰精卫，其鸣自詨。是炎帝之少女④名曰女娃。女娃游于东海，溺而不返，故为精卫，常衔西山之木石，以堙于东海⑤。漳水出焉⑥，东流注于河。

【注释】

①发鸠之山：发鸠山，在今山西长子县。②柘（zhè）木：柘树。③喙：鸟兽的嘴。④炎帝：上古姜姓部落的首领，号烈山氏。⑤堙（yīn）：填塞。⑥漳水：今河南、河北交界处的漳河。

【译文】

再向北二百里有座山，名叫发鸠山，山上有很多柘树。山中有一种鸟，形状似乌鸦，长着带有花纹的脑袋、白色的嘴、红色的足爪，名字叫精卫，它的叫声像是在喊自己的名字。精卫原是炎帝的小女儿，名叫女娃。有一次女娃去东海游玩，不慎溺入海里，再也没有返回，所以她化身为精卫鸟，常常衔来西山的树枝和石子，想把东海填平。漳水发源于发鸠山，之后向东流入黄河。

【原文】

3.66　又东北百二十里，曰少山①，其上有金玉，其下有铜。清漳之水出焉②，东流于浊漳之水③。

【注释】

①少山：山名。在今山西省境内。②清漳之水：清漳水，漳河的源头之一。③浊漳之水：浊漳水，漳河的源头之一。

【译文】

再向东北一百二十里有座山，名叫少山，山上有金属和玉石，山下有铜。清漳水发源于此山，之后向东流入浊漳水。

【原文】

3.67　又东北二百里，曰锡山①，其上多玉，其下有砥②。牛首之水出焉③，而东流注于滏水④。

【注释】

①锡山：山名。在今河北省境内。②砥：较细的磨刀石。③牛首之水：牛首水。④滏（fǔ）水：今河南安阳河的一部分。

【译文】

再往东北二百里有座山，名叫锡山，山上有很多玉石，山下有细的磨刀石。牛首水发源于锡山，之后向东流入滏水。

【原文】

3.68　又北二百里，曰景山①，有美玉。景水出焉②，东南流注于海泽。

【注释】

①景山：山名。在今河北境内。②景水：今洺河。

【译文】

再往北二百里有座山,名叫景山,山上有很多优良的玉石。景水发源于此山,之后向东南流入海泽。

【原文】

3.69 又北百里,曰题首之山①,有玉焉,多石,无水。

【注释】

①题首之山:题首山,在今河北省境内。

【译文】

再往北一百里有座山,名叫题首山,山中有玉石,有很多石头,没有水。

【原文】

3.70 又北百里,曰绣山①,其上有玉、青碧②。其木多栒③,其草多芍药、芎䓖④。洧水出焉⑤,而东流注于河,其中有鳠、黾⑥。

【注释】

①绣山:山名。在今河北境内。②青碧:青色的玉石。③栒(xún):栒子木。④芎(xiōng)䓖(qióng):川芎。⑤洧(wěi)水:水名。⑥鳠(hù):鱼名。一说指绵河,源出山西省境内。黾:蛙的一种。

【译文】

再往北一百里有座山,名叫绣山,山上有玉以及青色的玉石,山中生长的树木多是栒子木,生长的草多为芍药、芎䓖。洧水发源于此处,之后向东流入黄河,水中有鳠鱼和黾蛙。

【原文】

3.71　又北百二十里,曰松山①。阳水出焉,东北流注于河。

【注释】

①松山:山名。在今河北境内。

【译文】

再往北一百二十里有座山,名叫松山。阳水发源于此山,之后向东北流入黄河。

【原文】

3.72　又北百二十里,曰敦与之山①,其上无草木,有金玉。溹水出于其阳②,而东流注于泰陆之水③;泜水出于其阴④,而东流注于彭水⑤。槐水出焉⑥,而东流注于泜泽⑦。

【注释】

①敦与之山:敦与山,在今河北省西部。②溹(suǒ)水:水名,在今河北省内丘县境内。一说即今河北内丘县的柳林河。③泰陆之水:泰陆水,今大陆泽。④泜(zhī)水:今河北泜河。⑤彭水:水名。在今河北省西南部的沙沟水。⑥槐水:水名。在今河北省赞皇县境内。⑦泜泽:水名。在今河北省境内。

【译文】

再向北一百二十里有座山,名叫敦与山,山上不长草木,有金属和玉石。溹水发源于敦与山的南面,之后向东注入泰陆水;泜水由敦与山的北面发源,之后向东流入彭水;槐水也发源于此山,之后向东流入泜泽。

【原文】

3.73　又北百七十里,曰柘山①,其阳有金玉,其阴有铁。历聚之水出焉②，而北流注于洧水③。

【注释】

①柘（zhè）山：山名。在今河北省境内。②历聚之水：水名。今拒马河。③洧（wěi）水：水名。一说指绵河，源出山西省境内。

【译文】

再往北一百七十里有座山，名叫柘山，山的南面有金属和玉石，山的北面有铁。历聚水发源于柘山，之后向北流入洧水。

【原文】

3.74 又北三百里，曰维龙之山①，其上有碧玉，其阳有金，其阴有铁。肥水出焉②，而东流注于皋泽③，其中多礨石④。敞铁之水出焉，而北流注于大泽。

【注释】

①维龙之山：维龙山，在今河北省境内。②肥水：今河北藁城市洨河。③皋泽：水名。可能是明清时宁晋泊的西北部。④礨（lěi）石：巨石。

【译文】

再往北三百里有座山，名叫维龙山，山上有碧玉，山的南面有金，北面有铁。肥水发源于此山，之后向东流入皋泽，水中有很多巨石。敞铁水也由此处发源，之后向北流入大泽。

【原文】

3.75 又北百八十里，曰白马之山①，其阳多石玉，其阴多铁，多赤铜。木马之水出焉②，而东北流注于虖沱③。

【注释】

①白马之山：白马山，在今河北孟县境内。②木马之水：今牧

马河。③虖（hū）沱：今滹沱河。

【译文】

再往北一百八十里有座山，名叫白马山，山的南面有很多石头和玉，北面有很多铁，还有很多赤铜。木马水发源于此山，之后向东北流入滹沱。

【原文】

3.76　又北二百里，曰空桑之山①，无草木，冬夏有雪。空桑之水出焉②，东流注于虖沱③。

【注释】

①空桑之山：今山西省的云中山。②空桑之水：今山西省的云中水。③虖（hū）沱：今滹沱河。

【译文】

再往北二百里有座山，名叫空桑山，山中不长草木，不管冬季、夏季都会下雪。空桑水由此山发源，之后向东流入滹沱。

【原文】

3.77　又北三百里，曰泰戏之山①，无草木，多金玉。有兽焉，其状如羊，一角一目，目在耳后，其名曰辣辣②，其鸣自讪。虖沱之水出焉，而东流注于溇水③。液女之水出于其阳，南流注于沁水。

【注释】

①泰戏之山：泰戏山，在今山西省境内。②辣（dōng）辣：传说中的一种兽。③溇（lóu）水：水名。一说是今河北省西部的鹿泉河。

【译文】

再向北三百里有座山，名叫泰戏山，山中不长草木，有很多金属和玉石。山中有一种野兽,形状似羊,长着一只角和一只眼睛,眼睛还长在耳朵后面,名叫㻫㻫,它发出的叫声就像是在喊自己的名字。滹沱水发源于此,向东流入娄水。液女水发源于此山的南面,之后向南流入沁水。

【原文】

3.78　又北三百里,曰石山,多藏金玉。濩濩之水出焉①,而东流注于虖沱;鲜于之水出焉②,而南流注于虖沱。

【注释】

①濩(huò)濩之水:濩濩水。一说在今河北省西部的大沙河。②鲜于之水:鲜于水。一说即今源出于五台山西南的清水河。

【译文】

再向北三百里有座山,名叫石山,山中有很多优质的金属和玉石。濩濩水发源于石山,向东流入虖沱;鲜于水也由此处发源,之后向南流入滹沱。

【原文】

3.79　又北二百里,曰童戎之山。皋涂之水出焉,而东流注于娄液水①。

【注释】

①娄(lóu)液水:水名。一说可能指娄水和液水。

【译文】

再往北二百里有座山,名叫童戎山。皋涂水发源于此山,之后向东流入娄液水。

【原文】

3.80　又北三百里,曰高是之山①。滋水出焉②,而南流注于虖沱。其木多棕③，其草多条④。滱水出焉⑤，东流注于河。

【注释】

①高是之山：高是山。一说在今山西灵丘县西北。②滋水：今滋河。③棕：棕榈。④条：草名，蜀葵。⑤滱（kòu）水：水名。上游即今河北定州市以上唐河。

【译文】

再往北三百里有座山，名叫高是山。滋水发源于此，向南流入滹沱。山中的树木多是棕树，山中生长的草多为条草。滱水由此处发源，之后向东流入黄河。

【原文】

3.81　又北三百里，曰陆山①，多美玉。䢼水出焉②，而东流注于河。

【注释】

①陆山：山名。一说在今河北省境内。②䢼（jiāng）水：水名。今南洋河。

【译文】

再往北三百里有座山，名叫陆山，山中有很多美玉。䢼水发源于陆山，之后向东流入黄河。

【原文】

3.82　又北二百里，曰沂山①。般水出焉②，而东流注于河。

【注释】

①沂山：山名。一说在今河北唐县东北。②般水：水名。一说

即今河北唐县东北的望都河。

【译文】

再往北二百里有座山，名叫沂山。般水由沂山发源，之后向东流入黄河。

【原文】

3.83　北百二十里，曰燕山①，多婴石②。燕水出焉③，东流注于河。

【注释】

①燕山：山名。一说在今蒙古高原；一说在今河北平原县。②婴石：一种似玉的石头。③燕水：水名。一说指易水；一说指今潮白河。

【译文】

再往北一百二十里有座山，名叫燕山，山中有许多像玉一样的石头。燕水发源于此山，之后向东流入黄河。

【原文】

3.84　又北山行五百里，水行五百里，至于饶山①。是无草木，多瑶碧②，其兽多橐驼，其鸟多鹠③。历虢之水出焉④，而东流注于河，其中有师鱼⑤，食之杀人。

【注释】

①饶山：山名。在今河北省境内。②瑶碧：美玉和青绿色的玉。③鹠（liú）：鸺鹠，也叫作横纹小鸮。④历虢（guó）之水：历虢水。一说指濡水，今名祁水，源出河北唐县。⑤师鱼：鲵鱼。

【译文】

再往北走五百里山路，五百里水路，便到了饶山。此山中不长草木，到处是瑶、碧一类的美玉，山中的野兽多为骆驼，鸟类多为鹠鹠。历虢水发源于此，之后向东流入黄河，水中有一种名叫师鱼的鱼，人吃了它的肉就会中毒而亡。

【原文】

3.85 又北四百里，曰乾山①，无草木，其阳有金玉，其阴有铁而无水。有兽焉，其状如牛而三足，其名曰獂②，其鸣自詨。

【注释】

① 乾山：山名。在今河北省境内。② 獂（huán）：传说中的一种兽。

【译文】

再往北四百里有座山，名叫乾山，山中不长草木，山的南面有金属和玉石，北面有铁，但是没有水。山中有一种野兽，形状似牛，长着三只脚，名字叫作獂，它发出的叫声像是在喊自己的名字。

【原文】

3.86 又北五百里，曰伦山①。伦水出焉②，而东流注于河。有兽焉，其状如麋③，其州在尾上④，其名曰罴九。

【注释】

① 伦山：山名。一说可能指涞山，在今涞源县西部。② 伦水：水名。一说即涞水，也叫拒马河，源出今河北涞源县。③ 麋：麋鹿。④ 州：这里指"窍"，肛门。

【译文】

再往北五百里有座山，名叫伦山。伦水发源于此，之后向东流入黄河。山中有一种野兽，它的形状与麋鹿相似，肛门长在尾巴上，这种兽名叫罴九。

【原文】

3.87　又北五百里，曰碣石之山①。绳水出焉②，而东流注于河，其中多蒲夷之鱼③。其上有玉，其下多青碧④。

【注释】

①碣（jié）石之山：碣石山。一说在今河北昌黎县北。②绳水：水名。一说指今河北省昌黎县蒲河。③蒲夷之鱼：蒲夷鱼。④青碧：青色的玉石。

【译文】

再向北五百里有座山，名叫碣石山。绳水发源于此山，之后向东流入黄河，水中生长着许多蒲夷鱼。山上有玉石，山下有很多青石和碧玉。

【原文】

3.88　又北水行五百里，至于雁门之山①，无草木。

【注释】

①雁门之山：雁门山，在今山西省阳高县境内。

【译文】

再往北走五百里水路，便到了雁门山，山中不长草木。

【原文】

3.89　又北水行四百里，至于泰泽①。其中有山焉，曰帝都之山，广员百里，无草木，有金玉。

【注释】

①泰泽：水名。今蒙古高原的岱海。

【译文】

再向北走四百里水路,便到了泰泽。泰泽之中有一座山,名叫帝都山,此山方圆达一百里,山中不长草木,有金属和玉石。

【原文】

3.90 又北五百里,曰锌于毋逢之山①,北望鸡号之山②,其风如飚③。西望幽都之山④,浴水出焉⑤。是有大蛇,赤首白身,其音如牛,见则其邑大旱。

【注释】

①锌(chún)于毋逢之山:锌于毋逢山。一说在今内蒙古境内;一说在今山西省境内。②鸡号之山:鸡号山,在今内蒙古境内。③飚(lì):急风吹动的样子。④幽都之山:幽都山,今内蒙古的阴山。⑤浴水:水名,今内蒙古四王子旗的塔布河。

【译文】

再往北五百里有座山,名叫锌于毋逢山,从这座山的北面可以望见鸡号山,从那里吹来迅疾的风。山的西面可以望见幽都山,浴水就从那里发源。山中有一种大蛇,长着红色的脑袋和白色的身子,发出的声音像牛的叫声,它在哪里出现,哪里就会发生大的旱灾。

【原文】

3.91 凡北次三经之首,自太行之山以至于毋逢之山,凡四十六山,万二千三百五十里。其神状皆马身而人面者廿神。其祠之:皆用一藻珪瘗之①。其十四神状皆彘②身而载玉。其祠之:皆玉,不瘗。其十神状皆彘身而八足蛇尾。其祠之:皆用一璧③瘗之。大凡四十四神,皆用稌④糈米祠之。此皆不火食。

【注释】

①藻：系有五彩丝绳的玉。瘗（yì）：埋葬。②毚：猪。③璧：平圆形中间有孔的玉。④稌（tú）：稻子，特指糯稻。

【译文】

总计北方第三列山系的开始，自首列太行山起到于毋逢山止，总共有四十六座山，行经一万二千三百五十里。这些山中有二十座山的山神的形状都是马身人面。祭祀这些山神的仪式是：都须用一块藻珪来埋在地里。另外十四位山神都是长着猪一样的身子，身上佩戴着玉。祭祀这些山神的仪式为：用玉作祭品，但不埋入地下。还有十座山的山神都长着猪一样的身子、八条腿、蛇一样的尾巴。祭祀这些山神的仪式为：用一块璧玉作祭品，将其埋入地下。祭祀这四十四位山神时，都要用糯米作祭祀用的精米，且都不需要用火将其烧煮。

【原文】

3.92 右北经之山志，凡八十七山，二万三千二百三十里。

【译文】

以上所记北方经历的山，总共有八十七座山，行经二万三千二百三十里。

第四卷　东山经

《东山经》记载了位于中国东部的四十六座山以及其中的河流、动植物、矿物、山神等。除了极少数山，绝大部分山的具体位置都难以考定，但它们大致位于今山东、安徽、江苏、河北境内及东部海域中。

东山经

【导读】

《东山经》记述了从樕䗤山到竹山共十二座山的地理位置。它们大致分布在今山东、安徽一带。东岳泰山就位于这列山系中。

经中所述之山多草木和鱼类，还出产丰富的矿物。怪兽有六脚的从从、鸡形鼠尾的蚩鼠，还有生活在水中，形状像蛇长着鱼鳍的鯈鳙。

【原文】

4.1 东山经之首，曰樕䗤之山①，北临乾昧②。食水出焉③，而东北流注于海。其中多鱅鱅之鱼④，其状如犁牛⑤，其音如彘鸣。

【注释】

①樕（sù）䗤（zhū）之山：今山东石门山。②乾昧：山名。在今山东桓台县、博兴县境内。③食水：水名。一说即时水，今名淄河，在淄博市附近。④鱅（yōng）鱅之鱼：鱅鱅鱼。传说中的一种鱼。⑤犁牛：杂色的牛。

【译文】

东山经中的第一座山，名叫樕䗤山，此山北面临近乾昧山。食水发源于此，之后向东北流入大海。水中有很多鱅鱅鱼，这种鱼形状像犁牛，发出的声音像猪的叫声。

【原文】

4.2 又南三百里，曰藟山①，其上有玉，其下有金。湖水出焉②，东流注于食水③，其中多活师④。

【注释】

①蕜（lěi）山：山名。在今山东境内。②湖水：水名。今山东清水泊。③食水：水名。一说即时水，今名淄河，在淄博市附近。④活师：蝌蚪。

【译文】

再往南三百里有座山，名叫蕜山，山上有玉石，山下有金属。湖水由此处发源，之后向东流入食水，水中有很多蝌蚪。

【原文】

4.3 又南三百里，曰枸状之山①，其上多金玉，其下多青碧石②。有兽焉，其状如犬，六足，其名曰从从，其鸣自詨。有鸟焉，其状如鸡而鼠毛③，其名曰蛰鼠④，见则其邑大旱。泜水出焉⑤，而北流注于湖水。其中多箴鱼⑥，其状如儵，其喙如箴⑦，食之无疫疾。

【注释】

①枸（xún）状之山：枸状山，在今山东境内。②青碧石：青绿色的石头。③毛：一说应作"尾"。④蛰（zī）鼠：传说中的一种鸟。⑤泜（zhǐ）水：水名。一说指淄水，发源于今山东淄博市。⑥箴鱼：鱼名，指针鱼。⑦喙：鸟兽的嘴。箴：同"针"。

【译文】

再往南三百里有座山，名叫枸状山，山上有很多金属和玉石，山下有很多青石和碧玉。山中有一种野兽，形状像狗，长着六条腿，名叫从从，它发出的叫声像是在呼喊自己的名字。山里有一种鸟，体形像鸡，长着老鼠一样的尾巴，名字叫蛰鼠，它在哪个地方出现，哪个地方就会发生大旱灾。泜水发源于这座山，之后向北流入湖水。水中有很多箴鱼，它们的形状像儵鱼，嘴巴像长针，人吃了它的肉就不会染瘟疫。

【原文】

4.4 又南三百里,曰勃垒之山①,无草木,无水。

【注释】

①勃垒(qí)之山:勃齐山,今山东莱芜西北的新甫山。

【译文】

再往南三百里有座山,名叫勃垒山,山中不长草木,也没有水。

【原文】

4.5 又南三百里,曰番条之山①,无草木,多沙。减水出焉②,北流注于海,其中多鱤鱼③。

【注释】

①番条之山:番条山。一说指今山东的沂山;一说指今山东淄博市博山区西南的凤凰山。②减水:水名。一说即今博山的孝妇河。③鳡(gǎn)鱼:竿鱼。

【译文】

再往南三百里有座山,名叫番条山,山中不长草木,有很多沙。减水发源于此,之后向北流入大海,水中有很多鳡鱼。

【原文】

4.6 又南四百里,曰姑儿之山①,其上多漆②,其下多桑柘③。姑儿之水出焉④,北流注于海,其中多鳡鱼。

【注释】

①姑儿之山:姑儿山。一说指今山东章丘市、邹平县界上的长白山;一说在今山东诸城市东南。②漆:漆树。③柘(zhè):柘树。④姑儿之水:姑儿水,今獭河。

【译文】

再往南四百里有座山,名叫姑儿山,山上有许多漆树,山下有很多桑树和柘树。姑儿水发源于此,之后向北流入大海,水中有许多鳡鱼。

【原文】

4.7 又南四百里,曰高氏之山①,其上多玉,其下多箴石②。诸绳之水出焉,东流注于泽,其中多金玉。

【注释】

①高氏之山:高氏山,在今山东境内。②箴石:可用以制针的石头。

【译文】

再往南四百里有座山,名叫高氏山。山上有很多玉石,山下有很多可用来制针的石头。诸绳水发源于此,之后向东流入湖泽,水中有许多金属和玉石。

【原文】

4.8 又南三百里,曰岳山①,其上多桑,其下多樗②。泺水出焉③,东流注于泽,其中多金玉。

【注释】

①岳山:山名。一说指文峰山,在今山东泰山的北面。②樗(chū):臭椿树。③泺(luò)水:水名。源出今山东济南市西南,向北流入古济水。

【译文】

再往南三百里有座山,名叫岳山。山上长有很多桑树,山下长着许多臭椿树。泺水发源于此,之后向东流入湖泽,水中有很多金属和玉石。

【原文】

4.9 又南三百里，曰犲山①，其上无草木，其下多水，其中多堪㐨之鱼②。有兽焉，其状如夸父而彘毛③，其音如呼，见则天下大水。

【注释】

①犲山：山名。一说在今山东济南市附近。②堪㐨（xù）：鱼名。③夸父：一种兽，属猴类。

【译文】

再往南三百里有座山，名叫犲山，山上不长草木，山下有很多水，水中有许多堪㐨鱼。山中有一种野兽，形状像夸父，长着猪一样的毛，发出的声音像人的呼喊声，只要它一出现，天下就会发生水灾。

【原文】

4.10 又南三百里，曰独山①，其上多金玉，其下多美石。末涂之水出焉②，而东南流注于沔③，其中多䱚蜏④，其状如黄蛇，鱼翼，出入有光，见则其邑大旱。

【注释】

①独山：山名。一说在今山东省境内。②末涂之水：末涂水。一说指源于今济南市长清区的长清河。③沔（miǎn）：水名。今大汶河。④䱚（tiáo）蜏（yóng）：传说中的一种动物。

【译文】

再往南三百里有座山，名叫独山。山上有很多金属和玉石，山下有许多美丽的石头。末涂水发源于此，之后向东南流入沔水，水中有许多䱚蜏，它们形状似黄色的蛇，长着鱼一样的鳍，从水中穿梭出入时，身上闪闪发光，它在哪里出现，哪里就会有大旱灾发生。

【原文】

4.11　又南三百里，曰泰山①，其上多玉，其下多金。有兽焉，其状如豚而有珠②，名曰狪狪③，其鸣自讪。环水出焉④，东流注于汶⑤，其中多水玉⑥。

【注释】

①泰山：今泰山。②豚：小猪。③狪（tóng）狪：传说中的一种兽。④环水：水名。发源于泰山。⑤江：应作"汶"，水名。一说指大汶河，源于今山东莱芜市北。⑥水玉：水晶。

【译文】

再向南三百里有座山，名叫泰山，山上有许多玉，山下有许多金。山中有一种野兽，它形状与猪相似，体内有珠子，这种兽名叫狪狪，它发出的叫声像是在喊自己的名字。环水发源于此，之后向东流入汶水，水中有很多水晶。

【原文】

4.12　又南三百里，曰竹山①，錞于江②，无草木，多瑶碧③。激水出焉④，而东南流注于娶檀之水⑤，其中多茈蠃⑥。

【注释】

①竹山：山名。一说在今山东大汶河南岸。②錞（chún）：蹲踞。江：应作"汶"，水名。③瑶碧：美玉和青绿色的玉石。④激水：水名。一说即接水，今大清河。⑤娶檀之水：娶檀水。⑥茈（zǐ）蠃：紫螺。

【译文】

再往南三百里有座山，名叫竹山，此山蹲踞于汶水之畔，山中不长草木，遍布着瑶、碧一类的玉石。激水发源于此，之后向东南流入婜檀水，水中有很多紫色螺。

【原文】

4.13　凡东山经之首，自樕𧰼之山以至于竹山，凡十二山，三千六百里。其神状皆人身龙首。祠：毛用一犬祈①，衈用鱼②。

【注释】

①毛：祭祀用的带毛的动物。②衈（èr）：指古代杀牲取血以供祭祀之用。

【译文】

东方第一列山系，自樕𧰼山起到竹山止，总共十二座山，长达三千六百里。这些山的山神的形状都是人身龙头。祭祀山神的仪式为：取一只狗作为祭祀用的有毛动物进行祈祷，并且取鱼血涂抹在祭器上。

东次二经

【导读】

《东次二经》记述了从空桑山到磕山共计十七座山的地理位置、山川风貌。它们大致位于今山东、江苏、安徽、浙江、福建一带。

这列山系中多石头山,山中有许多怪兽和怪鱼。如体形像牛、全身虎纹的䮝䮝;六脚体内产珠的珠蟞鱼;样子像狐狸背上生鱼鳍的朱獳;形状像鸳鸯、长着人脚的鹴鹕鸟;九头九尾的蠪侄;以及能预测旱灾的獭獭等。

【原文】

4.14 东次二经之首,曰空桑之山①,北临食水,东望沮吴②,南望沙陵③,西望湣泽④。有兽焉,其状如牛而虎文,其音如钦⑤,其名曰䮝䮝⑥,其鸣自叫,见则天下大水。

【注释】

①空桑之山:空桑山。一说在今山东曲阜市北。②沮(jū)吴:山名。今蓬莱附近的蛆岛、虎岛。③沙陵:沙丘。④湣(mǐn)泽:水名。一说当指大小汶河汇合处的水泽。⑤钦:通"吟",呻吟。⑥䮝(líng)䮝:传说中的一种兽。

【译文】

东次二经中的第一座山,名叫空桑山,此山北面临近食水,东面可以望见沮吴,南面可以看到沙陵,西面可以望到湣泽。山中有一种野兽,形状像牛,身上长着老虎一样的斑纹,发出的声音如人的呻吟声,这种兽名叫䮝䮝,它的叫声像是在自呼其名,只要它一出现,天下就会发生大水灾。

【原文】

4.15 又南六百里,曰曹夕之山①,其下多榖而无水②,多鸟兽。

【注释】

①曹夕之山:曹夕山,在今山东境内。②榖:应作"榖",构树。

【译文】

再往南六百里有座山,名叫曹夕山。山下长着很多构树,没有水,有许多鸟兽。

【原文】

4.16 又西南四百里,曰峄皋之山①,其上多金玉,其下多白垩。峄皋之水出焉②,东流注于激女之水③,其中多蜃珧④。

【注释】

①峄(yì)皋(gāo)之山:峄皋山。一说指今峄山,在山东省境内。②峄皋之水:峄皋水。③激女之水:激女水。④蜃:大蛤蜊。珧(yáo):江珧。

【译文】

再向西南四百里有座山,名叫峄皋山。山上有很多金属和玉石,山下多产白垩。峄皋水发源于此,之后向东流入激女水,水中有很多大蛤蜊和江珧。

【原文】

4.17 又南水行五百里,流沙三百里,至于葛山之尾①,无草木,多砥、砺②。

【注释】

①葛山：山名。一说今江苏邳州市西南的葛峄山。②砥、砺：可以用来磨刀的砥石和砺石。

【译文】

再往南走五百里水路，经过三百里流沙，便到了葛山的尾端。山中不长草木，有许多可以用来磨刀的砥石和砺石。

【原文】

4.18 又南三百八十里，曰葛山之首①，无草木。澧水出焉②，东流注于余泽③，其中多珠蟞鱼④，其状如肺而四目，六足有珠，其味酸甘，食之无疠⑤。

【注释】

①葛山：山名。在今朝鲜半岛。②澧（lǐ）水：水名。在今朝鲜半岛。③余泽：水名。一说即徐泽，在今江苏邳州市内，现已湮。④珠蟞（biē）鱼：传说中的一种鱼。⑤疠：瘟疫；恶疮。

【译文】

再向南三百八十里，便是葛山的首端，山中不长草木。澧水由此地发源，之后向东流入余泽，水中有很多珠蟞鱼，它形状如肺，长着四只眼睛，六只脚，体内有珠子，这种鱼味道酸甜，人吃了它就不会感染瘟疫。

【原文】

4.19 又南三百八十里，曰余峨之山①，其上多梓楠，其下多荆芑②。杂余之水出焉③，东流注于黄水④。有兽焉，其状如菟而鸟喙⑤，鸱目蛇尾⑥，见人则眠，名曰犰狳⑦，其鸣自訆，见则螽蝗为败⑧。

【注释】

①余峨之山：余峨山，今江苏徐州附近。②芑（qǐ）：枸杞。③杂余之水：杂余水。④黄水：水名。在今朝鲜半岛的松田湾。⑤菟（tù）：通"兔"，兔子。喙：鸟兽的嘴。⑥鸱（chǐ）：鹞鹰。⑦犰（qiú）狳（yú）：传说中的一种兽。⑧螽（zhōng）：螽斯，一种昆虫，对农作物有害。

【译文】

再往南三百八十里有座山，名叫余峨山。山上长着许多梓树和楠木，山下长着许多荆和枸杞。杂余水发源于此，之后向东流入黄水。山中有一种兽，形状像兔子，长着鸟一样的嘴，鹞鹰一样的眼睛，蛇一样的尾巴，它一见到人就躺下装死，这种兽名叫犰狳。它发出的叫声像是在自呼其名，只要它一出现，就会螽虫成灾，危害庄稼。

【原文】

4.20 又南三百里，曰杜父之山①，无草木，多水。

【注释】

①杜父之山：杜父山，今杜雾山。

【译文】

再往南三百里有座山，名叫杜父山，山中不长草木，有很多水。

【原文】

4.21 又南三百里，曰耿山，无草木，多水碧①，多大蛇。有兽焉，其状如狐而鱼翼，其名曰朱獳②，其鸣自，见则其国有恐。

【注释】

①水碧：水晶。②朱獳（rú）：传说中的一种兽。

【译文】

再向南三百里有座山,名叫耿山,山中不长草木,有许多水晶,还有很多大蛇。山中有一种兽,形状与狐狸相似,身上有鱼一样的鳍,这种兽名叫朱獳,发出的叫声像是在自呼其名。它在哪个国家出现,那个国家就会有令人恐慌的事情发生。

【原文】

4.22 又南三百里,曰卢其之山①,无草木,多沙石。沙水出焉②,南流注于涔水,其中多鹎鹕③,其状如鸳鸯而人足,其鸣自训,见则其国多土功④。

【注释】

① 卢其之山:卢其山。一说在今江苏境内。② 沙水:水名。一说指今江苏灌云县大沙河。③ 鹎(lí)鹕(hú):鸟名。一说是鹈鹕。④ 土功:指治水、筑城、建造宫殿等工程。

【译文】

再往南三百里有座山,名叫卢其山,山中不长草木,有很多沙子和石头。沙水发源于此,之后向南流入涔水,水中有很多鹎鹕,这种鸟形状与鸳鸯相似,长着人一样的脚,发出的叫声像是在自呼其名。这种鸟在哪个国家出现,哪个国家就会大兴土木。

【原文】

4.23 又南三百八十里,曰姑射之山①,无草木,多水。

【注释】

① 姑射(yè)之山:姑射山,在山西省临汾县西。

【译文】

再向南三百八十里有座山,名叫姑射山,山中不长草木,有很多水。

【原文】

4.24　又南水行三百里，流沙百里，曰北姑射之山①，无草木，多石。

【注释】

①北姑射（yè）之山：北姑射山。所指待考。

【译文】

再往南走三百里水路，经过一百里流沙，便到了北姑射山，山中不长草木，有很多石头。

【原文】

4.25　又南三百里，曰南姑射之山①，无草木，多水。

【注释】

①南姑射（yè）之山：南姑射山，在今福建省境内。

【译文】

再往南三百里有座山，名叫南姑射山。山中不长草木，有很多水。

【原文】

4.26　又南三百里，曰碧山①，无草木，多大蛇，多碧、水玉②。

【注释】

①碧山：山名。位于今福建中北部。②碧：青绿色的玉石。水玉：水晶。

【译文】

再往南三百里有座山，名叫碧山，山中不长草木，有很多大蛇，还有许多青绿色的玉石、水晶。

【原文】

4.27 又南五百里,曰缑氏之山①,无草木,多金玉。原水出焉②,东流注于沙泽③。

【注释】

①缑(gōu)氏之山:缑氏山,今德裕山。②原水:今南江。③沙泽:今东江三角洲。

【译文】

再往南五百里有座山,名叫缑氏山,山中不长草木,有很多金属和玉石。原水发源于此,之后向东流入沙泽。

【原文】

4.28 又南三百里,曰姑逢之山①,无草木,多金玉。有兽焉,其状如狐而有翼,其音如鸿雁,其名曰獙獙②,见则天下大旱。

【注释】

①姑逢之山:姑逢山。一说在今浙江境内。②獙(bì)獙:传说中的一种兽。

【译文】

再向南三百里有座山,名叫姑逢山,山中不长草木,有很多金属和玉石。山中有一种兽,它的形状像狐狸,身上生有翅膀,叫声似大雁的鸣叫声,这种兽名叫獙獙,只要它一出现,天下就会发生大旱灾。

【原文】

4.29 又南五百里,曰凫丽之山①,其上多金玉,其下多箴石②。有兽焉,其状如狐,而九尾、九首、虎爪,名曰蛊蛭③,其音如婴儿,是食人。

【注释】

①凫丽之山:凫丽山。一说在今浙江、福建交界处。②箴石:可用以制针的石头。③蛊(lóng)蛭:传说中的一种兽。

【译文】

再往南五百里有座山,名叫凫丽山,山上有很多金属和玉石,山下有许多可用来制针的石头。山中有一种兽,体形与狐狸相似,生有九条尾巴,九个脑袋,长着老虎一样的爪子,这种兽名叫蛊蛭,它的叫声像是婴儿的啼哭声,能吃人。

【原文】

4.30 又南五百里,曰𥓎山①,南临𥓎水②,东望湖泽。有兽焉,其状如马而羊目、四角、牛尾,其音如嗥狗③,其名曰狰狰④,见则其国多狡客⑤。有鸟焉,其状如凫而鼠尾⑥,善登木,其名曰絜钩⑦,见则其国多疫。

【注释】

①𥓎(zhēn)山:山名。一说在今福建省中部;一说是今安徽的睢阳山。②𥓎水:水名。一说可能指今滩河,在睢阳山南面。③嗥(háo):野兽吼叫。④狰(yóu)狰:传说中的一种兽。⑤狡客:狡猾的人。⑥凫:野鸭。⑦絜(xié)钩:传说中的一种鸟。

【译文】

再往南五百里有座山,名叫𥓎山,此山南面临近𥓎水,东面可看到湖泽。山中有一种兽,形状与马相似,长着羊一样的眼睛,四只角,牛一样的尾巴,发出的声音像是狗吠声,这种兽名叫狰狰,它出现在哪个国家,哪个国家就会有很多奸猾的人。山中有一种鸟,形状与野鸭相似,长着老鼠一样的尾巴,擅长爬树,它的名字叫絜钩。它出现在哪个国家，哪个国家就会有瘟疫。

【原文】

4.31　凡东次二经之首，自空桑之山至于磹山，凡十七山，六千六百四十里。其神状皆兽身人面载觡①。其祠：毛用一鸡祈②，婴用一璧瘗③。

【注释】

①载：同"戴"。觡（gé）：有蹄兽类的骨质实心的角。②毛：祭祀用的带毛的动物。③婴：颈上的饰物。璧：平圆形中间有孔的玉。

【译文】

东方第二列山系，自首座山空桑山起到磹山止，总共有十七座山，距离为六千六百四十里。诸山山神的形状都是兽身人面，头上的角与麋鹿的角一样。祭祀山神的仪式为：用一只鸡作为祭祀用的有毛动物进行祈祷，用一块玉璧作为系在山神颈部的饰物，祭祀完毕后将其埋入地下。

东次三经

【导读】

《东次三经》记述了从尸胡山到无皋山共计九座山的位置分布。这些山分布在今渤海之滨，以及日本、韩国等国境内。

因其山附近多水，所以野兽较少而多鱼类，如鳡鱼、鳡鱼、鮨鱼、神兽蠵龟和长有六只脚的鱼等。

【原文】

4.32 又东次三经之首，曰尸胡之山①，北望𣷠山②，其上多金玉，其下多棘③。有兽焉，其状如麋而鱼目，名曰妴胡④，其鸣自训。

【注释】

①尸胡之山：尸胡山。一说在今河北境内；一说在今韩国境内。②𣷠（xiáng）山：山名。疑为今山东蓬莱市北面的长岛。③棘：酸枣树。④妴（wǎn）胡：指白唇鹿。

【译文】

东方第三列山系的第一座山叫尸胡山。从这座山的北面可以望见𣷠山，山上有很多金属和玉石，山下长着很多酸枣树。山中有一种野兽，形状与麋鹿相似，长着鱼一样的眼睛，这种兽名叫妴胡，它发出的叫声像是在自呼其名。

【原文】

4.33 又南水行八百里，曰岐山①，其木多桃李，其兽多虎。

【注释】

① 岐山：山名。一说在今日本九州岛。

【译文】

再往南行八百里水路，便到了岐山，山中的树木多为桃树和李树，野兽多为老虎。

【原文】

4.34　又南水行五百里，曰诸钩之山①，无草木，多沙石。是山也，广员百里，多寐鱼②。

【注释】

① 诸钩（gōu）之山：诸钩山，今日本九州岛西北部港湾附近的高山的总称。② 寐鱼：鲵鱼，形状与鲤鱼相似。

【译文】

再往南行五百里水路，便到了诸钩山，山中不长草木，有很多沙子和石头。这座山方圆百里，水中有很多寐鱼。

【原文】

4.35　又南水行七百里，曰中父之山①，无草木，多沙。

【注释】

① 中父之山：中父山，今日本雾岛山。

【译文】

再向南走七百里水路，便到了中父山，山中不长草木，有很多沙子。

【原文】

4.36　又东水行千里，曰胡射之山①，无草木，多沙石。

【注释】

①胡射之山：胡射山。一说在今日本境内。

【译文】

再往东走一千里水路，便到了胡射山，山中不长草木，有很多沙子和石头。

【原文】

4.37 又南水行七百里，曰孟子之山①，其木多梓桐②，多桃李，其草多菌蒲③，其兽多麋鹿。是山也，广员百里。其上有水出焉，名曰碧阳④，其中多鱣鲔⑤。

【注释】

①孟子之山：孟子山，在今日本境内。②梓：梓树。桐：桐树。③菌：真菌。蒲：香蒲。④碧阳：水名。具体所指代考。⑤鱣（zhān）：鳇。鲔（wěi）：白鲟。

【译文】

再往南走七百里水路，便到了孟子山，山中生长的树木多为梓树和桐树，还有很多桃树和李树，草类多为菌类和香蒲，野兽多是麋鹿。这座山方圆百里。山上有条河由此发源，名叫碧阳，水中有很多鳇鱼和白鲟。

【原文】

4.38 又南水行五百里，曰流沙，行五百里，有山焉，曰跂踵之山①，广员二百里，无草木，有大蛇，其上多玉。有水焉，广员四十里，皆涌，其名曰深泽②，其中多蠵龟③。有鱼焉，其状如鲤，而六足鸟尾，名曰之鲐鲐鱼④，其名自讧。

【注释】

①跂(qǐ)踵之山:跂踵山。一说在今日本境内。②深泽:水名。③蠵(xī)龟:赤海龟。④鮯(gé)鮯之鱼:鮯鮯鱼,传说中的一种鱼。

【译文】

再往南走五百里水路,有一片流沙,再走五百里路,便到了一座山,此山名叫跂踵山。这座山方圆二百里,山中不长草木,有大蛇,山上有很多玉。山中有一个水泽,方圆达四十里,泽中之水向上喷涌而成,这个水泽名叫深泽,水中有很多蠵龟。水中还有一种鱼,它的形状与鲤鱼相似,长着六只脚,鸟一样的尾巴,这种鱼名叫鮯鮯鱼,它叫起来像是在自呼其名。

【原文】

4.39 又南水行九百里,曰踇隅之山①,其上多草木,多金玉,多赭②。有兽焉,其状如牛而马尾,名曰精精,其鸣自讻。

【注释】

①踇(mǔ)隅之山:踇隅山,在今日本境内。②赭(zhě):红土。

【译文】

再往南走九百里水路,便到了踇隅山。山上长着很多草木,有很多金属和玉石,以及赭石。山中有一种兽,它的形状与牛相似,却长着马一样的尾巴,这种兽名叫精精,它发出的叫声像是在自呼其名。

【原文】

4.40 又南水行五百里,流沙三百里,至于无皋之山①,南望幼海②,东望榑木③,无草木,多风。是山也,广员百里。

【注释】

①无皋之山：无皋山。一说在今日本境内；一说可能是今山东青岛崂山。②幼海：水名。一说指崂山西南的胶州湾。③榑（fú）木：扶桑。传说中的一种树。

【译文】

再向南行五百里水路，经过三百里流沙，便到了无皋山。这座山的南面可以望到幼海，东面可以看到扶桑，山中不长草木，经常刮风。这座山方圆百里。

【原文】

4.41 凡东次三经之首，自尸胡之山至于无皋之山，凡九山，六千九百里。其神状皆人身而羊角。其祠：用一牡羊①，米用黍②。是神也，见则风雨水为败。

【注释】

①牡羊：公羊。②米：一说应作"糈"，祭神用的精米。

【译文】

东方第三列山系，自首座山尸胡山起到无皋山止，共有九座山，绵延六千九百里。诸山山神的形貌都是人身，头上长着羊角。祭祀山神的礼仪是：在带毛的牲畜中选一只公羊作祭品，用黄米做祀神的米。这些山神代表凶兆，只要他们一出现，天下就会刮大风、下大雨、发大水，而使庄稼颗粒无收。

东次四经

【导读】

《东次四经》记述了从北号山至太山共计八座山的地理位置分布情况。它们座落在今山东、河北、江苏境内。这些山和附近水域中有许多怪兽，如东始山中一首十身的茈鱼、女烝山中能预测大旱的鳡鱼、钦山中形状像猪长着獠牙的当康兽、太山中形状像牛独眼的蜚兽。

【原文】

4.42 又东次四经之首，曰北号之山①，临于北海②。有木焉，其状如杨，赤华，其实如枣而无核，其味酸甘，食之不疟③。食水出焉④，而东北流注于海。有兽焉，其状如狼，赤首鼠目，其音如豚⑤，名曰猲狙⑥，是食人。有鸟焉，其状如鸡而白首，鼠足而虎爪，其名曰鬿雀⑦，亦食人。

【注释】

①北号之山：北号山，在今山东省境内。②北海：水名。今莱州湾。③疟：疟疾。④食水：水名。一说指小清河。⑤豚：小猪，也泛指猪。⑥猲（gé）狙（dàn）：传说中的一种兽。⑦鬿（qí）雀：传说中的一种鸟。

【译文】

东方第四列山系的第一座山叫北号山，此山临近北海。山中有一种树木，形状像杨树，开红色花朵，果实与枣相似，但里面没有核，味道酸甜，人们食用它就不会患疟疾。食水发源于此，向东北流入大海。山中有一种野兽，形状与狼相似，长着红色的脑袋，老鼠一样的眼睛，发出的声音与猪的叫声相似，这种兽名叫猲狙，能

· 149 ·

吃人。山中有一种鸟，它形状像鸡，长着白色的脑袋，老鼠一样的脚，老虎一样的爪子，这种鸟名叫𪄀雀，也能吃人。

【原文】

4.43　又南三百里，曰旄山①，无草木。苍体之水出焉②，而西流注于展水③，其中多䱤鱼④，其状如鲤而大首，食者不疣。

【注释】

①旄（máo）山：山名。一说在今河北张家口北。②苍体之水：苍体水。一说是今河北洋河的支流。③展水：水名。一说即今结雅河，注入黑龙江。④䱤（qiū）鱼：鱼名。一说指海鲐。

【译文】

再往南三百里有座山，名叫旄山，山中不长草木。苍体水发源于此，之后向西流入展水，水中有很多䱤鱼，形状与鲤鱼相似，头很大，食用这种鱼后就不会长瘊子。

【原文】

4.44　又南三百二十里，曰东始之山①，上多苍玉。有木焉，其状如杨而赤理，其汁如血，不实，其名曰芑②，可以服马③。泚水出焉④，而东北流注于海，其中多美贝，多茈鱼⑤，其状如鲋⑥，一首而十身，其臭如麋芜⑦，食之不䏶⑧。

【注释】

①东始之山：东始山。一说在今河北境内；一说在今山东境内。②芑（qǐ）：植物名，指杞柳。③服马：使马驯服。④泚（zǐ）水：水名。一说指今河北的滋水。⑤茈（zǐ）鱼：传说中的一种鱼。⑥鲋（fù）：鲫鱼。⑦臭（xiù）：气味。麋芜：蘼芜。⑧䏶（pì）：同"屁"，放屁。

【译文】

再往南三百二十里有座山,名叫东始山,山里青玉产量很大。山中有一种树,形状与杨树相似,长着红色的纹理,树的汁液像血,不结果实,它的名字叫芑,可以用它的汁液来使马驯服。泚水发源于此,向东北流入大海,水中有很多美丽的贝类生物,还有许多茈鱼,这种鱼形状像鲫鱼,有一个脑袋,十个身子,能发出藁芎一样的气味,人吃了它就能不放屁。

【原文】

4.45 又东南三百里,曰女烝之山①,其上无草木。石膏水出焉②,而西注于鬲水③,其中多薄鱼④,其状如鳣鱼而一目⑤,其音如欧⑥,见则天下大旱。

【注释】

①女烝(zhēng)之山:女烝山。一说在今河北大名县一带;一说可能是今山东省境内的石膏山。②石膏水:水名。一说是今布列亚河。③鬲(gé)水:水名。今黑龙江。④薄鱼:传说中的一种鱼。⑤鳣:通"鳝",黄鳝。⑥欧:通"呕",呕吐。

【译文】

再往东南三百里有座山,名叫女烝山,山上不长草木。石膏水由此处发源,之后向西流入鬲水,水中有许多薄鱼,这种鱼形状与鳝鱼相似,只长着一只眼睛,发出的声音像人的呕吐声。只要它一出现,天下就会发生大旱灾。

【原文】

4.46 又东南二百里,曰钦山①,多金玉而无石。师水出焉②,而北流注于皋泽③,其中多鳡鱼④,多文贝。有兽焉,其状如豚而有牙⑤,其名曰当康,其鸣自叫,见则天下大穰⑥。

【注释】

①钦山：山名。一说在今山东境内。②师水：一说指今饶河。③皋泽：水名。④鳉（qiū）鱼：鱼名。⑤豚：小猪，也泛指猪。⑥穰（ráng）：丰收。

【译文】

再往东南二百里有座山，名叫钦山，山中有许多金属和玉石，没有石头。师水发源于此，之后向北流入皋泽，水中有许多鳉鱼，还有许多带花纹的贝。山中有一种野兽，形状与猪相似，长着长长的獠牙，这种兽名叫当康，它发出的叫声像是在自呼其名，只要它一出现，天下就会获得大丰收。

【原文】

4.47 又东南二百里，曰子桐之山①。子桐之水出焉②，而西流注于余如之泽③。其中多鲭鱼④，其状如鱼而鸟翼，出入有光，其音如鸳鸯，见则天下大旱。

【注释】

①子桐之山：子桐山。一说在今山东境内；一说在今山西境内。②子桐之水：子桐水。一说是今山西的潇河；一说是今山东的潍河。③余如之泽：余如泽。④鲭（huá）鱼：传说中的一种鱼。

【译文】

再往东南走二百里有座山，名叫子桐山。子桐水由此处发源，之后向西注入余如泽。水中有很多鲭鱼，它形状与鱼相似，但长着鸟一样的翅膀，在水中出入时身体会闪闪发光，发出的声音与鸳鸯的叫声相似。只要它一出现，天下就会有大旱灾发生。

【原文】

4.48 又东北二百里，曰剡山①，多金玉。有兽焉，其状如彘而人面,黄身而赤尾,其名曰合㺉②,其音如婴儿,是兽也,食人,亦食虫蛇,见则天下大水。

【注释】

①剡(shàn)山:古山名。一说在今山东境内;一说是今巴士古山脉。②合㺉(yǔ):传说中的一种兽。

【译文】

再往东北二百里有座山,名叫剡山,山中有很多金属和玉石。山中有一种野兽,它的形状像猪,长着人一样的脸,黄色的身子,红色的尾巴,这种兽名叫合㺉,它发出的声音如同婴儿的啼哭声,这种兽能吃人,也能吃昆虫和蛇。只要它一出现,天下就会发生大水灾。

【原文】

4.49 又东二百里,曰太山①,上多金玉、桢木②。有兽焉,其状如牛而白首,一目而蛇尾,其名曰蜚,行水则竭,行草则死,见则天下大疫。钩水出焉③,而北流注于劳水④,其中多鳝鱼⑤。

【注释】

①太山:山名。一说指东泰山,在今山东临朐境内。②桢(zhēn)木:女贞。③钩水:水名。在今山东境内。④劳水:水名。一说是今尧河;一说是今乌苏里江。⑤鳝(qiū)鱼:鱼名。一说指海鲉。

【译文】

再往东二百里有座山,名叫太山,山上有很多金属和玉石,还长有许多女桢树。山中有一种兽,形状似牛,脑袋是白色的,长着一只眼睛,蛇一样的尾巴,它的名字叫作蜚,它在水中行走,河水就会干涸,它在草丛中行走,草就会枯死,只要它一出现,天下就会有大的瘟疫。钩水发源于此，向北流入劳水，水中长着很多鳝鱼。

【原文】

4.50　凡东次四经之首，自北号之山至于太山①，凡八山，一千七百二十里。

【注释】

①北号之山：即北号山，山名，可能是今小清河畔一丘阜，靠近山东背面的莱州湾。

【译文】

东方第四列山系，自首座山北号山起到太山止，共有八座山，行位于中国，它们位境内，其经一千七百二十里。

【原文】

4.51　右东经之山志①，凡四十六山，万八千八百六十里。

【注释】

①右：古籍通常是从右到左的竖排格式，这里"右"，相当于现在的"以上"。志：记载的文字。

【译文】

右边所记东方经历的山，总共有四十六座山，行经一万八千八百六十里。

第五卷　中山经

《中山经》是《山海经》五篇山经中内容最多的一篇，记载了位于中国中部的一百九十七座山以及其中的河流、动植物、矿物、山神等。它们位于今河南、山西、陕西、四川、重庆、安徽、湖北、湖南、江西境内，其中三分之一左右的山的具体位置可以确定。

中山经

【导读】

《中山经》中记载了中部甘枣山至鼓镫山共计十五座山的地理位置和山川风貌。这些山位于今山西境内。山中有不少有药用价值的动植物。如：脱扈山中可治疗抑郁症的植楮，阴山中治疗耳聋的雕棠，鼓镫山中治疗中风的荣草。此外，又有可以治疗白癣的豪鱼、可以治疗痔疮的飞鱼，还有一种叫胐胐的兽能医治抑郁症。

【原文】

5.1 中山经薄山之首①，曰甘枣之山②。共水出焉③，而西流注于河。其上多枍木④。其下有草焉，葵本而杏叶⑤，黄华而荚实⑥，名曰箨⑦，可以已瞢⑧。有兽焉，其状如猷鼠而文题⑨，其名曰㹱⑩，食之已瘿⑪。

【注释】

①薄山：山系名。一说指蒲山，位于今山西南部的中条山脉中。②甘枣之山：甘枣山。一说指今山西芮城县；一说在今山西永济市南。③共水：水名。一说指今山西芮城县东北的朱石河。④枍(niǔ)：檍树。⑤本：草木的根干。⑥荚：豆科植物的长形果实，亦指狭长无隔膜的其他草木的果实。⑦箨(tuò)：草名。⑧已：治愈。瞢(méng)：目不明。⑨猷(huǐ)鼠：大型的灰色鼠。题：额头。⑩㹱(nuó)：兽名。马来熊，也叫狗熊、太阳熊。⑪瘿：长在颈上的瘤子。

【译文】

中央第一列山系是薄山山系，山系的第一座山叫甘枣山。共水发源于甘枣山，之后向西流入黄河。山上生长着很多枍树，山下长着一种草,这种草的茎干与葵的相似,叶子如杏叶,开黄色的花,结荚果,这种草名叫䔄,它能治疗眼睛昏花的病。山中有一种野兽,形状与獴鼠相似,额头上有花纹,这种兽名叫㸲,吃了它的肉能治疗颈部长大瘤子的病症。

【原文】

5.2 又东二十里,曰历儿之山①,其上多櫹②,多枥木③,是木也,方茎而员叶,黄华而毛,其实如楝④,服之不忘。

【注释】

①历儿之山:历儿山。一说指历山,在今山西省永济市境内。②櫹(jiāng):木名。古时用作制车的材料。③枥(lì)木:木名。④拣:应作"楝",即楝树。

【译文】

再往东二十里有座山,名叫历儿山,山上长着很多櫹树,还有很多枥树,这种树的茎干是方形的,叶子是圆形的,开黄色花,花瓣上有绒毛,结出的果实与楝树结的果实相似,人吃了它可以增强记忆力。

【原文】

5.3 又东十五里,曰渠猪之山①,其上多竹。渠猪之水出焉②,而南流注于河。其中是多豪鱼③,状如鲔,而赤喙赤尾赤羽④,可以已白癣。

【注释】

①渠猪之山:渠猪山。在今山西省境内。②渠猪之水:渠猪水。水名。一说指今山西芮城县西地永乐河。③豪鱼:鱼名。一说指鲟鱼。④尾:一说"尾"前应有"赤"字。

【译文】

再往东十五里有座山,名叫渠猪山。山上长着许多竹子。渠猪水发源于此,之后向南流入黄河。水中有很多豪鱼,这种鱼形状像白鲔,长着红色的嘴、红色的尾巴、红色的鳍,食用这种鱼可以治疗白癣。

【原文】

5.4 又东三十五里,曰葱聋之山①,其中多大谷,是多白垩,黑、青、黄垩。

【注释】

①葱聋之山:葱聋山,在今山西芮城县北。

【译文】

再向东三十五里有座山,名叫葱聋山。山中有许多大的山谷,这里有储量丰富的白垩土、黑垩土、青垩土、黄垩土。

【原文】

5.5 又东十五里,曰涹山①,其上多赤铜,其阴多铁。

【注释】

①涹(wō)山:山名。在今山西芮城县北。

【译文】

再往东十五里有座山,名叫涹山。山上有许多赤铜,山的北面有很多铁。

【原文】

5.6 又东七十里,曰脱扈之山①。有草焉,其状如葵叶而赤华,荚实②,实如棕荚③,名曰植楮④,可以已癙⑤,食之不眯⑥。

【注释】

①脱扈(hù)之山:脱扈山,在今山西芮城县北。②荚:豆

科植物的长形果实,亦指狭长无隔膜的其他草木的果实。③棕:棕榈。④植楮(chǔ):植物名。⑤癙(shǔ):忧郁病。⑥眯(mì):梦魇。

【译文】

再往东七十里有座山,名叫脱扈山。山中生着一种草,其形状如葵叶一般,开红色的花,结荚果,果实像棕树的荚,这种草名叫植楮,它可以治疗抑郁症,吃了这种果实就不会梦魇。

【原文】

5.7 又东二十里,曰金星之山①,多天婴②,其状如龙骨③,可以已痤④。

【注释】

①金星之山:金星山。一说在今山西省芮城县西。②天婴:植物名。③龙骨:一说指植物;一说指某些哺乳动物的化石。④痤(cuó):痤疮,俗称粉刺。

【译文】

再往东二十里有座山,名叫金星山。山中有很多天婴,它的形状与龙骨相似,可以用来治疗痤疮。

【原文】

5.8 又东七十里,曰泰威之山①。其中有谷,曰枭谷,其中多铁。

【注释】

①泰威之山:泰威山,在今山西省平陆县西。

【译文】

再往东七十里有座山,名叫泰威山。山中有一道山谷,名叫枭谷，谷中有很多铁。

【原文】

5.9 又东十五里，曰榣谷之山①，其中多赤铜。

【注释】

①榣谷之山：榣谷山，在今山西省平陆县西北。

【译文】

再往东十五里有座山，名叫榣谷山。山中有很多赤铜。

【原文】

5.10 又东百二十里，曰吴林之山①，其中多蘬草②。

【注释】

①吴林之山：吴林山，在今山西省平陆县境内。②蘬（jiān）：同"菅"，菅茅。

【译文】

再向东一百二十里有座山，名叫吴林山。山中长着许多蘬草。

【原文】

5.11 又北三十里，曰牛首之山①。有草焉，名曰鬼草，其叶如葵而赤茎，其秀如禾②，服之不忧。劳水出焉③，而西流注于潏水④。是多飞鱼，其状如鲋鱼⑤，食之已痔衕⑥。

【注释】

①牛首之山：牛首山，在今山西临汾市境内。②秀：植物吐穗开花，多指庄稼。禾：古代指粟。③劳水：水名。在今山西浮山县北。④潏（jué）水：水名。一说即今响水河，在山西襄汾县境内。⑤鲋鱼：鲫鱼。⑥衕（dòng）：腹泻。

【译文】

再往北三十里有座山,名叫牛首山。山中生长着一种草,名叫鬼草,叶子与葵叶相似,茎是红色的,像粟一样抽穗开花,吃了它就能使人不忧愁。劳水发源于此,向西流入潏水。水中有许多飞鱼,形状与鲫鱼相似,食用这种鱼可以治疗痔疮和腹泻。

【原文】

5.12 又北四十里,曰霍山①,其木多榖②。有兽焉,其状如狸,而白尾有鬣③,名曰朏朏④,养之可以已忧。

【注释】

①霍山:山名。在今山西霍州市东南。②榖:构树。③狸:山猫。鬣(liè):兽类颈上的长毛。④朏(fěi)朏:兽名。一说指白鼬。

【译文】

再往北四十里有座山,名叫霍山。山中的树木多为构树。山中有一种兽,它的形状似山猫,长着白色尾巴,颈部长有长毛,这种兽名叫朏朏。人们饲养它可以治疗忧愁。

【原文】

5.13 又北五十二里,曰合谷之山①,是多薝棘②。

【注释】

①合谷之山:合谷山,在今山西中南部。②薝(zhān):薝卜。棘:酸枣树。

【译文】

再向北五十二里有座山,名叫合谷山,山中长着很多薝棘。

【原文】

5.14 又北三十五里,曰阴山①,多砺石、文石②。少水出焉③，其中多雕棠④，其叶如榆叶而方，其实如赤菽⑤，食之已聋。

【注释】

①阴山：山名。一说指绵山，在今山西灵石县、沁源县交界处。②砺：粗磨刀石。③少水：水名，发源于山西沁河。④雕棠：植物名。一说疑是狗骨。⑤菽（shū）：豆类的总称。

【译文】

再往北三十五里有座山，名叫阴山，山中有很多磨石和带花纹的石头。少水由此处发源，这一带长着许多雕棠，它的叶子与榆树叶相似，呈四方形，所结的果实如红豆一般，吃了它可以治疗耳聋。

【原文】

5.15　又东北四百里，曰鼓镫之山①，多赤铜。有草焉，名曰荣草，其叶如柳，其本如鸡卵②，食之已风③。

【注释】

①鼓镫（dēng）之山：鼓镫山，在今山西境内。②本：草的茎或树的根。③风：指中风、痛风等。

【译文】

再往东北四百里有座山，名叫鼓镫山，山中有很多铜。山中生有一种草，它的名字叫荣草，它的叶子似柳叶，茎干如鸡蛋一般，吃了它能治疗中风、痛风等病症。

【原文】

5.16　凡薄山之首，自甘枣之山至于鼓镫之山，凡十五山，六千六百七十里。历儿①，冢也②，其祠礼：毛③，太牢之具④，县婴以吉玉⑤。其余十三山者，毛用一羊，县婴用藻珪⑥，瘞而不糈。藻珪者，藻玉也⑦，方其下而锐其上，而中穿之加金。

【注释】

①历儿：指历儿山。一说即历山，在今山西永济市境内。②冢：大，这里指大的山神。③毛：用于祭祀的带毛的动物。④太牢：古代祭祀天地，以牛、羊、猪三牲具备为太牢。⑤县：同"悬"，悬挂。吉玉：彩色的玉。⑥婴：颈上的饰物。桑封：以桑为祭祀对象。⑦桑主：一说以桑为神主。

【译文】

薄山山系，自第一座甘枣山起到鼓镫山止，共有十五座山，行经六千六百七十里。历儿山是大的山神居住之地，祭祀这座山山神的仪式为：在毛物中，用猪、牛、羊齐全的三牲作祭品，上面悬挂吉玉献祭。祭祀余下的十三位山神的仪式为：用一只羊作为祭祀用的毛物，用带有彩色花纹的圭作为悬挂在山神颈上的饰品，祭礼完毕后，把它们一起埋入地下，不用精米祭神。所谓藻珪，就是指藻玉，它下端呈方形，上端呈尖角，中间穿孔后再用金加以装饰。

中次二经

【导读】

《中次二经》记载了从辉诸山到蔓渠山共计九座山的位置及物产。它们大致位于今河南境内。经中记载了各种让人难忘的奇兽。如：四翅能预测大旱的鸣蛇，豹身鸟翅能预测大水的化蛇，人面虎身的马腹兽。

【原文】

5.17 中次二经济山之首①，曰辉诸之山②，其上多桑，其兽多闾麋③，其鸟多鹖④。

【注释】

①济山：山系名。一说指济水所出的山。②辉诸之山：辉诸山。一说在今河南境内。③闾（lú）：兽名。一说即羭，指黑色的母羊。④鹖（hé）：鸟名，雉类。

【译文】

中央第二列山系是济山山系，它的第一座山叫辉诸山，山上长着许多桑树，山中的野兽多为闾和麋鹿，鸟类多为鹖鸟。

【原文】

5.18 又西南二百里，曰发视之山①，其上多金玉，其下多砥砺。即鱼之水出焉②，而西流注于伊水③。

【注释】

①发视之山：发视山。一说在今河南登封市西。②即鱼之水：鱼水，古称"大狂水"。③伊水：伊河，在今河南西部。

【译文】

再往西南二百里有座山,名叫发视山。山上有很多金属和玉石,山下有很多磨石。即鱼水发源于此山,之后向西流入伊河。

【原文】

5.19 又西三百里,曰豪山①,其上多金玉而无草木。

【注释】

①豪山:山名。一说指狼皞山,在今河南登封市西。

【译文】

再往西三百里有座山叫豪山,山上有很多金属和玉石,不长花草。

【原文】

5.20 又西三百里,曰鲜山①,多金玉,无草木。鲜水出焉②,而北流注于伊水③。其中多鸣蛇,其状如蛇而四翼,其音如磬④,见则其邑大旱。

【注释】

①鲜山:山名。在今河南嵩县境内。②鲜水:水名。在今河南嵩县境内。③伊水:伊河。一说在今河南西部。④磬:这里指击磬。

【译文】

再往西三百里有座山,名叫鲜山。山上有很多金属和玉石,不长草木。鲜水发源于此山,之后向北流入伊河。水中有许多鸣蛇,它的形状似蛇,但长着四只翅膀,发出的声音与敲磬时发出的声音相似。它出现在哪个地方,哪个地方就会发生旱灾。

【原文】

5.21 又西三百里,曰阳山①,多石,无草木。阳水出焉②,

而北流注于伊水。其中多化蛇，其状如人面而豺身，鸟翼而蛇行，其音如叱呼，见则其邑大水。

【注释】

①阳山：山名。在今河南嵩县境内。②阳水：水名。在今河南嵩县境内。

【译文】

再往西三百里有座山，名叫阳山，山中有许多石头，不长草木。阳水发源于此山，之后向北流入伊河。水中有许多化蛇，长着人一样的脸，豺一样的身子，鸟一样的翅膀，像蛇一般爬行游动，发出的声音像人在大声呵斥，它出现在哪个地方，哪个地方就会发生大水灾。

【原文】

5.22　又西二百里，曰昆吾之山①，其上多赤铜。有兽焉，其状如彘而有角，其音如号，名曰蠪蚳②，食之不眯。

【注释】

①昆吾之山：昆吾山，在今河南西部。②蠪（lóng）蚳（zhī）：传说中的一种兽。

【译文】

再往西二百里有座山，名叫昆吾山，山上有许多赤铜。山里有一种兽，形状与猪相似，头上长着角，发出的声音像是人的号哭声，这种兽名叫蠪蚳，吃了它的肉就不会梦魇。

【原文】

5.23　又西百二十里，曰葌山①。葌水出焉②，而北流注于伊水。其上多金玉，其下多青、雄黄③。有木焉，其状如棠而赤叶④，名曰芒草⑤，可以毒鱼。

【注释】

① 蓲（jiān）山：山名。在今河南栾川县。② 蓲水：水名。一说即今栾川县的栾川河。③ 青：石青。④ 棠：棠梨。⑤ 芒草：植物名，芒。

【译文】

再向西一百二十里有座山，名叫蓲山。蓲水发源于此山，之后向北流入伊河，山上有许多金属和玉石，山下有许多石青和雄黄。山中长着一种树，它形状似棠树，长着红色的叶子，名叫芒草，它可以毒杀鱼。

【原文】

5.24　又西一百五十里，曰独苏之山①，无草木而多水。

【注释】

① 独苏之山：独苏山。一说在今河南栾川县西北。

【译文】

再往西一百五十里有座山，名叫独苏山。山中不长草木，有很多水。

【原文】

5.25　又西二百里，曰蔓渠之山①，其上多金玉，其下多竹箭②。伊水出焉，而东流注于洛③。有兽焉，其名曰马腹，其状如人面虎身，其音如婴儿，是食人。

【注释】

① 蔓渠之山：蔓渠山，一说指今河南栾川县的闷顿岭。② 竹箭：小竹。③ 洛：洛河。

【译文】

再往西二百里有座山,名叫蔓渠山,山上有很多金属和玉石,山下生长着许多低矮竹子。伊河发源于此,之后向东流入洛水。山中有一种兽,名叫马腹,这种兽长着人面虎身,发出的声音与婴儿啼哭声相似,能吃人。

【原文】

5.26 凡济山经之首①,自辉诸之山至于蔓渠之山,凡九山,一千六百七十里。其神皆人面而鸟身。祠用毛,用一吉玉②,投而不糈。

【注释】

①经:该字疑为衍文。②吉玉:彩色的玉。

【译文】

济山山系,自首座山辉诸山起到蔓渠山止,共有九座山,行经一千六百七十里。每座山的山神的形状都是人面鸟身。祭祀这些山神时都要用带毛的动物,并且用一块彩色的玉,把它投入山中,不用精米。

中次三经

【导读】

《中次三经》记述了敖岸山到和山共计五座山的地理位置分布。它们座落在今河南省境内。山中生活着武罗、泰逢、熏池三位神人,经中描述了他们的相貌和祭祀这些神的礼仪。

【原文】

5.27 中次三经萯山之首①,曰敖岸之山②,其阳多㻬琈之玉③,其阴多赭④、黄金。神熏池居之⑤。是常出美玉。北望河林⑥,其状如茜如举⑦。有兽焉,其状如白鹿而四角,名曰夫诸,见则其邑大水。

【注释】

①萯(bèi)山:山系名。一说今河南新安县西北的东首阳山。②敖岸之山:敖岸山,在今河南渑池县西北。③㻬(tū)琈(fú):美玉名。④赭(zhě):红土。⑤熏池:传说中的神名。⑥河林:黄河边的树林。⑦茜(qiàn):茜草。举:榉树。

【译文】

中央第三个山系叫萯山山系,它的第一座山叫敖岸山,山的阳面有很多㻬琈玉,山的阴面有许多赭石、黄金。有一位名叫熏池的神就住在这座山里。山中常常出产美玉。从这山上向北望,可以望见黄河岸边的树林,远远望去,像是茜草或榉树。山中有一种兽,它的形状像白鹿,头上长有四只角,名叫夫诸。它在哪个地方出现,哪个地方就会发生水灾。

【原文】

5.28 又东十里,曰青要之山①,实惟帝之密都②。北望河曲③,是多驾鸟④。南望埠渚⑤,禹父之所化⑥,是多仆累、蒲卢⑦。䰠武罗司之⑧,其状人面而豹文,小要而白齿⑨,而穿耳以鐻⑩,其鸣如鸣玉。是山也,宜女子。畛水出焉⑪,而北流注于河。其中有鸟焉,名曰鴢⑫,其状如凫⑬,青身而朱目赤尾,食之宜子。有草焉,其状如葌,而方茎⑭、黄华、赤实,其本如藁本⑮,名曰荀草,服之美人色。

【注释】

①青要之山:青要山,在今河南境内。②帝:黄帝。密都:秘密居住的行宫。③河曲:黄河弯曲的地方。④驾鸟:鸟名。⑤埠(tán)渚:地名。⑥禹父:大禹之父,即鲧。⑦仆累:蜗牛。蒲卢:田螺。⑧䰠(shén):山神。武罗:神名。⑨要:即"腰"。⑩鐻(qú):金属制的耳饰。⑪畛(zhěn)水:水名,在今河南新安县境内。⑫鴢(yǎo):鸟名。⑬凫:野鸭。⑭葌:兰草。⑮本:草的茎或树的根。

【译文】

再往东十里有座山,名叫青要山,这里其实是黄帝的秘密行宫。从这座山的北面可以望见河流的弯曲处,那里有许多驾鸟。南面可以看到埠渚,那里是大禹之父鲧死后化身为黄熊的地方,有很多蜗牛和田螺。有一个名叫武罗的神掌管着这座山,武罗长着人一样的脸,身上有豹一样的斑纹,腰身细小,牙齿洁白,耳朵上戴着金属耳饰,发出像玉石碰撞一样的声音。青要山对女子最为适宜。畛水发源于此山,之后向北流入黄河。山中有一种鸟,名字叫鴢,它的形状与野鸭相似,身子是青色的,眼睛是红色的,尾巴也是红色的,吃了它的肉有利于生育。山中有一种草,形状与兰草相似,茎干呈现方形,开黄色的花,结红色的果实,这种草茎干像藁本,名叫荀草,人吃了它肤色就会变得美丽。

【原文】

5.29　又东十里,曰騩山①,其上有美枣,其阴有琈㻬之玉。正回之水出焉②,而北流注于河。其中多飞鱼③,其状如豚而赤文,服之不畏雷,可以御兵④。

【注释】

①騩(wēi)山：山名。在今河南新安县北。②正回之水：正回水,在今河南孟津县西北。③飞鱼：鱼名。④兵：兵器。

【译文】

再往东十里有座山,名叫騩山,山上长着许多味道鲜美的野枣,山的阴面有很多琈㻬玉。正回水发源于此山,之后向北流入黄河。水中有许多飞鱼,形状与猪相似,身上长着红色的斑纹,食用它的肉就不怕惊雷,还能防止兵器的伤害。

【原文】

5.30　又东四十里,曰宜苏之山①,其上多金玉,其下多蔓居之木②。滽滽之水出焉③,而北流注于河,是多黄贝。

【注释】

①宜苏之山：宜苏山,在今河南省境内。②蔓居：木名。③滽(yōng)滽之水：滽滽水,在今河南孟津县界。

【译文】

再往东四十里有座山,名叫宜苏山,山上有很多金属和玉石,山下长着许多蔓居木。滽滽水发源于此山,之后向北流入黄河,水中有很多黄色的贝。

【原文】

5.31　又东二十里,曰和山①,其上无草木而多瑶碧②,实惟河之九都③。是山也五曲,九水出焉,合而北流注于河,其中多苍玉。吉神泰逢司之④,其状如人而虎尾,是好居于山之阳,出入有光。泰逢神动天地气也⑤。

【注释】

①和山:山名。在今河南西北部。②瑶:美玉。碧:青绿色的玉石。③河之九都:黄河九条支流的发源地。④泰逢:神名。⑤动天地气:指改变天气。

【译文】

再往东二十里有座山,名叫和山,山上不长草木,有许多瑶、碧一类的美玉,这里其实是黄河九条支流的发源地。这座山有五个大的弯曲处,九条水流发源于此,汇聚一起后向北流入黄河,水里出产大量青玉。一位名叫泰逢的吉祥之神掌管着这座山,他形状似人,长着老虎一样的尾巴,喜欢住在山的南面,出入时身上闪闪发光。泰逢神能兴云布雨,变换天地之气。

【原文】

5.32 凡苎山之首,自敖岸之山至于和山,凡五山,四百四十里。其祠:泰逢、熏池、武罗皆一牡羊副①,婴用吉玉②。其二神用一雄鸡瘗之,糈用稌③。

【注释】

①牡羊:公羊。副(pī):剖开。②婴:颈上的饰物。③稌(tú):糯米。

【译文】

苎山山系,自首座山敖岸山起到和山止,共有五座山,途经四百四十里。祭祀这些山的山神的仪式为:泰逢、熏池、武罗三位山神皆用一只剖开的公羊,用彩色的玉作为挂在山神颈部的饰物。其余两位山神用一只雄鸡,祭祀时将雄鸡埋入地下,用糯米作祭祀用的精米。

中次四经

【导读】

《中次四经》记述了自鹿蹄山至谨举山共计九座山的地理位置和山川风貌。这些山位于今河南、陕西一带。

这列山系中有很多奇异的野兽,其中有长着一双人眼叫的兽,还有貌似恶狗身、长鳞片、背有猪鬃的。此外,山中还盛产金、玉、石青、雄黄等矿物,生长着能消肿的梧桐和可用作手术麻醉的曼德拉草。

【原文】

5.33 中次四经厘山之首①,曰鹿蹄之山②,其上多玉,其下多金。甘水出焉③,而北流注于洛④,其中多泠石⑤。

【注释】

①厘山:山系名。在今河南西北部。②鹿蹄之山:鹿蹄山,在今河南宜阳县。③甘水:水名。发源于今河南宜阳县。④洛:即洛河。⑤泠(gàn)石:一种柔软如泥的石头。

【译文】

中央第四列山系是厘山山系,它的第一座山叫鹿蹄山,山上有许多玉石,山下有许多金。甘水发源于此山,之后向北流入洛水,水中有许多泠石。

【原文】

5.34 西五十里,曰扶猪之山①,其上多礝石②。有兽焉,其状如貉而人目③,其名曰䴦④。虢水出焉⑤,而北流注于洛,其中多瓀石⑥。

【注释】

①扶猪之山：扶猪山，在今河南宜阳县。②礝（ruǎn）石：即瓀石。③貉（hé）：兽名。形似狐狸。④䴎（yín）：传说中的一种兽。⑤虢（guó）水：水名。⑥瓀（ruǎn）：像玉一样的美石。

【译文】

向西五十里有座山，名叫扶猪山，山上有很多像玉一样的美石。山中有一种兽，它的形状与貉相似，长着人一样的眼睛，这种兽名叫䴎。虢水发源于扶猪山，之后向北流入洛水，水中有很多似玉一般的美石。

【原文】

5.35 又西一百二十里，曰厘山①，其阳多玉，其阴多蒐②。有兽焉，其状如牛，苍身，其音如婴儿，是食人，其名曰犀渠。滽滽之水出焉③，而南流注于伊水④。有兽焉，名曰㺀⑤，其状如獳犬而有鳞⑥，其毛如彘鬣⑦。

【注释】

①厘山：山名。在今河南熊耳山中。②蒐（sōu）：即茜（qiàn）草。③滽（yōng）滽之水：滽滽水，在今河南孟津县境内。④伊水：即伊河，洛河的支流，在今河南西部。⑤㺀（xié）：兽名。一说即獭，分为水獭和旱獭。⑥獳（nòu）：狗发怒的样子。⑦鬣（liè）：兽类颈上的长毛。

【译文】

再向西一百二十里有座山，名叫厘山，山的南面有很多玉石，北面有许多茜草。山中有一种野兽，它形状与牛相似，身子是青灰色的，发出的叫声如同婴儿的啼哭声，会吃人，这种兽名叫犀渠。滽滽水发源于此山，向南流入伊河。这一带有一种野兽，名叫㺀，形状像发怒时的狗，长着鳞，身上的毛像猪颈部的长毛。

【原文】

5.36 又西二百里,曰箕尾之山①,多榖②,多涂石③,其上多㻬琈之玉。

【注释】

①箕尾之山:箕尾山,在今河南嵩县西北,今名神灵寨山。②榖:应作"榖",构树。③涂石:石名。一说即泠石。

【译文】

再往西二百里有座山,名叫箕尾山,山中有许多构树,也有许多涂石,山上有许多㻬琈玉。

【原文】

5.37 又西二百五十里,曰柄山①,其上多玉,其下多铜。滔雕之水出焉②,而北流注于洛。其中多羬羊③。有木焉,其状如樗④,其叶如桐而荚实⑤,其名曰茇⑥,可以毒鱼。

【注释】

①柄山:今巧女寨山,在今河南西北部。②滔雕之水:滔雕水,在今河南宜阳、洛宁一带。③羬(qián)羊:一种野生的大尾羊。④樗(chū):臭椿树。⑤荚:豆科植物的长形果实,亦指狭长无隔膜的其他草木的果实。⑥茇(bá):木名。一说是"艾"字之误,指艾草。

【译文】

再往西二百五十里有座山,名叫柄山,山上有很多玉石,山下有很多铜。滔雕水发源于此山,之后向北流入洛河。山中有许多羬羊。还长着一种树,其形状像臭椿树,叶子像梧桐叶,结荚果,此树名叫茇,可以用来毒杀鱼类。

【原文】

5.38 又西二百里,曰白边之山①,其上多金玉,其下多青、雄黄②。

【注释】

①白边之山:白边山,在今河南卢氏县。②青:石青。

【译文】

再向西二百里有座山,名叫白边山。山上有许多金属和玉石,山下有许多石青和雄黄。

【原文】

5.39 又西二百里,曰熊耳之山①,其上多漆②,其下多棕③。浮濠之水出焉,而西流注于洛,其中多水玉④,多人鱼⑤。有草焉,其状如苏而赤华⑥,名曰葶苧⑦,可以毒鱼。

【注释】

①熊耳之山:熊耳山,在今河南西北部。②漆:漆树。③棕:棕榈。④水玉:水晶。⑤人鱼:指大鲵,俗称娃娃鱼。⑥苏:紫苏。⑦葶(dǐng)苧(nìng):一种毒草,有可能是醉鱼草。

【译文】

再往西二百里有座山,名叫熊耳山,山上长着许多漆树,山下长着许多棕榈。浮濠水发源于此山,之后向西流入洛水,水中有很多水晶,还有许多娃娃鱼。山中长着一种草,形状像苏草,开红色的花,名字叫葶苧,这种草能毒死鱼。

【原文】

5.40 又西三百里,曰牡山①,其上多文石,其下多竹箭、竹䉿②。其兽多㸲牛、羬羊③,鸟多赤鷩④。

【注释】

①牡山：山名。一说在今河南卢氏县西。②竹箭：小竹。竹䉋（mèi）：即竹。③㸲（zuó）牛：野牛。㹎（qián）羊：一种野生的大尾羊。④鷩（bì）：锦鸡。

【译文】

再向西三百里有座山，名叫牡山，山上有许多带有花纹的石头，山下长着一簇簇低矮的竹子以及竹䉋。山中的野兽多为㸲牛、㹎羊，鸟类多为红色的锦鸟。

【原文】

5.41 又西三百五十里，曰讙举之山①。雒水出焉，而东北流注于玄扈之水②。其中多马肠之物③。此二山者，洛间也④。

【注释】

①讙（huān）举之山：讙举山，在今陕西洛南县西北。②玄扈之水：玄扈水，在今陕西洛南县。③马肠之物：一说即"马腹"，一说指蛙类所产成堆的呈带状的卵。④洛间：夹在洛水之间。

【译文】

再往西三百五十里有座山，名叫讙举山。雒水发源于此山，之后向东北流入玄扈水。山中有很多类似于马肠的怪物。这两座山夹在洛水之间。

【原文】

5.42 凡厘山之首，自鹿蹄之山至于玄扈之山，凡九山，千六百七十里。其神状皆人面兽身。其祠之：毛用一白鸡①，祈而不糈②；以采衣之③。

【注释】

①毛：祭祀用的带毛的动物。②祈：向神求福。③采：有彩色花纹的丝织物。衣（yì）：用作动词，意思是穿，这里可以解释为包裹。

【译文】

厘山山系，从鹿蹄山起到玄扈山为止，共有九座山，行经一千六百七十里。每座山的山神的形貌皆是人面兽身。祭祀这些山神的礼仪为：用一只白鸡作为毛物，祭祀时不用精米，须把彩色丝织物裹在鸡的身上。

中次五经

【导读】

《中次五经》记述了从苟林山至阳虚山的所处位置。经中说有十六座,实际只有十五座。它们大致分布在今陕西、山西、河南境内。

山中植物种类丰富,有今天常见的芫荽、白苯、芍药、槐树、椿树以及麦门冬、通草等植物。山中还有一种三只眼睛的怪兽,叫䪥鸟。

【原文】

5.43 中次五经薄山之首①,曰苟林之山②,无草木,多怪石。

【注释】

①薄山:山系名。②苟林之山:苟林山,一说在今山西永济市西南。

【译文】

中次五经中的薄山山系的首座山,名叫苟林山,山中不长草木,有许多怪石。

【原文】

5.44 东三百里,曰首山①,其阴多榖柞②,其草多苯芫③;其阳多㻬琈之玉,木多槐。其阴有谷,曰机谷,多䪥鸟④,其状如枭而三目⑤,有耳,其音如录⑥,食之已垫⑦。

【注释】

①首山:山名。一说指今山西永济市的首阳山。②榖(gǔ):构树。柞(zuò):柞树,又叫冬青。③苯(zhú):术(zhú)属植

物如白术、苍术等的泛称。芫（yán）：芫荽（suī），香菜。④䑏（dài）鸟：传说中的一种鸟。⑤枭：猫头鹰一类的鸟。⑥䴈：可能指鹿。⑦垫：湿邪、湿病，一种因低下潮湿引起的疾病。

【译文】

向东三百里有座山，名叫首山。山的北面生长着许多构树和柞树，草类多为苿和芫荽；南面有许多㻬琈玉，树木多为槐树。山的北面有一条山谷，名叫机谷，谷中有许多䑏鸟，这种鸟形状与猫头鹰相似，有三只眼睛，有耳朵，声音像是鹿的鸣叫之声，食用它的肉可以治疗湿病。

【原文】

5.45　又东三百里，曰县𨞪之山①，无草木，多文石。

【注释】

①县𨞪（zhú）之山：县𨞪山。一说在今山西绛县境内。

【译文】

再往东三百里有座山，名叫县𨞪山，山中没有草木，有很多带有花纹的石头。

【原文】

5.46　又东三百里，曰葱聋之山①，无草木，多𤩴石②。

【注释】

①葱聋之山：葱聋山。中山首经已经考证葱茸之山为中条山山脉中山岭，此处可能为上文的重复。②𤩴（bàng）：通"玤"，一种次于玉的美石。

【译文】

再往东三百里有座山，名叫葱聋山，山中不长草木，有很多质地次于玉的美石。

【原文】

5.47 东北五百里，曰条谷之山①，其木多槐桐，其草多芍药、䕉冬②。

【注释】

①条谷之山：条谷山，在今山西境内。②䕉（mén）冬：同"虋（mén）冬"，指天门冬和麦门冬。

【译文】

再向东北五百里有座山，名叫条谷山，山中的树木多为槐树和桐树，草类多为芍药、䕉冬。

【原文】

5.48 又北十里，曰超山①，其阴多苍玉，其阳有井②，冬有水而夏竭。

【注释】

①超山：山名。在今山西境内。②井：本书记载的山之所有皆为自然事物，而井是人工开挖的，所以这里的井应当指泉眼下陷而低于地面的水泉，因形似水井而得名。

【译文】

再往北十里有座山，名叫超山，山的北面有许多苍玉，南面有一眼泉，冬天有水，夏季则干枯。

【原文】

5.49 又东五百里，曰成侯之山①，其上多櫄木②，其草多芁③。

【注释】

① 成侯之山：成侯山，在今陕西省境内。② 櫄（chūn）：椿树。③ 芁（jiāo）：即秦芁（jiāo）。

【译文】

再往东五百里有座山，名叫成侯山，山上长着许多椿树，草类多是秦芁。

【原文】

5.50　又东五百里，曰朝歌之山①，谷多美垩。

【注释】

① 朝歌之山：朝歌山，在今河南淇县。

【译文】

再往东五百里有座山，名叫朝歌山，在山谷中有很多优质垩土。

【原文】

5.51　又东五百里，曰槐山①，谷多金锡。

【注释】

① 槐山：山名。在今山西稷山县南。

【译文】

再往东五百里有座山，名叫槐山，山谷中有很多金和锡。

【原文】

5.52　又东十里，曰历山①，其木多槐，其阳多玉。

【注释】

① 历山：山名。即为中山首经中的历儿之山，在今山西省阳城

县和垣曲县交界处。

【译文】

再往东十里有座山,名叫历山,山中的树木多为槐树,山的南面有很多玉石。

【原文】

5.53 又东十里,曰尸山①,多苍玉,其兽多麖②。尸水出焉③,南流注于洛水,其中多美玉。

【注释】

① 尸山:山名。可能在今陕西洛南县北。② 麖(jīng):马鹿。③ 尸水:水名。

【译文】

再往东十里有座山,名叫尸山,山中有许多苍玉,山中的野兽多为麖。尸水发源于此,之后向南流入洛水,水中有许多美玉。

【原文】

5.54 又东十里,曰良余之山①,其上多榖柞②,无石。余水出于其阴,而北流注于河③;乳水出于其阳,而东南流注于洛④。

【注释】

① 良余之山:良余山。一说在今陕西华阴市西南;一说在今河南卢氏县境内。② 榖(gǔ):构树。柞(zuò):柞树。③ 河:黄河。④ 洛:洛河。

【译文】

再往东十里有座山,名叫良余山。山上有许多构树和柞树,没有石头。余水发源于此山的北面,之后向北流入黄河;乳水发源于此山的南面，向东南流入洛水。

【原文】

5.55　又东南十里，曰蛊尾之山①，多砺石、赤铜②。龙余之水出焉，而东南流注于洛。

【注释】

①蛊尾之山：蛊尾山，可能在今陕西洛南县南。②砺：粗的磨刀石。

【译文】

再向东南十里有座山，名叫蛊尾山，山中有许多磨石和赤铜。龙余水发源于此山，之后向东南流入洛水。

【原文】

5.56　又东北二十里，曰升山①，其木多榖、柞、棘②，其草多诸㠯、蕙③，多寇脱④。黄酸之水出焉，而北流注于河，其中多璇玉⑤。

【注释】

①升山：山名。一说在今陕西华阴市境内。②棘：酸枣树。③诸㠯（yù）：即山药。蕙：蕙兰。④寇脱：通脱木的别名，即通草。⑤璇玉：美玉。

【译文】

再往东北二十里有座山，名叫升山，山中的树木多为构树、柞树和酸枣树，草类多是山药和蕙草，还长着许多通脱木。黄酸水发源于此，之后向北流入黄河，水中有许多璇玉。

【原文】

5.57　又东十二里，曰阳虚之山①，多金，临于玄扈之水②。

【注释】

①阳虚之山：阳虚山，在今河南洛宁县。②玄扈之水：玄扈水，在今河南洛宁县。

【译文】

再向东二十里有座山，名叫阳虚山，山中有许多金，此山临近玄扈水。

【原文】

5.58　凡薄山之首，自苟林之山至于阳虚之山，凡十六山，二千九百八十二里。升山，冢也，其祠礼：太牢，婴用吉玉。首山，䰠也，其祠用稌、黑牺太牢之具、蘖酿；干舞、置鼓；婴用一璧。尸水，合天也，肥牲祠之，用一黑犬于上用一雌鸡于下，刉一牝羊，献血。婴用吉玉，采之，飨之。

【译文】

薄山山系，自苟林山起到阳虚山止，一共十六座山，途经二千九百八十二里。升山，是诸山的宗主，祭祀升山山神的典礼：在毛物中用猪、牛、羊齐全的三牲作祭品，祀神的玉器要用吉玉。首山，是神灵显应的大山，祭祀首山山神用稻米、整只黑色皮毛的猪、牛、羊、美酒；手持盾牌起舞，摆上鼓并敲击应和；祀神的玉器用一块玉璧。尸水，是上通到天的，要用肥壮的牲畜作祭品献祭，用一只黑狗作祭品供在上面，用一只母鸡作祭品供在下面，杀一只母羊，献上血。祀神的玉器要用吉玉，并用彩色帛包装祭品，请神享用。

中次六经

【导读】

《中次六经》记述了自平逢山至阳华山共十四座山的地理位置和山川风貌。它们多数分布在今河南省境内。

经中记载了一位长着两个脑袋名叫骄虫的神。此外还记述了许多有药用价值的动植物,如鸰鹦、苦辛草及脩辟鱼等。

【原文】

5.59 中次六经缟羝山之首①,曰平逢之山②,南望伊、洛③,东望谷城之山④,无草木,无水,多沙石。有神焉,其状如人而二首,名曰骄虫,是为螫虫⑤,实惟蜂蜜之庐⑥。其祠之:用一雄鸡,禳而勿杀⑦。

【注释】

①缟(gǎo)羝(dī)山:山系名。在今河南西北部。②平逢之山:即今北邙(máng)山,在今河南洛阳市北。③伊:即今伊河。洛:洛河。④谷城之山:谷城山。在今河南洛阳市西。⑤螫(shì)虫:尾部有毒针可刺人的虫。⑥蜜:指蜜蜂。庐:房舍。这里指蜜蜂的巢穴。⑦禳(ráng):祈祷以消除灾殃。

【译文】

中央第六列山系缟羝山山系的首座山,名叫平逢山,从这座山的南面可以看见伊河和洛水,东面可以望见谷城山,山中不长草木,没有水,有很多沙子和石头。山中住着一位神,其形状与人相似,长着两个脑袋,名叫骄虫,他是所有螫虫的首领,这座山是各种蜂包括蜜蜂的巢穴所在。祭祀这位神的方法为:用一只雄鸡作为祭品,祈祷时不要把它杀死。

【原文】

5.60　西十里，曰缟羝之山①，无草木，多金玉。

【注释】

①缟（gǎo）羝（dī）之山：缟羝山，在今河南洛阳西。

【译文】

向西十里有座山，名叫缟羝山，山中不长草木，有很多金属和玉石。

【原文】

5.61　又西十里，曰廆山①，其阴多㻁琈之玉。其西有谷焉，名曰雚谷②，其木多柳楮③。其中有鸟焉，状如山鸡而长尾，赤如丹火而青喙，名曰鸰鹞④，其鸣自呼，服之不眯。交觞之水出于其阳⑤，而南流注于洛；俞随之水出于其阴⑥，而北流注于谷水⑦。

【注释】

①廆（guī）山：山名。即今河南洛阳市西谷口山。②雚（guàn）谷：山谷名。③楮（chǔ）：即构树。④鸰（líng）鹞（yāo）：鸟名。一说指鹡鸰。⑤交觞之水：交觞水，可能是今河南省洛阳市西的七里河。⑥俞随之水：俞随水。在今河南洛阳市西。⑦谷水：今河南渑池南渑水及其下游涧水。

【译文】

再往西十里有座山，名叫廆山，山的北面有很多㻁琈玉。西面有一条山谷，名叫雚谷，谷中生长的树木多为柳树和构树。山中有一种鸟，形状与山鸡相似，尾巴长长的，浑身红如丹火，嘴呈青色，这种鸟名叫鸰鹞，它叫起来像是在喊自己的名字，吃了它的肉就不会梦魇。交觞水发源于此山的南面，之后向南流入洛水；俞随水发源于此山的北面,之后向北流入谷水。

【原文】

5.62 又西三十里,曰瞻诸之山①,其阳多金,其阴多文石。谢水出焉②,而东南流注于洛③;少水出其阴④,而东流注于谷水。

【注释】

①瞻诸之山:瞻诸山,在今河南新安县境内。②谢(xiè)水:水名。源出今河南新安县。③洛:洛河。④少水:今磁涧河。

【译文】

再往西三十里有座山,名叫瞻诸山,山的南面有许多金属,北面有许多带有花纹的石头。谢水发源于此山,之后向东南流入洛水;少水发源于此山的北面,之后向东流入谷水。

【原文】

5.63 又西三十里,曰娄涿之山①,无草木,多金玉。瞻水出于其阳,而东流注于洛;陂水出于其阴②,而北流注于谷水,其中多茈石、文石③。

【注释】

①娄涿(zhuō)之山:娄涿山,在今河南洛宁县和新安县之间。②陂(bēi)水:一作"波水"。③茈:通"紫",紫色。

【译文】

再往西三十里有座山,名叫娄涿山,山中不长草木,有许多金属和玉石。瞻水发源于此山的南面,之后向东流入洛水;陂水发源于此山的北面,之后向北流入谷水,水中有许多紫色的石头和带花纹的石头。

【原文】

5.64　又西四十里，曰白石之山①。惠水出于其阳②，而南流注于洛③，其中多水玉④。涧水出于其阴⑤，西北流注于谷水，其中多麋石、栌丹⑥。

【注释】

①白石之山：白石山，也叫广阳山、渑池山，在今河南新安县境内。②惠水：水名。在今河南新安县东北。③洛：洛河。④水玉：水晶。⑤涧水：水名。在今河南新安县境内。⑥麋（méi）石：画眉石。麋：通"眉"，眉毛。栌（lú）丹：一说指黑丹砂，一种黑色矿物；一说是红栌，现名黄栌。

【译文】

再往西四十里有座山，名叫白石山。惠水发源于此山的南面，之后向南流入洛水，水中有许多水晶。涧水发源于此山的北面，之后向西北流入谷水，水中有很多画眉石和黑丹沙。

【原文】

5.65　又西五十里，曰谷山①，其上多榖②，其下多桑。爽水出焉③，而西北流注于谷水，其中多碧绿④。

【注释】

①谷山：山名，在今河南渑池县境内。②榖（gǔ）：构树。③爽水：水名，在今河南渑池县。④碧绿：碧玉。

【译文】

再往西五十里有座山，名叫榖山，山上长有许多构树，山下有许多桑树。爽水发源于此山，之后向西北流入谷水，水中有很多碧玉。

【原文】

5.66 又西七十二里,曰密山①,其阳多玉,其阴多铁。豪水出焉②,而南流注于洛,其中多旋龟,其状鸟首而鳖尾,其音如判木③。无草木。

【注释】

①密山:山名。在今河南新安县。②豪水:水名。在今河南新安县。③判:分开,这里指劈开木头。

【译文】

再往西七十二里有座山,名叫密山,山的南面有很多玉石,北面有很多铁。豪水发源于此,之后向南流入洛水,水中有很多旋龟,长着鸟一样的头、鳖一样的尾巴,发出的叫声像劈木头的声音。山中不长草木。

【原文】

5.67 又西百里,曰长石之山①,无草木,多金玉。其西有谷焉,名曰共谷,多竹。共水出焉,西南流注于洛,其中多鸣石②。

【注释】

①长石之山:长石山。一说即今河南渑池县天池山;一说在今河南新安县。②鸣石:撞击后能传声很远的石头。

【译文】

再往西一百里有座山,名叫长石山,山中不长草木,有很多金属和玉石。山的西面有条山谷,名叫共谷,谷中长着许多竹子。共水发源于此山,之后向西南注入洛水,水中有许多鸣石。

【原文】

5.68 又西一百四十里,曰傅山①,无草木,多瑶碧。厌染之水出于其阳②,而南流注于洛,其中多人鱼③。其西有林焉,名曰墦冢。谷水出焉,而东流注于洛,其中多珚玉④。

【注释】

①傅山:山名。在今河南渑池县西。②厌染之水:厌染水。即今河南宜阳县北的厌染河。③人鱼:指大鲵,即娃娃鱼。④珚(yān)玉:玉的一种。

【译文】

再往西一百四十里有座山,名叫傅山,山中不长草木,有许多瑶碧一类的美玉。厌染水发源于此山的南面,之后向南流入洛水,水中有很多娃娃鱼。山的西面有一片树林,名叫墦冢。谷水发源于此山,之后向东流入洛水,水中有很多珚玉。

【原文】

5.69 又西五十里,曰橐山①,其木多樗②,多楒木③,其阳多金玉,其阴多铁,多萧④。橐水出焉,而北流注于河,其中多脩辟之鱼,状如黾而白喙⑤,其音如鸱⑥,食之已白癣⑦。

【注释】

①橐(tuó)山:今河南陕县东的积草山。②樗(chū):臭椿树。③楒(bèi)木:木名。一说指五倍子。④萧:艾蒿。⑤黾(měng):蛙的一种。⑥鸱(chī):鹞鹰。⑦已:治愈。

【译文】

再往西五十里有座山,名叫橐山,山中树木多为臭椿树和楒树,山的南面有很多金属和玉石,北面有很多铁,还长着很多艾蒿。橐水发源于这座山，之后向北流入黄河。水中有许多脩辟鱼，这种鱼形状像蛙，长着白色的嘴，发出的叫声像是鸱鹰的鸣叫之声，吃了它的肉可以治疗白癣。

【原文】

5.70　又西九十里，曰常烝之山①，无草木，多垩②。潐水出焉③，而东北流注于河，其中多苍玉。菑水出焉④，而北流注于河。

【注释】

①常烝（zhēng）之山：常烝山。在今河南陕县。②垩（è）：可用来涂饰的有色土。③潐（qiáo）水：今名干头河。④菑（zī）水：水名。可能今名好阳涧。

【译文】

再往西九十里有座山，名叫常烝山，山中不长草木，有很多颜色的垩土。潐水发源于此山，之后向东北流入黄河，水中有许多青玉。菑水发源于此山，之后向北流入黄河。

【原文】

5.71　又西九十里，曰夸父之山①，其木多棕柟②，多竹箭③，其兽多𰢿牛、𪊨羊④，其鸟多赤𪅂⑤，其阳多玉，其阴多铁。其北有林焉，名曰桃林⑥，是广员三百里，其中多马。湖水出焉⑦，而北流注于河，其中多珚玉。

【注释】

①夸父之山：夸父山，在今河南西北部。②棕：棕榈。柟：同"楠"，楠木。③竹箭：小竹。④𰢿（zuó）牛：野牛。𪊨（qián）羊：一种野生的大尾羊。⑤𪅂（bì）：锦鸡。⑥桃林：地名。在今河南灵宝境内的虢略河。⑦湖水：水名。

【译文】

再往西九十里有座山，名叫夸父山。山中的树木多为棕榈和楠木，还长着很低矮的竹丛。山中的野兽多是牦牛和羬羊，鸟类多为红色的锦鸡。山的南面有许多玉石，北面有许多铁。山的北面有一片树林，名叫桃林，这片桃林方圆三百里，林中有许多马。湖水发源于此山，之后向北流入黄河，水中有很多珚玉。

【原文】

5.72　又西九十里，曰阳华之山①，其阳多金玉，其阴多青、雄黄②，其草多藷藇③，多苦辛④，其状如樗⑤，其实如瓜，其味酸甘，食之已疟⑥。杨水出焉⑦，而西南流注于洛⑧。其中多人鱼⑨。门水出焉⑩，而东北流注于河，其中多玄䃸⑪。𦆑姑之水出于其阴⑫，而东流注于门水，其上多铜。门水出于河⑬，七百九十里入洛水。

【注释】

①阳华之山：阳华山，在今陕西洛南县和华山之间。②青：石青。③藷藇（yù）：山药。④苦辛：细辛，草名。⑤樗（xiāo）：同"楸"，楸树。⑥已：治愈。疟：疟疾。⑦杨水：水名。可能为姑之水的支流。⑧洛：洛河。⑨人鱼：指大鲵。⑩门水：今宏农涧，在今河南灵宝市西南。⑪玄䃸（sù）：黑色的磨刀石。⑫𦆑（jí）姑之水：姑水，即今宏农县的右涧。⑬出：一说应作"至"。

【译文】

再往西九十里有座山，名叫阳华山，山的南面有很多金属和玉石，北面有许多石青和雄黄，山中生长的草多为山药，还有许多苦辛，形状与楸木相似，结的果实像瓜，味道酸甜，食用后可治疗疟疾。杨水发源于阳华山，向西南流入洛水，水中有很多娃娃鱼。门水也发源于此山，之后向东北流入黄河，水中有许多黑色的磨石。

缯姑水发源于此山的北面，之后向东流入门水，岸上有许多铜。门水从这里发源后流入黄河，经七百九十里流入洛水。

【原文】

5.73　凡缟羝山之首，自平逢之山至于阳华之山，凡十四山，七百九十里。岳在其中①，以六月祭之，如诸岳之祠法，则天下安宁。

【注释】

①岳：指西岳华山。

【译文】

缟羝山山系，自第一座山平逢山起到阳华山止，共有十四座山，行经七百九十里。西岳华山就在这列山系中。每年的六月要祭祀山神，方法与祭祀其他山岳的山神相同，这样天下就会安宁太平了。

中次七经

【导读】

《中次七经》记录了休与山到大騩山的地理位置和山川风貌。它们大致位于今河南省境内。

这列山中有许多奇草怪兽，如用来制箭的凤条、可疗毒的焉酸、吃了不生瘤子的无条，以及牛伤、嘉荣草等，还有三只脚的龟，舌头反生、尾巴分叉的文文兽栖息在山中。此外，经中还记录了天帝之女死后化身为䔄草、天愚神呼风唤雨的神话故事。

【原文】

5.74　中次七经苦山之首①，曰休与之山②。其上有石焉，名曰帝台之棋③，五色而文，其状如鹑卵④。帝台之石，所以祷百神者也，服之不蛊⑤。有草焉，其状如蓍⑥，赤叶而本丛生⑦，名曰凤条，可以为箭⑧。

【注释】

①苦山：山系名。一说自今河南伊川县绵延至中牟县。②休与之山：休与山。一说在河南灵宝市。③帝台：神名。棋：棋子；棋石。④鹑：鹌鹑。⑤蛊：毒热恶气。⑥蓍（shī）：蓍草，俗名锯齿草、蚰蜒草，古人多用它的茎来占卜。⑦本：草木的根或茎。⑧箭（gǎn）：小竹子，可做箭杆。

【译文】

中央第七列山系苦山山系的首座山，名叫休与山。山上有一种石子，是神仙帝台的棋子，它们五彩斑斓，并带有花纹，形状与鹌鹑蛋相似。是帝台的石头是用来向百神祈祷的，服食它可以不受毒热恶气的侵袭。山上长着一种草，形状像蓍草，叶子是红色的，且茎干丛生，这种草名叫凤条，可以用来制作箭杆。

【原文】

5.75 东三百里，曰鼓钟之山①，帝台之所以觞百神也②。有草焉，方茎而黄华，员叶而三成③，其名曰焉酸④，可以为毒。其上多砺⑤，其下多砥⑥。

【注释】

①鼓钟之山：鼓钟山。一说在今河南嵩县境内。②觞（shāng）：向人敬酒，这里是设酒席招待的意思。③三成：三重（叶子）。成：重叠。④焉酸：草名。一作"乌酸"。⑤砺：粗的磨刀石。⑥砥：细的磨刀石。

【译文】

往东三百里有座山，名叫鼓钟山，这是天神帝台宴请百神的场所。山中有一种草，茎干为方形，开黄色的花朵，叶子呈圆形，有三重，名字叫作焉酸，可用来疗毒。山上有许多粗磨刀石，山下则有许多细磨石。

【原文】

5.76 又东二百里，曰姑媱之山①。帝女死焉，其名曰女尸，化为䔄草②，其叶胥成③，其华黄，其实如菟丘④，服之媚于人。

【注释】

①姑媱（yáo）之山：姑媱山，在今河南西北部。②䔄（yáo）草：草名。一说指香蒲。③胥（xū）成：相互重叠。④菟（tù）丘：即菟丝子。

【译文】

再往东二百里有座山，名叫姑媱山。天帝的女儿就死在这座山上,她名叫女尸,死后化为䔌草,这种草的叶子都是相互重叠的,花朵为黄色,结出的果实与菟丝子的果实相似,服食这种植物会使人变得妩媚而讨人喜爱。

【原文】

5.77 又东二十里,曰苦山①。有兽焉,名曰山膏,其状如逐②,赤若丹火,善訾③。其上有木焉,名曰黄棘,黄华而员叶,其实如兰,服之不字④。有草焉,员叶而无茎,赤华而不实,名曰无条,服之不瘿⑤。

【注释】

①苦山:山名。一说在今河南省伊川县北。②逐:同"豚",小猪,也泛指猪。③訾(lǐ):骂。④字:生育。⑤瘿(yǐng):长在颈上的大瘤子。

【译文】

再往东二十里有座山,名叫苦山。山中有一种野兽,名字叫山膏,它的形状与幼猪相似,周身通红如火,喜欢骂人。山上长着一种树木,名叫黄棘,开黄色的花,叶子圆圆的,结出的果实与兰的果实相像,服食了它就不能生育。山中有一种草,叶子圆圆的,没有茎干,开红色的花,不结果实,名叫无条,服食了它颈部就不会长大瘤子。

【原文】

5.78 又东二十七里,曰堵山①,神天愚居之,是多怪风雨。其上有木焉,名曰天楄②,方茎而葵状,服者不哽③。

【注释】

①堵山:山名。可能是河南洛阳市东南的伏堵岭。②天楄(biān):木名。③(yè):噎食。

【译文】

再往东二十七里有座山,名叫堵山,天愚神就在此居住,山里常常会刮怪风、下怪雨。山上长着一种树,名叫天楄,它的茎干是方形的,形状像葵,服食它就不会噎食。

【原文】

5.79 又东五十二里,曰放皋之山①。明水出焉②,南流注于伊水③,其中多苍玉。有木焉,其叶如槐,黄华而不实,其名曰蒙木,服之不惑。有兽焉,其状如蜂,枝尾而反舌④,善呼,其名曰文文。

【注释】

①放皋之山:放皋山,在今河南伊川县境内。②明水:水名。俗称名水,源出广成泽。③伊水:伊河。④枝尾:尾巴有分叉。反舌:舌头倒生。

【译文】

再往东五十二里有座山,名叫放皋山。明水发源于此山,之后向南流入伊河,水中有许多青玉。山中生长着一种树,它的叶子与槐树叶相似,开黄色的花,不结果实,名叫蒙木,服食了它就不会疑惑。山中有一种野兽,它的形状像蜂,尾巴有分叉,舌头倒生,喜欢呼叫,名字叫文文。

【原文】

5.80 又东五十七里,曰大苦之山①,多㻬琈之玉②,多麋玉③。有草焉,其叶状如榆,方茎而苍伤④,其名曰牛伤⑤,其根苍文,服者不厌⑥,可以御兵⑦。其阳狂水出焉⑧,西南流注于伊水,其中多三足龟,食者无大疾,可以已肿⑨。

【注释】

①大苦（kǔ）之山：今大熊山，在河南登封市境内。②璗（tū）琈（fú）：美玉名。③麋玉：一说"麋"通"眉"，指眉石；一说可能为瑂玉，一种像玉的石头。④苍伤：苍刺，青色的棘刺。⑤牛伤：牛棘。⑥厥：气闭，昏倒。⑦兵：兵器。⑧狂水：水名。可能是今白降河。⑨已：治愈。肿：毒疮。

【译文】

再往东五十七里有座山，名叫大苦山，山中有很多璗琈玉，还有许多麋玉。山中有一种草，叶子似榆树叶，茎是方形的，且长着青色的刺，名叫牛伤，它根上有青色的纹理，服食了它就不会昏厥，还能抵御兵器的伤害。狂水发源于此山的南面，向西南流入伊河，水中有许多三足龟，吃了它的肉就不会生大病，还能治疗毒疮。

【原文】

5.81 又东七十里，曰半石之山①。其上有草焉，生而秀②，其高丈余，赤叶赤华，华而不实，其名曰嘉荣，服之者不畏霆③。来需之水出于其阳④，而西流注于伊水⑤，其中多鲐鱼⑥，黑文，其状如鲋⑦，食者不睡。合水出于其阴⑧，而北流注于洛⑨，多䲜鱼⑩，状如鳜⑪，居逵⑫，苍文赤尾，食者不痈⑬，可以为瘘⑭。

【注释】

①半石之山：半石山，在今河南登封市西。②秀：植物吐穗开花，多指庄稼。③霆：疾雷，霹雳。④来需之水：来需水，在今河南登封市西。⑤伊水：伊河。⑥鲐（lún）鱼：传说中的一种鱼。一说指鳊（biān）鱼。⑦鲋：鲫鱼。⑧合水：水名。在今河南洛阳市东南。⑨洛：洛河。⑩䲜（téng）鱼：瞻星鱼。⑪鳜（guì）：鳜鱼。⑫逵：四通八达的路。这里指水里相互连通的空穴。⑬痈

（yōng）：毒疮。⑭瘘（lòu）：即瘰（luǒ）疬（lì），疾病名，多发生在颈部。

【译文】

再往东七十里有座山，名叫半石山。山上长着一种草，刚长出来就吐穗开花，它高达一丈多，长着红色的叶子，开红色的花，不结果实，这种草名叫嘉荣，人吃了它就不怕雷霆。来需水发源于此山的南面，向西流入伊河，水中有很多䱻鱼，这种鱼身上有黑色的斑纹，形状与鲫鱼相似，吃了它的肉就可以不睡觉。合水发源于这座山的北面，向北流入洛水，水中有许多䲄鱼，形状像鳜鱼，居住在水底相互连通的孔穴中，身上有青色的斑纹，长着红色的尾巴，人吃了它的肉就不会长毒疮，还能治疗瘘疬。

【原文】

5.82　又东五十里，曰少室之山①，百草木成囷②。其上有木焉，其名曰帝休，叶状如杨，其枝五衢③，黄华黑实，服者不怒。其上多玉，其下多铁。休水出焉④，而北流注于洛⑤，其中多䱱鱼⑥，状如盩蜼而长距⑦，足白而对，食者无蛊疾⑧，可以御兵⑨。

【注释】

①少室之山：少室山，在今河南登封市西北，是中岳嵩山中的山。②囷（qūn）：古代一种圆形谷仓。③衢：树枝交错分叉。④休水：水名。发源于少室山北麓，注入洛河。⑤洛：洛河。⑥䱱（tí）鱼：鲇鱼的别名。⑦盩（zhōu）蜼（wèi）：一种形似猕猴的动物。距：雄鸡爪后面突出像脚趾的部分。⑧蛊：毒热恶气。⑨兵：兵器。

【译文】

再往东五十里有座山，名叫少室山。山中各种草木繁密茂盛，像圆形的谷仓。山上长着一种树,名叫帝休,叶子形状与杨树叶相似,树枝交错伸展,开黄色的花,结黑色的果实,吃了它的果实就不会发怒。山上有很多玉,山下有很多铁。休水发源于此山,之后向北流入洛水,水中有很多鲐鱼,形状与猕猴相似,长着像公鸡一样长长的足爪、白色的脚,脚趾相对,吃了它的肉就能不受毒热恶气的侵袭,还能抵御兵器的伤害。

【原文】

5.83 又东三十里,曰泰室之山①。其上有木焉,叶状如梨而赤理,其名曰栯木②,服者不妒。有草焉,其状如苽③,白华黑实,泽如蘡薁④,其名曰䔄草,服之不昧⑤。上多美石。

【注释】

①泰室之山:太室山,在今河南登封市。②栯(yù):木名。一说指郁李,又称白棣(dì)。③苽(zhú):术属植物白术、苍术等的泛称。④蘡(yīng)薁(yù):山葡萄。⑤昧:昏暗,引申为眼目不明。一作"眯(mì)",梦魇。

【译文】

再往东三十里有座山,名叫泰室山。山上生长着一种树,树叶的形状与梨树叶相似,有红色的纹理,这种树名叫栯木,人吃了它就不会嫉妒。山中长着一种草,形状与苽相似,开白色的花,结黑色的果实,果实有光泽,如野葡萄一般,这种草名叫䔄草,人吃了它就能明目。山上有许多美丽的石头。

【原文】

5.84 又北三十里,曰讲山①,其上多玉,多柘②,多柏。有木焉,名曰帝屋,叶状如椒③,反伤④赤实,可以御凶。

【注释】

①讲山：山名。在今河南西北部。②柘（zhè）：柘树。③椒：这里指胡椒或花椒。④反伤：倒长着刺。

【译文】

再往北三十里有座山，名叫讲山，山上有很多玉，还长着很多柘树和柏树。山中长着一种树，名叫帝屋，叶子形状与椒叶相似，长有倒刺，结红色的果实，它可以用来防御凶险。

【原文】

5.85　又北三十里，曰婴梁之山①，上多苍玉，錞于玄石②。

【注释】

①婴梁之山：婴梁山，在今河南巩义市。②（chún）：这里指依附。玄：黑色。

【译文】

再往北三十里有座山，名叫婴梁山。山上面有很多青玉，这种玉附着在黑色的石头上。

【原文】

5.86　又东三十里，曰浮戏之山①。有木焉，叶状如樗而赤实②，名曰亢木，食之不蛊③。汜水出焉④，而北流注于河。其东有谷，因名曰蛇谷，上多少辛⑤。

【注释】

①浮戏之山：浮戏山。一说在今河南巩义市。②樗（chū）：臭椿树。③蛊：毒热恶气。④汜（sì）水：发源于今河南巩义市东南，向北流经河南荥（xíng）阳市汜水镇，注入黄河。⑤少辛：细辛。

【译文】

再往东三十里有座山,名叫浮戏山。山中长着一种树,树叶形状与臭椿树的叶子相似,果实是红色的,名叫亢木,吃了它就能免受毒热恶气的侵袭。汜水发源于此山,之后向北流入黄河。山的东面有一条山谷,因为谷中多蛇,所以取名为蛇谷,谷的上面生长着许多细辛。

【原文】

5.87 又东四十里,曰少陉之山①。有草焉,名曰䓇草②,叶状如葵,而赤茎白华,实如蘡薁③,食之不愚。器难之水出焉④,而北流注于役水⑤。

【注释】

①少陉(xíng)之山:今少陉山,在河南荥阳市。②䓇(gāng)草:草名。一说草生长在水田中,苗似小麦,但体形比小麦更小。③蘡(yīng)薁(yù):山葡萄。④器难之水:器难水,在今河南荥阳市。⑤役水:今河南索河。

【译文】

再往东四十里有座山,名叫少陉山。山中长有一种草,名叫䓇草,这种草的叶子与葵的叶子相似,茎干是红色的,开白色的花,结出的果实与野葡萄相似,吃了它就会使人变得聪明。器难水发源于此山,之后向北流入役水。

【原文】

5.88 又东南十里,曰太山①。有草焉,名曰梨②,其叶状如萩而赤华③,可以已疽④。太水出于其阳⑤,而东南流注于役水⑥;承水出于其阴⑦,而东北流注于役水。

【注释】

①太山:山名。在今河南北部。②梨:此处梨为一种草。③萩

（qiū）：一种蒿类植物，像艾蒿多分权。④已：治愈。疽（jū）：一种毒疮。⑤太水：水名。为索河东南的支流。⑥役水：今河南索河。⑦承水：水名。为索河西北石坡口的支流。

【译文】

再向东南十里有座山，名叫太山。山中长着一种草，名叫梨，它叶子的形状与荻叶相似，开红色的花，可以治疗痈疽。太水发源于这座山的南面，之后向东南流入役水；承水发源于这座山的北面，之后向东北流入役水。

【原文】

5.89 又东二十里，曰末山①，上多赤金。末水出焉，北流注于役水。

【注释】

①末山：山名。可能在河南新密市西南。

【译文】

再往东二十里有座山，名叫末山，山上有很多赤金。末水发源于此山，之后向北流入役水。

【原文】

5.90 又东二十五里，曰役山①，上多白金，多铁。役水出焉，北注于河。

【注释】

①役山：山名。一说在今河南中牟县；一说在今河南新密市。

【译文】

再往东二十五里有座山，名叫役山，山上有很多白金，还有很多铁。役水发源于役山，之后向北流入黄河。

【原文】

5.91 又东三十五里，曰敏山①。上有木焉，其状如荆，白华而赤实，名曰蓟柏②，服者不寒。其阳多㻬琈之玉。

【注释】

①敏山：山名。即今河南新郑市的梅山。②蓟（jì）柏："蓟"通"蓟"。蓟柏，也叫翠柏，丛生灌木，叶子多为鳞片状，果实球形、红褐色。

【译文】

再往东三十五里有座山，名叫敏山。山上有一种树，树的形状与荆相似，开白色的花，结红色的果实，这种树名叫蓟柏，吃了它的果实就不怕寒冷。山的南面有很多㻬琈玉。

【原文】

5.92 又东三十里，曰大騩之山①，其阴多铁、美玉、青垩②。有草焉，其状如蓍而毛③，青华而白实，其名曰䔄④，服之不夭，可以为腹病。

【注释】

①大騩（guī）之山：大騩山。在今河南新密市。②垩（è）：可用来涂饰的有色土。③蓍（shī）：蓍草，古人多用它的茎来占卜。④䔄（hěn）：草名。

【译文】

再往东三十里有座山，名叫大騩山，山的北面有很多铁、美玉和青垩。山中生有一种草，它的形状与蓍草相似，叶子上有毛，开青色的花，结白色的果实，它的名字叫䔄，人吃了它就不会夭折而亡，还可以治疗腹部的疾病。

【原文】

5.93　凡苦山之首，自休与之山至于大騩之山，凡十有九山，千一百八十四里。其十六神者，皆豕身而人面①。其祠：毛牷用一羊羞②，婴用一藻玉瘗③。苦山、少室、太室皆冢也④。其祠之：太牢之具⑤，婴以吉玉⑥。其神状皆人面而三首，其余属皆豕身人面也。

【注释】

①豕（shǐ）：猪。②毛牷：带毛的纯色的全牲。牷（quán）：纯色的全牲。羞：进献食品。这里指贡献的祀品。③婴：颈上的饰物。藻玉：有彩纹的玉。瘗（yì）：埋葬。④冢：大。这里指大的山神。⑤太牢：古代祭祀，牛、羊、猪三牲齐备谓之太牢。⑥吉玉：彩色的玉。

【译文】

总计苦山开始，从休与山起到大騩山止，共有十九座山，行经一千一百八十四里。其中有十六座山的山神均是猪身人面。祭祀这些山神的仪式为：用一只纯色的羊作为毛物献祭，用一块带有彩色花纹的玉作为悬挂在山神颈部的饰物，将其埋入地下。苦山、少室山、太室山均是大的山神的居住之所。祭祀这三座山的山神的仪式为：用牛、羊、猪三牲齐备的太牢之礼，以彩色的玉作为悬挂在山神颈部的饰物。这三位山神都长着人一样的脸，有三个脑袋，其余十六位山神皆是猪身人面。

中次八经

【导读】

《中次八经》中记载了景山至琴鼓山共计二十三座山的地理位置和山川风貌。这些山大致位于今湖北和安徽境内。

这列山系物产丰富,盛产黄金、玉石、铁、青䨼、垩土、白珉等矿物,还栖息着许多野兽,如牦牛、虎豹、㢮、麋、麇、麂、兕、牛等,还生长着各种植物。经中详细描述了蠱围、计蒙、涉蠱三位神的相貌。

【原文】

5.94 中次八经荆山之首①,曰景山②,其上多金玉,其木多杼檀③。雎水出焉④,东南流注于江⑤,其中多丹粟⑥,多文鱼⑦。

【注释】

①荆山:山系名。在今湖北北部。②景山:山名。一说即今湖北房县的聚龙山;一说即今湖北保康县的往佛山。③杼(shù):栎木。檀:檀树。④雎(jū)水:沮水,发源于今湖北保康县。⑤江:指长江。⑥丹粟:丹砂。⑦文鱼:石斑鱼。

【译文】

中次八经荆山山系中的首座山,名叫景山,山上有很多金和玉,山中的树木多为栎树和檀树。雎水发源于此山,之后向东南注入长江,水中有很多粟米粒大小的丹沙,还有许多石斑鱼。

【原文】

5.95 东北百里,曰荆山①,其阴多铁,其阳多赤金,其中多㸲牛，多豹虎，其木多松柏，多橘櫾②，其草多竹。漳水出焉③，而东南流注于雎④，其中多黄金，多鲛鱼⑤。其兽多闾麋⑥。

【注释】

①荆山：山名。在今湖北南漳县西。②櫾（yòu）：同"柚"。③漳水：水名。发源于荆山，向东注入沮水。④雎：沮水，发源于今湖北保康县。⑤鲛（jiāo）鱼：鲨鱼。⑥闾（lú）：兽名。一说即羭（yú），指黑色的母羊。麋：麋鹿。

【译文】

再往东北一百里有座山，名叫荆山，山的北边盛产铁，南边盛产黄金，山中有很多㸲牛，还有大量虎豹，山中生长的树木多为松树和柏树，以及许多橘树和柚树，还有很多低矮茂密的竹丛。漳水发源于此山，之后向东南流入雎水，水中有很多黄金，还有很多鲛鱼。山中的野兽多为闾和麋鹿。

【原文】

5.96　又东北百五十里，曰骄山①，其上多玉，其下多青䨼②，其木多松柏，多桃枝钩端③。神蠪围处之④，其状如人而羊角虎爪，恒游于雎漳之渊⑤，出入有光。

【注释】

①骄山：山名。在今湖北境内。②青䨼（huò）：青色的可做颜料的矿物。③桃枝：矮竹。钩端：刺竹。④蠪（tuó）围：传说中的神名。⑤漳：漳水。

【译文】

再向东北一百五十里有座山，名叫骄山，山上有很多玉，山下有许多青䨼，山中的树木多为松树和柏树，还长着许多桃枝和钩端。

名叫蠱围的神就住在此山中，它的模样是人的面孔，头上的角像羊角，爪子跟虎爪相似，常常在雎水和漳水的深潭中巡游，出入时身上闪闪发光。

【原文】

5.97　又东北百二十里，曰女几之山①，其上多玉，其下多黄金，其兽多豹虎，多闾、麋、麖、麂②，其鸟多白鷮③，多翟④，多鸩⑤。

【注释】

①女几之山：女几山，在今湖北荆门市西北。②闾（lú）：兽名。一说指山驴。麖（jīng）：水鹿。麂（jǐ）：一种小型鹿，善跳跃。③白鷮（jiāo）：雉，鷮雉的一种。④翟（dí）：长尾的野鸡。⑤鸩（zhèn）：传说中的一种毒鸟。

【译文】

再往东北一百二十里有座山，名叫女几山，山上有很多玉石，山下有很多黄金，山中的野兽多为豹子和老虎，还有许多山驴、麋鹿、麖、麂，鸟类多为白鷮、长尾的野鸡和鸩鸟。

【原文】

5.98　又东北二百里，曰宜诸之山①，其上多金玉，其下多青䨼②。洈水出焉③，而南流注于漳④，其中多白玉。

【注释】

①宜诸之山：宜诸山，在今湖北当阳县境内。②青䨼（huò）：青色的可做颜料的矿物。③洈（wéi）水：水名。在今湖北境内。④漳：漳水。

【译文】

再往东北二百里有座山，名叫宜诸山。山上有许多金属和玉石，山下则有很多青雘。滮水发源于此山，之后向南流入漳水，水中有许多白玉。

【原文】

5.99　又东北三百五十里，曰纶山①，其木多梓楠②，多桃枝③，多柤、栗、橘、櫾④，其兽多闾、麈、麢、㚟⑤。

【注释】

①纶山：山名。今湖北大洪山。②梓：梓树。楠：同"楠"，楠木。③桃枝：矮竹。④柤（zhā）：同"楂"，指山楂。櫾（yòu）：同"柚"。⑤闾（lǘ）：兽名。一说指山驴。麈（zhǔ）：鹿一类的动物。㚟（chuò）：兽名。一说指雪豹。

【译文】

再往东北二百里有座山，名叫纶山，山中生长的树多为梓树和楠木，也有许多桃枝，还有很多山楂、栗树、橘树、柚树，山中的野兽多是山驴、麈、麢和㚟。

【原文】

5.100　又东二百里，曰陆䣛之山①，其上多琈瑰之玉②，其下多垩③，其木多杻橿④。

【注释】

①陆䣛（guǐ）之山：陆䣛山，山名。今湖北孝感市的大悟山。②琈（tū）瑰（fú）：美玉名。③垩（è）：可用来涂饰的有色土。④杻（niǔ）：檍树。橿（jiāng）：木名。古时用作造车的材料。

【译文】

再往东二百里有座山，名叫陆䣛山，山上有许多琈瑰玉，山下有许多可做涂料的有色垩土，山中的树木多为杻树和橿树。

【原文】

5.101 又东百三十里,曰光山①,其上多碧②,其下多水。神计蒙处之,其状人身而龙首,恒游于漳渊③,出入必有飘风暴雨④。

【注释】

①光山:山名。在今河南光山县。②碧:青绿色的玉石。③漳:漳水。④飘风:旋风,暴风。

【译文】

再往东一百三十里有座山,名叫光山,山上盛产碧玉,山下流水众多。有位名叫计蒙的神就居住在这里,他的形状为人身龙首,经常在漳水的深潭中巡游,出入时一定会伴有旋风和暴雨。

【原文】

5.102 又东百五十里,曰岐山①,其阳多赤金,其阴多白珉②,其上多金玉,其下多青雘③,其木多樗④。神涉鼍处之⑤,其状人身而方面三足。

【注释】

①岐山:山名。一说为湖北红安县境内的天台山;一说在安徽境内。②珉(mín):一种像玉的美石。③青雘(huò):青色的可做颜料的矿物。④樗(chū):臭椿树。⑤涉鼍(tuó):神名。

【译文】

再往东一百五十里有座山,名叫岐山。山的南面有很多赤金,北面有许多似玉的白色珉石,山上有许多金属和玉石,山下有许多青雘,山中生长的树木多为臭椿树。有个名叫涉鼍的神就住在这座山上,这位神长着人的身子,脸部为方形,有三只脚。

【原文】

5.103 又东百三十里，曰铜山①，其上多金、银、铁，其木多榖、柞、柤、栗、橘、櫾②，其兽多㸸③。

【注释】

①铜山：山名。即石门山。②榖（gǔ）：构树。柞（zuò）：柞树。柤：同"楂"，指山楂。櫾：同"柚"。③㸸（zhuó）：传说中的一种兽。一说即豹。

【译文】

再往东一百三十里有座山，名叫铜山，山上有很多金、银、铁，山中生长的树木多为构树、柞树、山楂树、栗树、橘树、柚树，山中的野兽多是㸸。

【原文】

5.104 又东北一百里，曰美山①，其兽多兕牛②，多闾、麈，多豕、鹿，其上多金，其下多青雘。

【注释】

①美山：山名。一说为大别山中的大同尖山；一说在安徽境内。②兕：犀牛一类的兽。

【译文】

再往东北一百里有座山，名叫美山。山中野兽多为兕和野牛，也有很多山驴和驼鹿，多野猪和鹿，山上有许多金属矿物，山下有很多青雘。

【原文】

5.105 又东北百里，曰大尧之山①，其木多松柏，多梓桑②，多机③；其草多竹；其兽多豹、虎、麢、臭④。

【注释】

①大尧之山：大尧山，即今安徽省西部的天柱山。②梓：梓树。③机：机木。④㚟（chuò）：兽名。一说指雪豹。

【译文】

再往东北一百里有座山，名叫大尧山，山中生长的树木多为松柏、梓树、桑树和机木；草类多为低矮丛生的小竹子居多；山中的野兽多为豹、虎、麢和㚟。

【原文】

5.106　又东北三百里，曰灵山①，其上多金玉，其下多青雘，其木多桃、李、梅、杏。

【注释】

①灵山：山名。一说在今湖北境内；一说在今安徽境内。

【译文】

再往东北三百里有座山，名叫灵山，山上有很多金属和玉石，山下有很多青雘，山中生长的树木多是桃树、李树、梅树和杏树。

【原文】

5.107　又东北七十里，曰龙山①，上多寓木②，其上多碧③，其下多赤锡④，其草多桃枝钩端⑤。

【注释】

①龙山：山名。在今安徽境内。②寓木：即寄生树，寄生在树木上的植物。③碧：青绿色的玉石。④赤锡：一说应作"赤铜"，因为没有红色的锡。⑤桃枝：矮竹。钩端：刺竹。

【译文】

再往东北七十里有座山，名叫龙山，山上有许多寄生树，还有许多碧玉，山下有许多赤锡，山中的草类多为桃枝、钩端。

【原文】

5.108　又东南五十里，曰衡山①，上多寓木、榖、柞②，多黄垩、白垩③。

【注释】

①衡山：山名。在今安徽境内。②榖（gǔ）：构树。柞（zuò）：柞树。③垩（è）：可用来涂饰的有色土。

【译文】

再往东南五十里有座山，名叫衡山，山上有许多寄生在别的树上的树，以及构树和柞树，还有很多可做涂料的黄垩和白垩。

【原文】

5.109　又东南七十里，曰石山①，其上多金，其下多青䨼，多寓木。

【注释】

①石山：山名。在今安徽境内。

【译文】

再往东南七十里有座山，名叫石山，山上有很多金，山下有很多可做颜料的青色矿物，还生长着许多寄生树。

【原文】

5.110　又南百二十里，曰若山①，其上多㻬琈之玉②，多赭③，多封石④，多寓木，多柘⑤。

【注释】

①若山：山名。即今安徽省青阳县的九华山。②㻬（tū）琈

（fú）：美玉名。③赭（zhě）：红土。④封石：一种可作药用的矿物，味甜无毒。⑤柘（zhè）：柘树。

【译文】

再向南一百二十里有座山，名叫若山，山上有许多琈玉，也有许多红土，还有许多封石，山中生长着很多寄生树，也有很多柘树。

【原文】

5.111　又东南一百二十里，曰鳷山①，多美石，多柘。

【注释】

①鳷山：山名。即今安徽黄山。

【译文】

再往东南一百二十里有座山，名叫鳷山，山中有许多美丽的石头，有许多柘树。

【原文】

5.112　又东南一百五十里，曰玉山①，其上多金玉，其下多碧铁②，其木多柏。

【注释】

①玉山：山名。在今安徽绩溪县东。②碧：青绿色的玉石。

【译文】

再往东南一百五十里有座山，名叫玉山，山上有许多金属和玉石，山下有许多青绿色的玉石和铁，山中生长的树多为柏树。

【原文】

5.113　又东南七十里，曰谨山①，其木多檀②，多封石，多白锡。郁水出于其上③,潜于其下,其中多砥砺④。

【注释】

①谨(huān)山:山名。即今浙江湖田山。②檀:檀树。③郁水:水名。今浙江的新安江。④砥砺:磨刀石。

【译文】

再往东南七十里有座山,名叫谨山,山中生长的树多为檀树,山里还有许多封石和白色的锡土。郁水发源于此山的上面,在山下潜流,水中有许多磨石。

【原文】

5.114 又东北百五十里,曰仁举之山①,其木多榖柞②,其阳多赤金,其阴多赭③。

【注释】

①仁举之山:仁举山,在今安徽省绩溪县。②榖(gǔ):构树。柞(zuò):柞树。③赭(zhě):红土。

【译文】

再往东北一百五十里有座山,名叫仁举山,山中的树木多是构树和柞树,山的南面有许多赤金,北面有许多赭石。

【原文】

5.115 又东五十里,曰师每之山①,其阳多砥砺,其阴多青䨼②。其木多柏,多檀③,多柘④;其草多竹⑤。

【注释】

①师每之山:师每山,在今安徽省境内。②青䨼(huò):青色的可做颜料的矿物。③檀:檀树。④柘(zhè):柘树。⑤竹:这里指篇竹。

【译文】

再往东五十里有座山,名叫师每山,山的南面有许多磨石,北面有许多青䨼。山中的树木多为柏树、檀树、柘树,低矮的灌草多是丛生的小竹。

【原文】

5.116 又东南二百里,曰琴鼓之山①,其木多榖、柞、椒、柘②;其上多白珉③,其下多洗石④;其兽多豕、鹿⑤,多白犀;其鸟多鸩⑥。

【注释】

①琴鼓之山:琴鼓山。一说在今浙江境内;一说在今安徽境内。②榖(gǔ):构树。柞(zuò):柞树。椒:这里指胡椒或花椒。③珉:像玉的美石。④洗石:含碱之石,能溶解污垢。⑤豕(shǐ):猪。⑥鸩:传说中的一种毒鸟。

【译文】

再往东南二百里有座山,名叫琴鼓山,山中的树木多为构树、柞树、椒树和柘树;山上有许多白色的珉石,山下有许多洗石;山中的野兽多为野猪、鹿、白色的犀牛;鸟类多为鸩鸟。

【原文】

5.117 凡荆山之首,自景山至琴鼓之山,凡二十三山,二千八百九十里。其神状皆鸟身而人面。其祠:用一雄鸡祈瘗①,婴用一藻圭②,糈用稌③。骄山,冢也④。其祠:用羞酒少牢祈瘗⑤,婴用一璧⑥。

【注释】

①祈:向神求福。瘗(yì):埋葬。②藻圭:有彩纹的圭玉。③糈(xǔ):祭神用的精米。稌(tú):稻子,特指糯稻。④冢:

大。这里指大的山神。⑤羞：进献食品。这里指贡献祭品。少牢：古代祭祀用羊和猪作为祭品称少牢。⑥婴：颈上的饰物。璧：平圆形中间有孔的玉。

【译文】

荆山山系，自山景山起到琴鼓山止，共有二十三座山，距离为二千八百九十里。这些山的山神的形状皆是鸟身人面。祭祀山神的仪式为：以一只雄鸡作为祭品，祈祷完毕后埋入地下，用一块带彩色花纹的圭，祭神时的精米要用糯米。骄山，是大的山神居住之地。祭祀该山神的仪式为：以酒、猪、羊为祭品，祈祷后埋入地下，以一块璧作为饰物悬挂在山神的颈部。

中次九经

【导读】

《中次九经》记述了从女几山到贾超山共计十六座山的地理位置和山川风貌。他们大致分布在今四川、重庆、湖北一带。

这列山系中草木繁盛，而怪异的鸟兽罕见，多是猪、鹿、羚羊之类的寻常兽类。出产的矿物多为铁和白金。

【原文】

5.118 中次九经岷山之首①，曰女几之山②，其上多石涅③，其木多杻、橿④，其草多菊茶⑤。洛水出焉⑥，东注于江。其中多雄黄，其兽多虎豹。

【注释】

①岷山：山系名。位于甘肃省西南、四川省北部，为西北——东南走向。②女几之山：女几山。可能为今四川什邡（fāng）市的九顶山。③石涅：石墨。④杻（niǔ）：檍树。橿（jiāng）：木名。古时用作造车的材料。⑤茶：术属植物如白术、苍术等的泛称。⑥洛水：水名。可能为四川沱江的源头之一石亭江。

【译文】

中央第九列山系是岷山山系，它的第一座山叫女几山，山上有许多石墨，山中的树木多为杻树、橿树，草类多为菊、茶草。洛水发源于此山，向东流入长江。山中有许多雄黄，兽类多是虎和豹。

【原文】

5.119 又东北三百里，曰岷山①。江水出焉②，东北流注于海，其中多良龟③，多鼍④。其上多金玉，其下多白珉⑤。

其木多梅棠⑥，其兽多犀象，多夔牛，其鸟多翰鷩⑦。

【注释】

①岷山：山名。在今四川松潘县北。②江水：指长江。③良龟：品种优良的龟。④鼍（tuó）：扬子鳄。⑤珉：像玉的石。⑥棠：棠梨。⑦翰：白翰，白雉。鷩（bì）：锦鸡。

【译文】

再往东北三百里有座山，名叫岷山。长江发源于此，之后向东北流入大海，水中有很多品种优良的龟，还有许多扬子鳄。山上有许多金属和玉石，山下有许多白色的珉石。山中的树木多为梅树和棠树，兽类多是犀牛、象、夔牛，鸟类多是翰鸟和鸟。

【原文】

5.120　又东北一百四十里，曰崃山①。江水出焉②，东流注于大江③。其阳多黄金，其阴多麋麈④，其木多檀柘⑤，其草多薤韭⑥，多药⑦、空夺⑧。

【注释】

①崃（lái）山：即今邛（qióng）崃山。②江水：这里指长江的支流。③大江：指长江。④麈（zhǔ）：鹿一类的动物。⑤檀：檀树。柘（zhè）：柘树。⑥薤（xiè）：同"薤"。⑦药：即白芷。⑧空夺：一说指寇脱；一说指蛇蜕。

【译文】

再往东北一百四十里有座山，名叫崃山。江水发源于此，之后向东流入长江。山的南面有许多黄金，北面有许多麋鹿和麈。山中的树多为檀树、柘树，草类多是薤、韭菜、白芷和寇脱。

【原文】

5.121　又东一百五十里，曰崌山①。江水出焉②，东流注于大江③,其中多怪蛇,多鳖鱼④。其木多楢杻⑤,多梅梓⑥,其兽多夔牛、羬、奥、犀、兕⑦。有鸟焉,状如鸮而赤身白首⑧,其名曰窃脂,可以御火。

【注释】

①崌(jū)山:山名。在今西川西部,邛(qióng)崃山以东。②江水:这里指长江的支流。③大江:指长江。④鳖(zhì)鱼:鱼名,一说指鲫鱼。⑤楢(yóu):木名。材料刚硬,可以用来制造车子。杻(niǔ):檍树。⑥梓:梓树。⑦奥(chuò):兽名,一说指雪豹。兕:一种类似犀牛的动物。⑧鸮(xiāo):猫头鹰一类的鸟。

【译文】

再往东一百五十里有座山,名叫崌山。江水发源于此,向东流入长江,水中有许多怪蛇,也有许多鳖鱼。山中的树木多是楢树、杻树、梅树和梓树,野兽多是夔牛、羬、奥、犀牛、兕。山中有一种鸟,形状与猫头鹰相似,身子是红色的,脑袋是白色的,这种鸟名叫窃脂,可以用来防御火灾。

【原文】

5.122 又东三百里,曰高粱之山①,其上多垩②,其下多砥砺③,其木多桃枝、钩端④。有草焉,状如葵而赤华、荚实、白柎⑤,可以走马⑥。

【注释】

①高粱之山:今四川大剑山。②垩(è):可用来涂饰的有色土。③砥砺:磨刀石。④桃枝:矮竹。钩端:刺竹。⑤荚:豆科植物的长形果实,亦指狭长无隔膜的其他草木的果实。柎(fù):花萼,花瓣外部的一圈叶状绿色小片。⑥走马:使马跑得快。

【译文】

再往东三百里有座山,名叫高梁山,山上出产大量垩土,山下有许多磨刀石,山里的树木多是桃枝和钩端。山中有一种草,形状与葵相似,开红色的花,结荚果,长着白色的花萼,可使马儿跑得快。

【原文】

5.123 又东四百里,曰蛇山①,其上多黄金,其下多垩②,其木多枸③,多豫章④,其草多嘉荣、少辛⑤。有兽焉,其状如狐,而白尾长耳,名𤝸狼⑥,见则国内有兵。

【注释】

①蛇山:山名。可能是四川江水县的光雾山。②垩(è):可用来涂饰的有色土。③枸(xún):枸子木,叶子卵形,果实球形,多为红色。④豫章:樟树。⑤少辛:细辛。⑥𤝸(yǐ)狼:传说中的一种兽。一说指狼的一种。

【译文】

再往东四百里有座山,名叫蛇山,山上有许多黄金,山下垩土产量丰富,山中的树木多为枸树、樟树,草类多为嘉荣、细辛。山中有一种兽,它的形状与狐狸相似,尾巴是白色的,耳朵长长的,这种兽名叫𤝸狼,它只要一出现,国内就会爆发战争。

【原文】

5.124 又东五百里,曰鬲山①,其阳多金,其阴多白珉②。蒲鸏之水出焉③,而东流注于江,其中多白玉。其兽多犀、象、熊、罴④,多猿、蜼⑤。

【注释】

①鬲(gé)山:山名。可能为重庆开县与宣汉县的界山观面

山。②珉：像玉的美石。③蒲鸏（hōng）之水：蒲鸏水，水名，观面山附近临江的小河。④罴（pí）：棕熊。⑤蜼（wèi）：一种长尾猿。

【译文】

再往东五百里有座山，名叫鬲山，山的南面有很多金，北面有许多似玉的白石。蒲鸏水发源于此山，之后向东流入长江，水中有许多白玉。山中的野兽多是犀牛、象、熊和罴，山中有许多猿和长尾猿。

【原文】

5.125　又东北三百里，曰隅阳之山①，其上多金玉，其下多青䨼②，其木多梓桑③，其草多茈④。徐之水出焉⑤，东流注于江，其中多丹粟⑥。

【注释】

①隅阳之山：隅阳山，在今重庆市东北部云阳县境内。②青䨼（huò）：青色的可做颜料的矿物。③梓：梓树。④茈（zǐ）：紫草。⑤徐之水：徐水，可能为长滩河。⑥丹粟：丹砂。

【译文】

再往东北三百里有座山，名叫隅阳山，山上有许多金属和玉石，山下有许多青䨼，山中的树木多是梓树、桑树，草类多是紫草。徐水发源于此山，向东流入长江，水中有许多丹砂。

【原文】

5.126　又东二百五十里，曰岐山①，其上多白金，其下多铁，其木多梅梓，多杻楢②。减水出焉③，东南流注于江。

【注释】

①岐山：山名，今重庆奉节县横段山。②杻（niǔ）：檍树。楢

（yóu）：木名，木质刚硬，可以用来造车。③减水：水名。重庆巫溪县分水河。

【译文】

再往东二百五十里有座山，名叫岐山，山上有许多白金，山下有许多铁，山中的树木多是梅树、梓树、杻树、楢树。减水发源于此，之后向东南流入长江。

【原文】

5.127　又东三百里，曰勾㮌之山①，其上多玉，其下多黄金，其木多栎柘②，其草多芍药。

【注释】

①勾㮌（mí）之山：勾㮌山，今重庆奉节县白帝山。②栎（lì）：栎树。柘（zhè）：柘树。

【译文】

再往东三百里有座山，名叫勾㮌山，山上有许多玉，山下有许多黄金，山里的树木多是栎树和柘树，草类多是芍药。

【原文】

5.128　又东一百五十里，曰风雨之山①，其上多白金，其下多石涅②，其木多椒、樿③，多杨。宣余之水出焉④，东流注于江，其中多蛇。其兽多闾、麋、麈⑤，多豹、虎，其鸟多白鹢⑥。

【注释】

①风雨之山：风雨山，今重庆巫山。②石涅：即石墨。③椒（zōu）：木名。樿（shàn）：白理木，木纹洁白。④宣余之水：宣余水，可能为今重庆巫山县的大宁河。⑤闾（lú）：兽名。麈（zhǔ）：鹿一类的动物。⑥鹢（jiāo）：雉。

【译文】

再往东一百五十里有座山,名叫风雨山,山上有许多白金,山下有许多石墨,山中的树木多是椆树、椵树,也有许多杨树。宣余水发源于此山,之后向东流入长江,水中有很多水蛇。山中的兽类多是闾、麋鹿、麈,也有很多豹、虎,鸟类多是白鷮。

【原文】

5.129　又东北二百里,曰玉山①,其阳多铜,其阴多赤金,其木多豫章、楢、杻②,其兽多豖、鹿、麖、臭③,其鸟多鸩④。

【注释】

①玉山:山名。今重庆巫溪县凤凰岭。②豫章:樟树。楢(yóu):木名。③豖(shǐ):猪。臭(chuò):兽名。④鸩(zhèn):传说中的一种毒鸟。

【译文】

再往东二百里有座山,名叫玉山,山的南面有许多铜,北面有许多赤金,山中的树木多是樟树、楢树和杻树,兽类多为猪、鹿、麖和臭,鸟类多是鸩鸟。

【原文】

5.130　又东一百五十里,曰熊山①。有穴焉,熊之穴,恒出神人,夏启而冬闭。是穴也,冬启乃必有兵。其上多白玉,其下多白金。其木多樗、柳②,其草多寇脱③。

【注释】

①熊山:山名。今湖北巴东县珍珠岭。②樗(chū):臭椿树。③寇脱:通脱木的别名,俗称通草。

【译文】

再往东一百五十里有座山,名叫熊山。山中有一洞穴,是熊的居住之所,经常有神人出入,这个洞夏天开启,冬天关闭。这个洞如果在冬天开启,就一定会有战争发生。山上有许多白玉,山下有许多白金。山中生长的树多是臭椿树和柳树,草类多是通草。

【原文】

5.131 又东一百四十里,曰騩山①,其阳多美玉、赤金,其阴多铁,其木多桃枝、荆、芑②。

【注释】

①騩山:山名。今湖北秭归县将军山。②桃枝:矮竹。芑:枸杞树。

【译文】

再往东一百四十里有座山,名叫騩山,山的南面有许多美玉和赤金,北面有许多铁,山中生长的树木多为桃枝、荆以及枸杞树。

【原文】

5.132 又东二百里,曰葛山①,其上多赤金,其下多瑊石②,其木多柤、栗、橘、櫾、楷、杻③,其兽多麢、臭,其草多嘉荣。

【注释】

①葛山:山名。在今湖北兴山县。②瑊(jiān)石:似玉的美石。③柤(zhā):同"楂",指山楂。櫾(yòu):同"柚"。

【译文】

再往东二百里有座山,名叫葛山,山上有许多赤金,山下有许多瑊石,山中的树木多是柤树、栗子树、橘子树、柚子树、楷树、杻树，兽类多为羚羊、㚟，草类多为嘉荣。

【原文】

5.133　又东一百七十里，曰贾超之山①，其阳多黄垩②，其阴多美赭③，其木多柤、栗、橘、櫾，其中多龙脩④。

【注释】

①贾超之山：贾超山，在今湖北远安县。②垩(è)：可用来涂饰的有色土。③赭(zhě)：红土。④龙脩：龙须草。

【译文】

再往东一百七十里有座山，名叫贾超山，山的南面出产大量的黄色垩土，北面有许多优质的赭石，山中的树木多为柤树、栗子树、橘子树和柚子树，山中还长着许多龙须草。

【原文】

5.134　凡岷山之首，自女几山至于贾超之山，凡十六山，三千五百里。其神状皆马身而龙首。其祠：毛用一雄鸡瘗①，糈用稌②。文山、勾㳙、风雨、骐山③，是皆冢也④。其祠之：羞酒⑤，少牢具⑥，婴用一吉玉⑦。熊山，席也⑧。其祠：羞酒，太牢具⑨，婴用一璧⑩。干儛⑪，用兵以禳⑫；祈⑬，璆冕舞⑭。

【注释】

①毛：祭祀用的带毛的动物。瘗(yì)：埋葬。②糈(xǔ)：祭神用的精米。稌(tú)：稻子，特指糯稻。③文山：岷山。④冢：大。这里指大的山神。⑤羞：进献食品。这里是贡献祭品的意思。⑥少牢：古代祭祀用羊和猪做祭品，称少牢。⑦婴：颈上的饰物。吉玉：彩色的玉。⑧席：一说应作"帝"，这里是首领的意思。⑨太牢：古代祭祀，牛、羊、猪三牲俱备谓之太牢。⑩璧：平圆

形、中间有孔的玉。⑪干:盾牌。儛:跳舞。⑫禳(ráng):祈祷消除灾殃。⑬祈:向神求福。⑭璆(qiú):同"球",美玉。冕:是古代帝王、诸侯及卿大夫的礼帽。这里泛指礼帽。

【译文】

岷山山系,自女几山起到贾超山止,总共有十六座山,距离为三千五百里。这些山神的形状都是马身龙头。祭祀这些山神的方法为:以一只雄鸡作为毛物,埋入地下作为祭品,以糯米作为祭祀用的精米。文山、勾柠山、风雨山、骢山,皆是大的山神的居住之所。祭祀这几位山神的仪式为:向他们敬献美酒,用猪、羊二牲齐备的少牢之礼,以一块彩色的玉作为悬挂在山神颈部的饰物。熊山山神,是诸山神的首领。祭祀这位山神的仪式为:向其敬酒,用猪、羊、牛三牲齐备的太牢之礼,以一块玉璧作为悬挂在山神颈部的饰物。祭祀时,手拿盾牌起舞,以求消除战争灾祸;祈祷时,手持美玉、头戴礼帽跳舞。

中次十经

【导读】

《中次十经》记述了从首阳山到丙山共计九座山的地理位置和山川风貌。它们大致分布在今河南、湖北一带。

这列山系中的山草木繁盛,出产黄金、玉石、铁等矿物。还有一种怪鸟能预测瘟疫,名字叫作跂踵。

【原文】

5.135　中次十经之首,曰首阳之山①,其上多金玉,无草木。

【注释】

① 首阳之山:首阳山。一说在今河南偃师市;一说在今湖北黄石市。

【译文】

中次十经中的首座山,名叫首阳山,山上有许多金属和玉石,山中不长草木。

【原文】

5.136　又西五十里,曰虎尾之山,其木多椒、椐①,多封石②,其阳多赤金,其阴多铁。

【注释】

① 椒:这里指胡椒或花椒。椐(jū):又叫灵寿木,古人用作手杖。② 封石:一种可作药用的矿物,味甜,无毒。

【译文】

再往西五十里有座山,名叫虎尾山,山中的树木多为椒树和椐树,也有许多封石,山的南面有许多赤金,北面有许多铁。

【原文】

5.137　又西南五十里,曰繁缋之山①,其木多楢、杻,其草多枝勾②。

【注释】

①繁缋(huì)之山:繁缋山。一说在今湖北鄂州市;一说在今河南洛阳东北。②枝勾:草名。可能指桃枝和钩端。

【译文】

再往西南五十里有座山,名叫繁缋山,山中的树木多为楢树和杻树,草类多为枝勾。

【原文】

5.138　又西南二十里,曰勇石之山①,无草木,多白金,多水。

【注释】

①勇石之山:勇石山。

【译文】

再往西南二十里有座山,名叫勇石山,山中不长草木,有许多白金,还有许多水。

【原文】

5.139　又西二十里,曰复州之山,其木多檀①,其阳多黄金。有鸟焉,其状如鸮,而一足彘尾②,其名曰跂踵,见则其国大疫。

【注释】

①檀：檀树。②鸮（xiāo）：猫头鹰一类的鸟。彘（zhì）：猪。

【译文】

再往西二十里有座山，名叫复州山，山中的树木多是檀树，山的南面有许多黄金。山中有一种鸟，它的形状与猫头鹰相似，长着一只脚、猪一样的尾巴，这种鸟名叫跂踵，它出现在哪个国家，哪个国家就会有大的瘟疫发生。

【原文】

5.140　又西三十里，曰楮山①，多寓木②，多椒、椐③，多柘④，多垩⑤。

【注释】

①楮（chǔ）山：山名，可能在今河南孟津县。②寓木：寄生在树木上的植物。③椒：这里指花椒和胡椒。椐（jū）：又叫灵寿木。④柘（zhè）：柘树。⑤垩（è）：可用来涂饰的有色土。

【译文】

再往西三十里有座山，名叫楮山，山中有许多寄生在别的树上的树，也有许多椒树、椐树和柘树，还有许多垩土。

【原文】

5.141　又西二十里，曰又原之山，其阳多青䨼①，其阴多铁，其鸟多鸜鹆②。

【注释】

①青䨼（huò）：青色的可做颜料的矿物。②鸜（qú）鹆（yù）：即八哥。

【译文】

再往西二十里有座山,名叫又原山。山的南面有许多可做颜料的青色矿物,北面有许多铁,山中的鸟多是八哥。

【原文】

5.142 又西五十里,曰涿山①,其木多榖、柞、杻②,其阳多㻬琈之玉③。

【注释】

①涿山:山名。一说即蜀山,在今甘肃境内。②榖(gǔ):构树。柞(zuò):柞树。杻(niǔ):檍树。③㻬(tū)琈(fú):美玉名。

【译文】

再往西五十里有座山,名叫涿山,山中生长的树多为构树、柞树和杻树,山的南面有许多㻬琈玉。

【原文】

5.143 又西七十里,曰丙山,其木多梓、檀①,多弞杻②。

【注释】

①梓:梓树。檀:檀树。②弞(shěn)杻:杻树的树干多是弯曲的,而弞杻不同于一般杻树,其树干长得比较直。

【译文】

再往西七十里有座山,名叫丙山,山中的树木多为梓树和檀树,也有许多弞杻树。

【原文】

5.144 凡首阳山之首,自首山至于丙山,凡九山,二百六十七里。其神状皆龙身而人面。其祠之：毛用一雄鸡瘗①，糈用五种之糈②。堵山，冢也③，其祠之：少牢具④，羞酒祠⑤，婴毛一璧瘗⑥。騩山，帝也，其祠：羞酒，太牢具⑦，合巫祝二人儛⑧，婴一璧。

【注释】

① 毛：祭祀时用的带毛的动物。瘗（yì）：埋葬。② 糈（xǔ）：祭神用的精米。五种之糈：指去过皮的黍、稷、稻、粱、麦。③ 冢：大。这里指大的山神。④ 少牢：古代祭祀用羊和猪作为祭品称少牢。⑤ 羞：进献食品。这里指贡献祭品。⑥ 婴：颈上的饰物。毛：应作"用"。璧：平圆形、中间有孔的玉。⑦ 太牢：古代祭祀，牛、羊、猪三牲俱备谓之太牢。⑧ 巫：古代以求神、占卜为职业的人。祝：祭祀时主持祭礼的人。儛：跳舞。

【译文】

首阳山系，自第一座山首阳山起到丙山止，总共有九座山，距离为二百六十七里。这些山的山神形状都是龙身人面。祭祀这些山神的仪式为：用一只雄鸡作为毛物，埋入地下作为祭品，用去壳的黍、稻、稷、麦、粱五种米作为祭祀用的精米。堵山，是大的山神的居住之所，祭祀这位山神的仪式为：用猪、羊二牲齐备的少牢之礼，并向其敬献美酒来祭祀，以一块璧作为悬挂在山神颈部的饰物，并将其埋入地下。騩山山神，是诸山神的首领，祭祀这位山神的方法为：向其敬献美酒，用猪、牛、羊三牲齐备的太牢之礼，让巫和祝二人一起跳舞，以一块璧作为挂在山神颈部的饰物。

中次十一经

【导读】

《中次十一经》记述了自翼望山至凡山共计四十八座山的地理位置和山川风貌。这些山大致分布在今河南、湖北、安徽境内。

这列山系中记录的山众多,但山中的植物和禽鸟兽类却多是常见的生物。怪兽只有为数不多的几种,如黄色毛皮、红嘴红眼,貌似猿猴的灾兽雍和;形状似狗、全身长满鳞甲的獜等。此外,经中还记录了现在的国家一级保护动物——扬子鳄。

【原文】

5.145 中次一十一山经荆山之首①,曰翼望之山②。湍水出焉③,东流注于济④;贶水出焉⑤,东南流注于汉⑥,其中多蛟⑦。其上多松、柏,其下多漆、梓⑧,其阳多赤金,其阴多珉⑨。

【注释】

①山:是衍文。荆山:山系名。在今河南西部,是熊耳山和伏牛山的总称。②翼望之山:翼望山,在今河南内乡县北。③湍水:即今湍河,源于伏牛山之老君山。④济:济水,可能为今河南洛阳的白河。⑤贶(kuàng)水:水名。可能为今淅河,发源于熊耳山。⑥汉:今汉江。⑦蛟:蛟龙。⑧漆:漆树。梓:梓树。⑨珉:像玉的石。

【译文】

中央第十一列山系是荆山山系,它的第一座山叫翼望山。湍水发源于此山,之后向东流入济水;贶水也发源于此山,向东南流入汉水,水中有许多蛟龙。山上有许多松柏,山下有许多漆树、梓树,山的南面有许多赤金,北面有许多像玉一样的珉石。

【原文】

5.146 又东北一百五十里,曰朝歌之山①。沅水出焉②,东南流注于荥③,其中多人鱼④。其上多梓、枏⑤,其兽多麢、麋。有草焉,名曰莽草⑥,可以毒鱼。

【注释】

①朝歌之山:朝歌山,在今河南泌阳县西北。②沅(wǔ)水:水名。今舞阳河,注入汝河。③荥(xíng):汝河。④人鱼:大鲵,俗称娃娃鱼。⑤枏:同"楠",楠木。⑥莽草:芒草,又叫芒。一说为水莽,有剧毒。

【译文】

再向东北一百五十里有座山,名叫朝歌山。沅水发源于此山,之后向东南流入荥水,水中有许多娃娃鱼。山上长着许多梓树、楠木树,山中的野兽多是麢、麋鹿。山中有一种草,名叫莽草,能够毒死鱼类。

【原文】

5.147 又东南二百里,曰帝囷之山①,其阳多瑿珸之玉②,其阴多铁。帝囷之水出于其上,潜于其下,多鸣蛇。③

【注释】

①帝囷之山:帝囷山,在今河南舞阳县。②瑿(tū)珸(fú):美玉名。③鸣蛇:传说中的一种动物,形似蛇而长着四只翅膀。

【译文】

再往东南二百里有座山,名叫帝囷山,山的南面有许多瑿珸玉,北面有许多铁。帝囷水发源于此山的上面,之后在山下潜流,水中有许多鸣蛇。

【原文】

5.148 又东南五十里,曰视山①,其上多韭。有井焉,名曰天井②,夏有水,冬竭。其上多桑,多美垩金玉③。

【注释】

①视山:山名。一说即今河南桐柏县西的太白顶。②天井:这里指处在低洼地的水泉。③垩(è):可用来涂饰的有色土。

【译文】

再往东南五十里有座山,名叫视山,山上有许多韭菜。山中有一口低洼的水泉,叫作天井,夏天有水,冬天枯竭。山上长着许多桑树,也有很多优质的垩土,还有许多金属和玉石。

【原文】

5.149 又东南二百里,曰前山①,其木多楮②,多柏,其阳多金,其阴多赭③。

【注释】

①前山:山名。一说为今河南信阳市西的坚山。②楮(zhǔ):常绿乔木,木材坚硬,可以用来制作器具。③赭(zhě):红土。

【译文】

再往东南二百里有座山,名叫前山,山上的树木多为楮树、柏树,山的南面有许多金,北面出产大量赭石。

【原文】

5.150 又东南三百里,曰丰山①。有兽焉,其状如猿,赤目、赤喙、黄身②,名曰雍和,见则国有大恐。神耕父处之,常游清泠之渊③,出入有光,见则其国为败。有九钟焉,是知霜鸣④。其上多金,其下多榖、柞、杻、橿⑤。

【注释】

①丰山：山名。一说在今河南南阳市东北。②喙（huì）：鸟兽的嘴。③清泠（líng）之渊：清泠渊，在今河南南阳市。④知：一作"和"。⑤榖（gǔ）：构树。柞（zuò）：柞树。杻（niǔ）：檍树。橿（jiāng）：木名。古时用作造车的材料。

【译文】

再往东南三百里有座山，名叫丰山。山中有一种野兽，形状与猿相似，长着红色的眼睛、红色的嘴、黄色的身子，名叫雍和，它出现在哪个国家，哪个国家就会有令人恐慌的事发生。神仙耕父就住在这座山里，他常常到清泠渊巡游，出入时发出闪闪的光亮，他出现在哪个国家，哪个国家就会衰亡。山中有九口钟，只要有霜降落，这九口钟就会发出鸣响。山上有许多黄金，山下长着许多构树、柞树、杻树和橿树。

【原文】

5.151　又东北八百里，曰兔床之山①，其阳多铁，其木多櫧芧②，其草多鸡谷③，其本如鸡卵④，其味酸甘，食者利于人。

【注释】

①兔床之山：兔床山，在今嵩山山区。②芧（xù）：即橡树，栎树的一种。③鸡谷：草名。一说指蒲公英。④本：草木的根茎。

【译文】

再往东北八百里有座山，名叫兔床山，山的南面有许多铁，山中的树木多为櫧树和芧树，草类多为鸡谷，这种草的根与鸡蛋相似，味道酸甜，食用后对健康有助。

【原文】

5.152 又东六十里，曰皮山①，多垩，多赭②，其木多松柏。

【注释】

①皮山：山名。在今河南境内。②赭（zhě）：红土。

【译文】

再往东六十里有座山，名叫皮山，山中有许多垩土，也有许多赭石，山里的树木多为松树和柏树。

【原文】

5.153 又东六十里，曰瑶碧之山①，其木多梓枏②，其阴多青䨼③，其阳多白金。有鸟焉，其状如雉，恒食蜚④，名曰鸩⑤。

【注释】

①瑶碧之山：瑶碧山，在今河南境内。②梓：梓树。枏：同"楠"，楠木。③青䨼（huò）：青色的可做颜料的矿物。④蜚：一种有害的小昆虫。⑤鸩（zhèn）：鸟名。一说指夜鹰。

【译文】

再往东六十里有座山，名叫瑶碧山，山中的树木多为梓树和楠木树，山的北面有许多青䨼，山的南面有许多白金。山中有一种鸟，它的形状与野鸡相似，常常吃蜚蝗，这种鸟名叫鸩。

【原文】

5.154 又东四十里，曰攻离之山①。浼水出焉②，南流注于汉③。有鸟焉，其名曰婴勺，其状如鹊，赤目、赤喙、白身④，其尾若勺，其鸣自呼。多㸰牛⑤，多羬羊⑥。

【注释】

①攻离之山：攻离山，在今河南境内。②淯水：水名，今发源于伏牛山玉皇顶的白河。③汉：今汉江。④喙：鸟兽的嘴。⑤牴（zuó）牛：野牛。⑥羬（qián）羊：一种野生的大尾羊。

【译文】

再往东四十里有座山，名攻支离山。淯水发源于此，之后向南流入汉江。山中有一种鸟，名叫婴勺，它的形状与喜鹊相似，长着红色的眼睛、红色的嘴巴、白色的身子，尾巴形状像勺子，它的鸣叫声就像是在呼叫自己的名字。山中还有许多牴牛和羬羊。

【原文】

5.155　又东北五十里，曰袟筲之山①，其上多松柏、机、桓②。

【注释】

①袟（zhì）筲（diāo）之山：袟筲山，可能在今河南方城县。②机：机木。桤（qǐ）树。桓：桓树，又叫无患子。

【译文】

再往东北五十里有座山，名叫袟筲山，山上生长着许多松树、柏树、桤树、桓树。

【原文】

5.156　又西北一百里，曰堇理之山①，其上多松柏，多美梓②，其阴多丹雘③，多金，其兽多豹、虎。有鸟焉，其状如鹊，青身白喙，白目白尾，名曰青耕，可以御疫，其鸣自叫。

【注释】

①堇（qín）理之山：堇理山。一说在今河南内乡县。②梓：

梓树。③丹雘（huò）：红色的可做颜料的矿物。

【译文】

再往西北一百里有座山，名叫菫理山，山上有许多松树和柏树，还有许多美丽的梓树，山的北面盛产青雘，也有许多黄金，山中的兽类多是豹、虎。山中有一种鸟，形状与喜鹊相似，身子是青色的，长着白色的嘴、白色的眼睛和白色的尾巴，这种鸟名叫青耕，可以用来抵御瘟疫，它的叫声像是在喊自己的名字。

【原文】

5.157 又东南三十里，曰依轱之山①，其上多杻橿②，多苴③。有兽焉，其状如犬，虎爪有甲，其名曰獜④，善駚𪺲⑤，食者不风⑥。

【注释】

①依轱之山：依轱山，在今河南西南部。②杻（niǔ）：檍树。橿（jiāng）：木名。古时用作造车的材料。③苴（jū）：通"柤"。④獜（lín）：传说中的一种兽。⑤駚（yāng）𪺲（fèn）：跳跃扑击。⑥风：指中风、痛风等。

【译文】

再往东南三十里有座山，名叫依轱山，山上有许多杻树、橿树，也有许多柤树。山中有一种野兽，它的形状与狗相似，长着老虎一样的爪子，身上长着鳞甲，这种兽名叫獜，它擅长跳跃腾扑，吃了这种兽的肉就不会患中风、痛风之类的病。

【原文】

5.158 又东南三十五里，曰即谷之山①，多美玉，多玄豹②，多闾、麈③，多麢、㚟④。其阳多珉⑤，其阴多青雘⑥。

【注释】

① 即谷之山：即谷山，可能在今河南信阳。② 玄：黑色。③ 闾（lú）：兽名。麈（zhǔ）：鹿一类的动物。④ 㚻（chuò）：兽名。一说指雪豹。⑤ 珉：像玉的石头。⑥ 青雘（huò）：青色的可做颜料的矿物。

【译文】

再往东南三十五里有座山，名叫即谷山，山中有许多美玉，也有许多黑豹、闾、麈、㚻。山的南面有许多珉石，北面盛产青雘。

【原文】

5.159　又东南四十里，曰鸡山①，其上多美梓②，多桑，其草多韭。

【注释】

① 鸡山：今河南信阳市与湖北交界处的鸡公山。② 梓：梓树。

【译文】

再往东南四十里有座山，名叫鸡山，山上有许多美丽的梓树，也有许多桑树，山中的草类多是韭菜。

【原文】

5.160　又东南五十里，曰高前之山①。其上有水焉，甚寒而清，帝台之浆也②，饮之者不心痛。其上有金，其下有赭③。

【注释】

① 高前之山：高前山。所指待考。② 帝台：传说中的神名。浆：这里指水。③ 赭（zhě）：红土。

【译文】

再往东南五十里有座山，名叫高前山。山上有一处泉水，水冰凉而清澈，这是帝台神饮用的水，喝了它就不会得心痛的病。山上有许多金，山下有许多赭石。

【原文】

5.161　又东南三十里，曰游戏之山①，多枢橿榖②，多玉，多封石。

【注释】

①游戏之山：游戏山，可能在今河南内乡县南部。②枢（niǔ）：檍树。橿（jiāng）：木名。古时用作造车的材料。榖（gǔ）：构树。

【译文】

再往东南三十里有座山，名叫游戏山，山中长着许多枢树、橿树、构树，也有许多玉以及封石。

【原文】

5.162　又东南三十五里，曰从山①，其上多松柏，其下多竹。从水出于其上，潜于其下，其中多三足鳖②，枝尾③，食之无蛊疾。

【注释】

①从山：山名。一说在河南；一说在湖北。②三足鳖：三只脚的甲鱼。③枝尾：动物分叉的尾巴。

【译文】

再往东南三十五里有座山，名叫从山，山上有许多松树和柏树，山下有许多茂密的低矮的竹丛。从水发源于这座山的上面，在山下潜流，水中有许多三只脚的鳖，尾巴上有分叉，吃了它的肉就不会得疑心病。

【原文】

5.163 又东南三十里，曰婴硬之山①，其上多松、柏，其下多梓櫄②。

【注释】

①婴硬（zhēn）之山：婴硬山。一说在今河南信阳市西南；一说在今河南与湖北交界的大别山北麓。②梓：梓树。櫄（chūn）：通"椿"，即椿树。

【译文】

再往东南三十里有座山，名叫婴硬山，山上长着许多松柏，山下有许多梓树及椿树。

【原文】

5.164 又东南三十里，曰毕山①。帝苑之水出焉②，东北流注于瀙③，其中多水玉④，多蛟⑤。其上多㻬琈之玉⑥。

【注释】

①毕山：山名。可能指今河南泌阳县的旱山。②帝苑之水：帝苑水，水名。③瀙（qìn）：指今河南泌阳、遂平县境内的沙河。④水玉：水晶。⑤蛟：蛟龙。⑥㻬（tū）琈（fú）：美玉名。

【译文】

再往东南三十里有座山，名叫毕山。帝苑水发源于这座山，向东北流入瀙水，水中有许多水晶，也有许多蛟龙。山上还有很多㻬琈玉。

【原文】

5.165 又东南二十里，曰乐马之山①。有兽焉，其状如彙②，赤如丹火，其名曰狼③，见则其国大疫。

【注释】

①乐马之山：乐马山，在今河南中南部。②彙：指刺猬。③狼（lì）：传说中的一种兽。

【译文】

再往东南二十里有座山，名叫乐马山。山中有一种兽，形状与刺猬相似，全身通红如火，这种兽名叫狼，它出现在哪个国家，哪个国家就会发生大瘟疫。

【原文】

5.166　又东南二十五里，曰葴山①，瀙水出焉，东南流注于汝水②，其中多人鱼③，多蛟④，多颉⑤。

【注释】

①葴（zhēn）山：山名。一说指今河南与湖北交界处的桐柏山。②汝水：水名。源出今河南鲁山县大盂山，注入淮河。③人鱼：大鲵，俗称娃娃鱼。④蛟：蛟龙。⑤颉（xié）：即"獭"，兽名。一说为獭。

【译文】

再往东南二十五里有座山，名叫葴山，水发源于此山，之后向东南流入汝水，水中有许多人鱼，还有许多蛟龙和颉。

【原文】

5.167　又东四十里，曰婴山①，其下多青䕺②，其上多金、玉。

【注释】

①婴山：山名。一说在湖北境内；一说在河南境内。②青䕺

（huò）：青色的可做颜料的矿物。

【译文】

再向东四十里有座山，名叫婴山，山下盛产青䕚，山上有许多金属和玉石。

【原文】

5.168　又东三十里，曰虎首之山①，多苴椆椐②。

【注释】

①虎首之山：可能在今河南境内。②苴（zhā）：通"柤"，山楂。椆（chóu）：木名。椐（jū）：又叫灵寿木。

【译文】

再往东三十里有座山，名叫虎首山，山中长着许多山楂树、椆树、椐树。

【原文】

5.169　又东二十里，曰婴侯之山①，其上多封石②，其下多赤锡③。

【注释】

①婴侯（hóu）之山：婴侯山。②封石：一种可作药用的矿石，味甜，无毒。③赤锡：一说应作"赤铜"。

【译文】

再往东二十里有座山，名叫婴侯山，山上有许多封石，山下有许多赤锡。

【原文】

5.170　又东五十里，曰大孰之山①。杀水出焉②，东北流注于潕水③，其中多白垩④。

【注释】

①大騩之山：大騩山，今河南确山县驻马店的大乐山。②杀水：水名。一说指沙河，源出今河南泌阳县；一说指狮河。③潕水：指今河南泌阳、遂平县境内的沙河。④垩（è）：可用来涂饰的有色土。

【译文】

再往东五十里有座山，名叫大騩山。杀水发源于这座山，之后向东北流入潕水，水中有许多垩土。

【原文】

5.171　又东四十里，曰卑山①，其上多桃李苴梓，多纍②。

【注释】

①卑山：山名。在今河南东南部。②纍：藤蔓。

【译文】

再往东四十里有座山，名叫卑山，山上有许多桃树、李树、山楂树、梓树，也有许多藤蔓。

【原文】

5.172　又东三十里，曰倚帝之山①，其上多玉，其下多金。有兽焉，其状如𪕈鼠②，白耳白喙③，名曰狙如，见则其国有大兵。

【注释】

①倚帝之山：倚帝山，在今河南镇平县。②𪕈（fèi）：鼠的一种。③喙：鸟兽的嘴。

【译文】

再往东三十里有座山,名叫倚帝山。山上有许多玉石,山下有许多黄金。山中有一种兽,它形状与猷鼠相似,有白色的耳朵和白色的嘴,这种兽名叫狙如。它出现在哪个国家,哪个国家就会有大的战争发生。

【原文】

5.173 又东三十里,曰鲵山①。鲵水出于其上②,潜于其下,其中多美垩③。其上多金,其下多青雘④。

【注释】

①鲵山:山名。在今河南镇平县。②鲵水:水名。在今河南镇平县。③垩(è):可用来涂饰的有色土。④青雘(huò):青色的可做颜料的矿物。

【译文】

再往东三十里有座山,名叫鲵山。鲵水发源于此山的上面,之后在山下潜流,水中有许多优质的垩土。山上有许多黄金,山下有大量青雘。

【原文】

5.174 又东三十里,曰雅山①。澧水出焉②,东流注于瀙水③,其中多大鱼④。其上多美桑,其下多苴,多赤金。

【注释】

①雅山:山名。今河南南阳雉衡山。②澧(lǐ)水:水名。即澧河,发源和流经邢台市。③瀙水:指今河南泌阳、遂平县境内的沙河。④大鱼:大鲵。

【译文】

再往东三十里有座山,名叫雅山。澧水发源于此山,之后向东流入灈水，水中有许多大鲵。山上有许多美丽的桑树，山下有许多山楂树，还有许多赤金。

【原文】

5.175 又东五十五里，曰宣山①。沦水出焉②，东南流注于灈水③，其中多蛟④。其上有桑焉，大五十尺，其枝四衢⑤，其叶大尺余，赤理黄华青柎⑥，名曰帝女之桑。

【注释】

①宣山：山名。今河南东南部的老君山。②沦水：水名。一说指今舞钢东河。③灈水：指今河南泌阳、遂平县境内的沙河。④蛟：蛟龙。⑤衢：树枝交错分岔。⑥柎（fū）：花萼，花瓣外部的一圈叶状绿色小片。

【译文】

再往东五十五里有座山，名叫宣山。沦水发源于此山，之后向东南流入灈水，水中有许多蛟龙。山上有一种桑树，树围有五丈宽，树枝向四方交错伸展，它的树叶有一尺多长，为红色的纹理、黄色的花、青色的花萼，名叫帝女桑。

【原文】

5.176 又东四十五里，曰衡山①，其上多青䨼②，多桑，其鸟多鸜鹆③。

【注释】

①衡山：山名，一说即今安徽霍山县南的霍山。②青䨼（huò）：青色的可做颜料的矿物。③鸜（qú）鹆（yù）：即八哥。

【译文】

再往东四十五里有座山，名叫衡山，山上盛产青䨼，也有许多桑树，山中的鸟多为八哥。

【原文】

5.177 又东四十里，曰丰山①，其上多封石②，其木多桑，多羊桃，状如桃而方茎，可以为皮张③。

【注释】

①丰山：山名。可能是指大别山北麓。②封石：一种可作药用的矿物，味甜，无毒。③皮张：皮肤肿起。张：通"胀"，浮肿。

【译文】

再往东四十里有座山，名叫丰山，山上有许多封石，山中的树木多是桑树，也有许多羊桃树，这种树形状与桃树相似，茎干是方形的，可以治愈皮肤肿起的病症。

【原文】

5.178 又东七十里，曰妪山①，其上多美玉，其下多金，其草多鸡谷②。

【注释】

①妪山：山名。在今河南南阳市。②鸡谷：同"鸡榖"，草名。

【译文】

再往东七十里有座山，名叫妪山，山上有许多美玉，山下有许多金，山中的草类多是鸡谷。

【原文】

5.179 又东三十里，曰鲜山①，其木多楢杻苴②，其草多䕎冬③，其阳多金，其阴多铁。有兽焉，其状如膜大④，赤喙、赤目、白尾⑤，见则其邑有火，名曰㺎即⑥。

【注释】

①鲜山：山名。一说在今河南南部；一说在今安徽霍山县。

②楢（yóu）：木名。杻（niǔ）：檍树。苴：通"柤"，山楂。③蘴（mén）冬：同"虋冬"，指天门冬和麦门冬。④膜大：兽名。一说应作"膜犬"，西膜之犬，体形高大，长着浓密的毛，性情凶悍，力量极大。⑤喙：鸟兽的嘴。⑥狕（yí）即：传说中的一种兽。一说指小熊猫。

【译文】

再往东三十里有座山，名叫鲜山，山中的树木多为楢树、杻树、山楂树，草类多为天门冬和麦门冬，山的南面有许多金，北面有许多铁。山中有一种野兽，它的形状与膜大相似，长着红色的嘴、红色的眼睛、白色的尾巴，它在哪里出现，哪里就会有火灾发生，这种兽名叫狕即。

【原文】

5.180　又东三十里，曰皋山①，其阳多金，其阴多美石。皋水出焉②，东流注于澧水③，其中多脆石④。

【注释】

①章山：一说应作"皋山"。②皋水：水名。在今河南境内。③澧（lǐ）水：澧河，发源和流经邢台市。④脆（cuì）石：一种松软易碎的石头。

【译文】

再往东三十里有座山，名叫章山，山的南面有许多黄金，北面有许多美丽的石头。皋水发源于此山，之后向东流入澧水，水中有许多脆石。

【原文】

5.181　又东二十五里，曰大支之山，其阳多金，其木多榖柞①，无草。

【注释】

① 榖（gǔ）：构树。柞（zuò）：柞树。

【译文】

再往东二十五里有座山，名叫大支山，山的南面有很多黄金，山中的树多是构树和柞树，不长草。

【原文】

5.182　又东五十里，曰区吴之山①，其木多苴②。

【注释】

①区（ōu）吴之山：区吴山。②苴（zhā）：通"柤"，山楂。

【译文】

再往东五十里有座山，名叫区吴山，山中的树多是山楂树。

【原文】

5.183　又东五十里，曰声匈之山①，其木多榖，多玉，上多封石。

【注释】

①声匈之山：声匈山。一说在今河南西平县；一说在今安徽岳西县。

【译文】

再往东五十里有座山，名叫声匈山，山中的树多是构树，还有许多玉石，山上有许多封石。

【原文】

5.184　又东五十里，曰大騩之山①，其阳多赤金，其阴多砥石②。

【注释】

①大騩（guī）之山：大騩山，可能在今河南泌阳县。②砥：细的磨刀石。

【译文】

再往东五十里有座山，名叫大騩山，山的南面有很多赤金，北面有很多细磨石。

【原文】

5.185 又东十里，曰踵臼之山①，无草木。

【注释】

①踵臼之山：踵臼山，在今河南境内。

【译文】

再往东十里有座山，名叫踵臼山，山中不长草木。

【原文】

5.186 又东北七十里，曰历石之山，其木多荆㭎①，其阳多黄金，其阴多砥石。有兽焉，其状如狸而白首虎爪②，名曰梁渠，见则其国有大兵。

【注释】

①㭎：应作"杞"，枸杞。②狸：山猫。

【译文】

再往东北七十里有座山，名叫历石山，山中的树多为荆和枸杞，山的南面有许多黄金，北面有许多细磨石。山中有一种兽，它的形状与山猫相似，脑袋是白色的，长着老虎一样的爪子，这种兽名叫梁渠，它出现在哪个国家，哪个国家就会有大的战事发生。

【原文】

5.187　又东南一百里，曰求山①。求水出于其上②，潜于其下，中有美赭③。其木多苴④，多䉋⑤。其阳多金，其阴多铁。

【注释】

①求山：山名。今湖北武汉市北部的木兰山。②求水：即木兰川。③赭（zhě）：红土。④苴（zhā）：这里指山楂。⑤䉋（mèi）：竹名。

【译文】

再往东南一百里有座山，名叫求山。求水发源于此山的上面，之后在山下潜流，水中有许多优质的红土。山中的树多是山楂树，另外还有许多䉋竹。山的南面有许多黄金，北面有许多铁。

【原文】

5.188　又东二百里，曰丑阳之山①，其上多椆椐②。有鸟焉，其状如乌而赤足，名曰𪄀鵌③，可以御火。

【注释】

①丑阳之山：丑阳山。可能在河南光山县。②椆（chóu）：木名，性耐寒。椐（jū）：即灵寿木。③𪄀（zhǐ）鵌（tú）：传说中的一种鸟。

【译文】

再往东二百里有座山，名叫丑阳山，山上有许多椆树和椐树。山中有一种鸟，它的形状与乌鸦相似，长着红色的脚，这种鸟名叫𪄀鵌，可以用来防御火灾。

【原文】

5.189 又东三百里，曰奥山①，其上多柏杻橿②，其阳多㻬琈之玉③。奥水出焉④，东流注于视水⑤。

【注释】

①奥山：山名。在今河南或安徽境内。②杻（niǔ）：檍树。橿（jiāng）：木名。古时用作造车的材料。③㻬（tū）琈（fú）：美玉名。④奥水：水名，即史河，发源于安徽省金寨县南部大别山区北麓。⑤视水：指今河南泌阳、遂平县境内的沙河。

【译文】

再往东三百里有座山，名叫奥山，山上有许多柏树、杻树、橿树。山的南面有许多㻬琈玉。奥水发源于此山，之后向东流入视水。

【原文】

5.190 又东三十五里，曰服山①，其木多苴②，其上多封石③，其下多赤锡④。

【注释】

①服山：山名。在今安徽西部。②苴：这里指山楂。③封石：一种可作药用的矿物。④赤锡：一说应作"赤铜"。

【译文】

再往东三十五里有座山，名叫服山，山中生长的树多是山楂树，山上有许多封石，山下有许多赤锡。

【原文】

5.191 又东三百里，曰杳山①，其上多嘉荣草，多金玉。

【注释】

①杳山：山名。今安徽霍山县的北山。

【译文】

再往东三百里有座山,名叫杏山,山上长着许多嘉荣草,还有许多金属和玉石。

【原文】

5.192 又东三百五十里,曰凡山①,其木多楢檀杻②,其草多香③。有兽焉,其状如彘④,黄身、白头、白尾,名曰闻獜⑤,见则天下大风。

【注释】

①凡山:一作"几山",今安徽庐江县小关山。②楢(yóu):木名。檀:檀树。杻(niǔ):檍树。③香:指香草。④彘(zhì):猪。⑤闻獜(lìn):传说中的一种兽。

【译文】

再往东三百五十里有座山,名叫几山,山中的树多是楢树、檀树和杻树,草类多是香草。山中有一种野兽,形状与猪相似,长着黄色的身子、白色的脑袋、白色的尾巴,这种兽名叫闻獜。只要它一出现,天下就会刮起大风。

【原文】

5.193 凡荆山之首,自翼望之山至于几山,凡四十八山,三千七百三十二里。其神状皆彘身人首。其祠:毛用一雄鸡祈瘗①,婴用一珪②,糈用五种之精③。禾山,帝也,其祠:太牢之具④,羞瘗⑤,倒毛⑥;婴用一璧⑦,牛无常⑧。堵山、玉山,冢也⑨,皆倒祠⑩,羞毛少牢⑪,婴毛吉玉⑫。

【注释】

①毛:用于祭祀的带毛的动物。祈:向神明祈福。瘗(yì):埋葬。②珪:古代祭祀时用的条状玉器,上尖下方。③糈(xǔ):祭

神用的精米。五种之精：去皮后的黍、稷、稻、粱、麦。④太牢：古代祭祀，牛、羊、猪三牲俱备谓之太牢。⑤羞：进献食品，这里是贡献祭品的意思。⑥倒毛：在祭礼举行完毕后，把毛物倒转着身体埋掉。⑦璧：平而圆、中心有孔的玉。⑧牛无常：这里指不一定用牛作为祭品。无常：变化不定。⑨冢：大。这里指大的山神。⑩倒祠：倒毛的意思。⑪毛：应作"用"，下文同。少牢：古代祭祀用羊和猪作祭品，称少牢。⑫婴：颈上的饰物。吉玉：彩色的玉。

【译文】

荆山山系，自第一座山翼望山起到几山止，共有四十八座山，距离为三千七百三十二里。这些山的山神的形状皆是猪身人首。祭祀诸山神的仪式为：用一只雄鸡作为毛物，将它埋入地下作为祭品，用一块珪作为悬挂在山神颈上的饰物，以去皮后的黍、稷、稻、粱、麦作为祭祀时的精米。禾山山神，乃是诸山神的首领，祭祀这位山神的仪式为：用猪、牛、羊三牲齐备的太牢之礼，敬献完毕后将太牢倒着身子埋入地下；（或是）用一块璧玉，不一定非要用牛作祭品。堵山、玉山，乃是大山神的居住之所，祭祀完毕后都要将毛物的身子倒转过来埋入地下，用猪和羊齐备的少牢之礼，以彩色的玉作为挂在山神颈上的饰物。

中次十二经

【导读】

《中次十二经》记录了篇遇山至荣余山共计十五座山的地理位置和山川风貌。它们大致分布在今湖南、湖北及江西境内。

经中记叙了于儿神的形貌及舜帝的两位妻子娥皇、女英的故事，还记载了不少动植物和矿物。本篇是五篇山经的结束篇，在篇末对天下名山作了大概的总结。

【原文】

5.194　中次十二经洞庭山之首①，曰篇遇之山②，无草木，多黄金。

【注释】

①洞庭山：山系名。在今湖南岳阳市。②篇遇之山：篇遇山，今壶瓶山，位于湖南西北部。

【译文】

中央第十二列山系洞庭山的开头一座山，叫作篇遇山，山上不长草木，有许多黄金。

【原文】

5.195　又东南五十里，曰云山①，无草木。有桂竹②，甚毒，伤人必死。其上多黄金，其下多琈㻬之玉③。

【注释】

①云山：山名。今湖南省石门县的大同山。②桂竹：竹名。形状像甘竹，高四五丈，叶大节长，皮是红色的。③琈（tū）㻬（fú）：美玉名。

【译文】

再往东南五十里有座山，名叫云山，山中不长草木。山里有一种桂竹，有很强的毒性，人一旦被它弄伤，就必死无疑。山上有许多黄金，山下有许多瑸琈玉。

【原文】

5.196 又东南一百三十里，曰龟山①，其木多榖柞椆椐②，其上多黄金，其下多青、雄黄③，多扶竹④。

【注释】

①龟山：山名。今湖南慈利县城东的五雷山。②榖（gǔ）：构树。柞（zuò）：柞树。椆：木名。椐（jū）：灵寿木。③青：石青。④扶竹：邛（qióng）竹，又叫扶老竹。

【译文】

再往东南一百三十里有座山，名叫龟山，山中生长的树多是构树、柞树、椆树、椐树，山上有许多黄金，山下有许多石青、雄黄，还有许多扶竹。

【原文】

5.197 又东七十里，曰丙山①，多筀竹②，多黄金铜铁，无木。

【注释】

①丙山：山名。今湖南澧县的大基山。②筀（guì）竹：桂竹。

【译文】

再往东七十里有座山，名叫丙山，山中有许多桂竹，还有许多黄金、铜、铁，没有树木。

【原文】

5.198 又东南五十里,曰风伯之山①,其上多金玉,其下多痠石、文石②,多铁,其木多柳杻檀楮③。其东有林焉,曰莽浮之林,多美木鸟兽。

【注释】

① 风伯之山:风伯山,今湖北石首市与湖南安乡县之间的长右岭。② 痠(suān)石:石名。一说是砭石的一种,可以用来治病。③ 杻(niǔ):檍树。檀:檀树。楮(chǔ):构树。

【译文】

再往东南五十里有座山,名叫风伯山,山上有许多金属和玉石,山下有许多痠石和带花纹的石头,还有许多铁,山中的树木多是柳树、杻树、檀树和构树。山的东面有一片树林,叫作莽浮林,林中有许多美丽的树木以及鸟兽。

【原文】

5.199 又东一百五十里,曰夫夫之山①,其上多黄金,其下多青、雄黄②,其木多桑楮,其草多竹、鸡鼓③。神于儿居之,其状人身而身操两蛇④,常游于江渊,出入有光。

【注释】

① 夫夫之山:夫夫山,今湖南华容县的东山。② 青:石青。③ 竹:这里指蓊竹。鸡鼓:同"鸡穀",草名。④ 身:应作"手"。

【译文】

再往东一百五十里有座山,名叫夫夫山,山上有许多黄金,山下有许多石青、雄黄,山中生长的树木多是桑树、构树,草类多是蓊竹、鸡鼓。名叫于儿的神就居住在这里,这位神长着人一样的身子,手里握着两条蛇,常常在长江的深潭里巡游,出入时身上发出闪闪的光亮。

【原文】

5.200　又东南一百二十里，曰洞庭之山①，其上多黄金，其下多银铁，其木多柤梨橘櫾②，其草多葌、蘪芜、芍药、芎䓖③。帝之二女居之④，是常游于江渊。澧沅之风⑤，交潇湘之渊⑥，是在九江之间⑦，出入必以飘风暴雨⑧。是多怪神，状如人而载蛇，左右手操蛇。多怪鸟。

【注释】

①洞庭之山：今湖南岳阳市的君山。②柤：同"楂"，指山楂。櫾（yòu）：同"柚"。③葌：同"菅"，菅茅。蘪芜：蘼芜，一种香草，可以入药。芎（xiōng）䓖（qióng）：川芎。④帝之二女：指尧帝的两个女儿娥皇和女英。⑤澧：今澧水。沅：今沅江。⑥潇湘：指今湘江。⑦九江：九条江河。⑧飘风：暴风；旋风。

【译文】

再往东南一百二十里有座山，名叫洞庭山。山上有许多黄金，山下有许多银和铁，山中的树木多是山楂树、梨树、橘树、柚树，草类多是葌草、蘪芜、芍药、川芎。尧帝的两个女儿就住在洞庭山中，她们常常在长江的深潭中游玩。由澧水和沅江吹来的风，交汇于湘江的深潭处，这里位于九条江河之间，她们出入时一定会伴有狂风暴雨。这一带有许多怪神，他们的形状与人相似，身上盘着蛇，左右两只手也握着蛇。这里还有许多怪鸟。

【原文】

5.201　又东南一百八十里，曰暴山①，其木多棕、枏、荆、芑、竹箭、䉋、箘②，其上多黄金、玉，其下多文石、铁，其兽多麋鹿麂③，其鸟多就④。

【注释】

①暴山：山名。今湖南平江县东北的幕阜山。②棕：棕榈。枏：通"楠"，楠木。芑：同"杞"，枸杞。竹箭：小竹。籟（mèi）：竹名。箘（jùn）：竹名。可以用来制作箭杆。③麂（jǐ）：即"麂"，一种小型鹿，善跳跃。④就：通"鹫"，雕。

【译文】

再往东南一百八十里有座山，名叫暴山，山中的树木多是棕树、楠木、荆、枸杞、小竹、籟竹、箘竹，山上有许多黄金和玉，山下有许多带花纹的石头和铁，山中的野兽多为麋鹿、鹿和，鸟类多是鹫。

【原文】

5.202　又东南二百里，曰即公之山①，其上多黄金，其下多璿琈之玉②，其木多柳杻檀桑③。有兽焉，其状如龟而白身赤首，名曰蛫④，是可以御火。

【注释】

①即公之山：即公山，今湖北通城县梧桐山。②璿（tū）琈（fú）：美玉名。③杻（niǔ）：檍树。檀：檀树。④蛫（guǐ）：兽名。

【译文】

再往东南二百里有座山，名叫即公山，山上有许多黄金，山下有许多璿琈玉，山中的树木多是柳树、杻树、檀树、桑树。山里有一种野兽，它的形状与龟相似，长着白色的身子、红色的脑袋，这种兽名叫蛫，可以用来防火。

【原文】

5.203　又东南一百五十九里，曰尧山①，其阴多黄垩②，其阳多黄金，其木多荆芑③柳檀，其草多藷藇④茶⑤。

【注释】

①尧山：山名，今湖北崇阳县白严山。②垩(è)：可用来涂饰的有色土。③芑：同"杞"，枸杞。④藷藇(yù)：即"薯蓣"，山药。⑤苯：术属植物苍术、白术等的泛称。

【译文】

再往东南一百五十九里有座山，名叫尧山，山的北面有许多黄垩，山的南面有许多黄金，山中的树木多是荆、枸杞、柳树、檀树，草类多是山药、苯。

【原文】

5.204 又东南一百里，曰江浮之山①，其上多银、砥砺②，无草木，其兽多豕鹿③。

【注释】

①江浮之山：江浮山，今湖北通山县九宫山。②砥砺：磨刀石。③豕(shǐ)：猪。

【译文】

再往东南一百里有座山，名叫江浮山，山上有许多银和磨刀石，没有草木，山中的野兽多是野猪和鹿。

【原文】

5.205 又东二百里，曰真陵之山①，其上多黄金，其下多玉，其木多榖柞柳杻②，其草多荣草③。

【注释】

①真陵之山：真陵山，在今湖北阳新县境内。②榖：应作"榖"，构树。柞(zuò)：柞树。杻(niǔ)：檍树。③荣草：草名。一说即嘉荣。

【译文】

再往东二百里有座山,名叫真陵山,山上有许多黄金,山下有许多玉,山中的树木多是构树、柞树、柳树、杻树,草类多是荣草。

【原文】

5.206　又东南一百二十里,曰阳帝之山①,多美铜,其木多橿杻檿楮②,其兽多麢麝③。

【注释】

①阳帝之山:阳帝山。可能在今湖北阳新县境内。②橿(jiāng):木名。古时用作造车的材料。檿(yǎn):山桑。楮(chǔ):构树。③麝:也叫香獐子,哺乳动物,外形像鹿而小,善于跳跃。

【译文】

再往东南一百二十里有座山,名叫阳帝山,山中有许多优质的铜,山中的树木多是橿树、杻树、山桑树和构树,兽类多是麢和香獐子。

【原文】

5.207　又南九十里,曰柴桑之山①,其上多银,其下多碧②,多泠石、赭③,其木多柳芑楮桑④,其兽多麋鹿,多白蛇、飞蛇⑤。

【注释】

①柴桑之山:柴桑山,在今江西九江市境内。②碧:青绿色的玉石。③泠(líng)石:石名。一说为"冷石",即滑石。赭(zhě):红土。④芑:同"杞",枸杞。⑤飞蛇:螣(téng)蛇,古书上说的一种能驾雾而飞的蛇。

【译文】

再往南九十里有座山,名叫柴桑山,山上有许多银,山下盛产碧玉，还有许多泠石和赭石，山中的树木多是柳树、枸杞树、构树和桑树，兽类多是麋鹿和鹿，还有许多白蛇和飞蛇。

【原文】

5.208　又东二百三十里，曰荣余之山①，其上多铜，其下多银，其木多柳芑，其虫多怪蛇、怪虫。

【注释】

①荣余之山：荣余山，今江西彭、泽二县之间的石门山。

【译文】

再往东二百三十里有座山，名叫荣余山，山上有许多铜，山下有许多银，山中的树木多是柳树和枸杞，动物多是怪蛇、怪虫。

【原文】

5.209　凡洞庭山之首，自篇遇之山至于荣余之山，凡十五山，二千八百里。其神状皆鸟身而龙首。其祠：毛用一雄鸡、一牝豚刉①，糈用稌②。凡夫夫之山、即公之山、尧山、阳帝之山，皆冢也③，其祠：皆肆瘗④，祈用酒⑤，毛用少牢⑥，婴用一吉玉⑦。洞庭、荣余山，神也，其祠：皆肆瘗，祈酒太牢祠⑧，婴用圭璧十五⑨，五采惠之⑩。

【注释】

①毛：祭祀用的带毛的动物。牝豚：母猪。刉（jī）：同"刏"，划破。②糈（xǔ）：祭神用的精米。稌（tú）：稻子，特指糯稻。③冢：大。这里指大的山神。④肆：陈列。瘗（yì）：埋葬。⑤祈：向神祈福。⑥少牢：古代祭祀用羊和猪做祭品称少牢。⑦婴：颈上的饰物。吉玉：彩色的玉。⑧太牢：古代祭祀，牛、羊、猪三牲具备谓之太牢。⑨圭：古代祭祀时用的条状玉器，上尖下方。璧：平圆形、中间有孔的玉。⑩五采：青、赤、白、黑、黄五种颜色。惠：

通"绘"，描绘。

【译文】

洞庭山山系，自第一座山篇遇山起到荣余山止，共有十五座山，长达二千八百里。这些山的山神的形状皆是鸟身龙首。祭祀这些山神的仪式为：毛物用宰杀过的一只雄鸡、一头母猪，祭祀用的精米为糯米。夫夫山、即公山、尧山、阳帝山，都是大的山神的居住之所，祭祀这几个山神的仪式为：先陈列祭品，而后埋入地下，祈祷时向山神敬酒，用猪、羊二牲齐备的少牢之礼，以一块彩色的玉作为悬挂在山神颈部的饰物。洞庭山、荣余山的山神很灵验，祭祀这二位山神的仪式为：先陈列祭品，而后把祭品埋入地下，祈祷时向山神敬酒，用猪、羊、牛三牲齐备的太牢之礼祭祀，献上十五块圭和璧作为悬挂在山神颈部的饰物，并在圭和璧上绘出青、黄、赤、白、黑五种颜色。

【原文】

5.210 右中经之山志①，大凡百九十七山，二万一千三百七十一里。

【注释】

①右：古籍通常采用竖排格式，并且是从右至左排列，所以这里的"右"相当于现在常说的"以上""上述"等。志：记载的文字。

【译文】

以上是中山经中记载的所有的山，总共有一百九十七座山，（从第一座山到最后一座山）行经二万一千三百七十一里。

【原文】

5.211 大凡天下名山五千三百七十，居地，大凡六万四千五十六里①。

【注释】

①居地：经过的地方或分布的地方。居：经过。

【译文】

总计天下的名山，共有五千三百七十座，分布的地域跨越六万四千零五十六里。

【原文】

5.212 禹曰：天下名山，经五千三百七十山①，六万四千五十六里，居地也。言其《五臧》②，盖其余小山甚众，不足记云。天地之东西二万八千里，南北二万六千里，出水者八千里，受水者八千里，出铜之山四百六十七，出铁之山三千六百九十。此天地之所分壤树谷也③，戈矛之所发也，刀铩之所起也④，能者有余，拙者不足。封于太山⑤，禅于梁父⑥，七十二家，得失之数⑦，皆在此内，是谓国用⑧。

【注释】

①经：经过。②五臧："臧"通"脏"，五臧就是五脏。这里把山比作中土的五脏。③分壤：划分疆土。树谷：种植五谷。树：种植、栽培。④铩（shā）：古代的一种长矛。⑤封：帝王筑坛祭天。太山：即泰山。⑥禅：帝王辟场祭地。梁父：梁父山。⑦数：规律、道理。⑧国用：指为国所用。

【译文】

大禹说：天下名山，我走过的有五千三百七十座，共有六万四千零五十六里，这些山分布在各个地方。之所以把以上山脉记在《五臧山经》中，是因为除此以外的小山实在太多，不值得一一记述。天地间从东到西距离为二万八千里，从南到北距离为二万六千里，河流发源之山有八千里，河流流经之地也有八千里，出产铜的山共有四百六十七座，出产铁的山共计三千六百九十座。这是天地用来划分疆土、种植庄稼的地方，戈和矛因此而出现，刀和铩也因此而兴起，它使有能力之人富足有余，使笨拙之人匮乏不足。国君在泰山上筑坛祭天，在梁父山上辟场祭地的，一共有七十二家，有关成败得失的规律都在里面，这些内容可为治理国家所用。

【原文】

5.213　右《五臧山经》五篇①，大凡一万五千五百三字。

【注释】

①五臧：即"五藏"，指南山经、西山经、北山经、东山经、中山经。

【译文】

以上就是五篇《五臧山经》，共计一万五千五百零三个字。

第六卷　海外南经

　　『海外』四篇中的『海』是指古代中国中心区域之外未开化或尚未被人充分了解的极远之地。《海外南经》以结匈国为起点，从西南向东南对所经过的地域进行叙述，它位于南山经所述地域的南面，大致在今中国的南部，但是具体位置难以确定。

海外南经

【导读】

《海外南经》中共记载了十二个国家,包括胸部骨肉向外凸出的结匈国、浑身长满羽毛的羽民国、口中能喷火的厌火国等;介绍了一些神奇的动植物,如翅膀并在一起的比翼鸟、人面独脚的毕方鸟、树叶皆为珍珠的三株树等。另外,书中还涉及了一些历史和神话传说,如帝尧、帝喾、周文王、火神祝融、羿与凿齿大战于寿华之野等。

【原文】

6.1 地之所载,六合之间①,四海之内②,照之以日月,经之以星辰,纪之以四时③,要之以太岁④,神灵所生,其物异形,或夭或寿,唯圣人能通其道。

【注释】

①六合:指上、下和东、南、西、北四方,泛指天地或宇宙。②四海:古人认为中国四境有海环绕,各按方位为"东海""南海""西海"和"北海",但亦因时而异,说法不一。③纪:记录年代的方式。四时:指四季。④要:矫正。太岁:也叫岁星(即木星)。

【译文】

大地所承载的,在天地四方之间,四海之内,以太阳和月亮来照耀,让星辰在天空中循行,以春夏秋冬来记录四时的更替,以太岁星来矫正年度的变化。一切都是由神灵所产生的,所以万物的外形各不相同,寿命有长有短,这其中的道理,只有圣贤才能理解掌握。

【原文】

6.2 海外自西南陬至东南陬者①。

【注释】

①海外：指海外南经记载的地方。陬（zōu）：隅，角落。

【译文】

海外南经所记载的地方是从西南角到东南角。

【原文】

6.3 结匈国在其西南①，其为人结匈。

【注释】

①结匈国：即结胸国，因其国中人胸部骨头向外凸出而得名。匈：同"胸"。其：指《海外南经》所记载的地区。

【译文】

结胸国在它（《海外南经》所记载地区）的西南部，其国人胸部的骨肉均向前凸出。

【原文】

6.4 南山在其东南①。自此山来，虫为蛇②，蛇号为鱼。一曰南山在结匈东南③。

【注释】

①南山：可能在中国西南部横断山脉南端。其：指结胸国。②为：称为。③一曰南山在结匈东南：此句当是后人注解。

【译文】

南山位于结胸国的东南面。来自这座山的人，把虫叫作蛇，把蛇叫作鱼。一说南山在结胸国的东南面。

【原文】

6.5 比翼鸟在其东①，其为鸟青、赤，两鸟比翼②。一曰在南山东。

【注释】

①比翼鸟：这里指比翼鸟栖息的地方。其：指南山。②比翼：翅膀并在一起。

【译文】

比翼鸟的栖息之地在南山的东面，这种鸟为一青一红，两只鸟的翅膀并在一起飞翔。一说比翼鸟的栖息之所在南山的东面。

【原文】

6.6 羽民国在其东南①，其为人长头，身生羽。一曰在比翼鸟东南，其为人长颊②。

【注释】

①羽民国：传说中的国名，其国人身上长着羽毛。其：指比翼鸟。②此句当是后人注解，不是经文。颊：脸颊。

【译文】

羽民国位于比翼鸟栖息之地的东南面，这个国家的人都长着长长的脑袋，全身长满羽毛。一说此国在比翼鸟栖息地的东南面，国中之人都长着长长的脸颊。

【原文】

6.7 有神人二八①，连臂，为帝②司夜③于此野。在羽民东，其为人小颊赤肩，尽④十六人。

【注释】

①二八：指十六。②帝：指黄帝。③司夜：守夜。司，管理，这里是守候的意思。④尽：所有的。

【译文】

有十六位神人,他们手臂相连,在这野外为黄帝守夜。这些神人居住在羽民国的东边,他们长着小小的脸颊和红色的肩膀,共有十六个人。

【原文】

6.8 毕方鸟在其东①,青水西②,其为鸟一脚。一曰在二八神东③。

【注释】

① 毕方鸟:这里指毕方鸟栖息的地方。其:指十六位神人居住的地方。② 青水:水名。一说指今云南怒江;一说指红河支流的青水河。③ 一曰在二八神东:此句当是后人注解,不是经文。

【译文】

毕方鸟的栖息之地在十六位神人居住之地的东面,在青水的西面,此种鸟只有一只脚。一说毕方鸟的栖息之地在十六位神人居住之地的东面。

【原文】

6.9 讙头国在其南①,其为人人面有翼,鸟喙,方捕鱼。一曰在毕方东②。或曰朱讙国③。

【注释】

① 讙(huān)头国:传说中的国名,因其国中之人长着讙一样的头而得名。② 一曰在毕方东:此句当是后人注解,不是经文。③ 讙朱国:此句当是后人注解,不是经文。

【译文】

讙头国在毕方鸟栖息之地的南面,国中之人长着人一样的脸,身上长有翅膀，长着鸟一样的嘴，正在捕鱼。一说谨头国在毕方鸟栖息之地的东面。有人说谨头国就是谨朱国。

【原文】

6.10 厌火国在其国南①，其为人兽身黑色，火出其口中。一曰在谨朱东②。

【注释】

① 其国：指谨头国。② 一曰在谨朱东：此句当是后人注解，不是经文。

【译文】

厌火国在谨头国的南面，该国之人长着兽一样的身子，全身黑色，能从口中吐出火来。一说厌火国在谨朱国的东面。

【原文】

6.11 三株树在厌火北①，生赤水上，其为树如柏，叶皆为珠。一曰其为树若彗②。

【注释】

① 三株树：这里指长着三株树的地方。厌火：指厌火国。② 一曰其为树若彗：此句当是后人注解，不是经文。彗：彗星。

【译文】

三株树在厌火国的北边，生长在赤水岸边，这种树形状与柏树相似，叶子都是珍珠。一说三株树的形状与彗星相似。

【原文】

6.12 三苗国在赤水东①，其为人相随②。一曰三毛国③。

【注释】

① 三苗国：三苗是古族名，也称有苗或苗民。② 相随：相互跟

随。③一曰三毛国：此句当是后人注解，不是经文。

【译文】

三苗国位于赤水的东面，此国的人相互跟随而行。一说是三毛国。

【原文】

6.13 载国在其东①，其为人黄，能操弓射蛇。一曰载国在三毛东②。

【注释】

①载（zhì）国：传说中的国名。一说在今广西境内；一说在今老挝北。其：指三苗国。②一曰载国在三毛东：此句当是后人注解，不是经文。

【译文】

载国在三苗国的东面，这个国家的人都是黄色皮肤，能用弓箭射蛇。一说载国在三毛国的东面。

【原文】

6.14 贯匈国在其东①，其为人匈有窍②。一曰在载国东③。

【注释】

①贯匈国：即贯胸国，因其国人胸部有洞。匈：同"胸"。②窍：空洞。③一曰在载国东：此句当是后人注解。

【译文】

贯胸国在载国的东边，国中之人胸部都有一个洞。一说贯胸国在载国的东面。

【原文】

6.15 交胫国在其东①，其为人交胫②。一曰在穿匈东③。

【注释】

①其：指贯胸国。②交胫：小腿交叉。胫：小腿。③一曰在穿匈东：此句当是后人注解，不是经文。穿匈：贯匈国。

【译文】

交胫国在贯胸国的东面，国人的两条小腿相互交叉。一说交胫国在贯胸国的东面。

【原文】

6.16　不死民在其东①，其为人黑色，寿，不死。一曰在穿匈国东②。

【注释】

①其：指交胫国。②一曰在穿匈国东：此句当是后人注解，不是经文。穿匈：贯匈国。

【译文】

不死民位于交胫国的东面，该国的人全身是黑色的，长生不死。一说不死民在穿胸国的东面。

【原文】

6.17　反舌国在其东①，其为人反舌。一曰支舌②国，在不死民东。

【注释】

①反舌国：传说中的国名。②支舌：舌头有分叉。

【译文】

反舌国在不死民的东边，国中的人舌根在前，舌尖在后，还有一种说认为叫支舌国，在不死民的东边。

【原文】

6.18 昆仑虚在其东①,虚四方②。一曰在反舌东,为虚四方③。

【注释】

①昆仑虚:山名。一说指东海中的方丈山;一说指马来半岛东的昆仑山诸岛。②虚:即"墟",指山丘。③一曰在反舌东,为虚四方:此句当是后人注解。虚:指山底部的地基。

【译文】

昆仑虚在反舌国的东边,山呈四方形。一说昆仑虚在反舌国的东面,山基向四方延伸。

【原文】

6.19 羿与凿齿战于寿华之野①,羿射杀之。在昆仑虚东。羿持弓矢,凿齿持盾,一曰持戈②。

【注释】

①羿:后羿,夏朝有穷氏首领。凿齿:古代传说中的野人。寿华:泽名。②一曰持戈:此句当是后人注解。

【译文】

羿曾与凿齿交战于寿华的原野之上,羿用箭射死凿齿。交战于昆仑虚的东面。当时羿手拿弓箭,凿齿手拿盾牌,一说凿齿拿着戈。

【原文】

6.20 三首国在其东①,其为人一身三首。一曰在凿齿东②。

【注释】

①其:指寿华泽。②一曰在凿齿东:此句当是后人注解,不是经文。凿齿:这里指凿齿所在之地。

【译文】

三首国在寿华泽的东面,该国人长着一个身子、三个脑袋。一说三首国在凿齿的东边。

【原文】

6.21　周饶国在其东①,其为人短小,冠带②。一曰焦侥国在三首东③。

【注释】

①其:指三首国。②冠带:这里用作动词,指戴上帽子、系上衣带。③一曰焦侥国在三首东:此句当是后人注解。

【译文】

周饶国位于三首国的东面,国中之人身材矮小,每个人都戴帽束带。一说焦侥国在三首国的东面。

【原文】

6.22　长臂国在其东①,捕鱼水中,两手各操一鱼。一曰在焦侥东,捕鱼海中②。

【注释】

①其:指周饶国。②一曰在焦侥东,捕鱼海中:此句当是后人注解,不是经文。

【译文】

长臂国在周饶国的东边,国中之人在水中捕鱼,左右两手各抓着一条鱼。一说长臂国在焦侥国的东面,国中之民在海中捕鱼。

【原文】

6.23　狄山①,帝尧葬于阳②,帝喾葬于阴③。爰有熊、罴、文虎、蜼、豹、离朱、视肉④。吁咽、文王皆葬其所⑤。

一曰汤山⑥。一曰爰有熊、罴、文虎、蜼、豹、离朱、鸱久、视肉、䝠交⑦。其范林方三百里。

【注释】

①狄山：山名。可能为湖南宁远的九嶷山。②尧：传说中远古部落联盟首领。③喾（kù）：黄帝之子玄嚣的后裔。④罴：棕熊。蜼（wèi）：一种长尾猿。离朱：传说中的神禽。视肉：传说中的怪兽。⑤吁咽：可能指舜。⑥一曰汤山：此句当是后人注解。⑦鸱（chī）久：鸲（qú）鹠（liú），猫头鹰的一种。䝠（hū）交：动物名。

【译文】

狄山，帝尧死后埋葬在这座山的南面，帝喾死后埋葬在山的北面。山中有熊、罴、带斑纹的虎、长尾猿、豹子、离朱、视肉。吁咽和文王也都埋葬在这座山上。一说狄山也叫汤山。一说此山中有熊、罴、带斑纹的虎、长尾猿、豹子、离朱、鸱久、视肉、䝠交。这一带的范林方圆达三百里。

【原文】

6.24 南方祝融①，兽身人面，乘两龙。

【注释】

①祝融：传说中楚国君主的祖先，名重黎，是颛顼的后代。祝融是掌火之官，被后人尊为火神。

【译文】

南方的火神祝融，长着兽身人面，驾着两条龙。

第七卷 海外西经

《海外西经》中记载了海外西南角到西北角的国家及地区,以结匈国为起点,向北逐次展开描述。

海外西经

【导读】

《海外西经》中记叙了西部许多国家的地理位置及人物风貌。如三身国中的人一颗脑袋下有三个身子;一臂国中的人只长着一只眼睛、一个鼻孔和一只胳膊;奇肱国中的人长着一只胳膊、三只眼睛;女子国中的人都是女子;丈夫国中只有男子,等等。此外,经中还记录了许多的神话故事,包括夏启在大乐之野举行歌舞;大禹将王位传给儿子,中国从此进入了"家天下"的时代。这些故事除去夸张的神话色彩,就是一部可考据的历史。

【原文】

7.1 海外自西南陬至西北陬者①。

【注释】

①海外:指海外西经所记载的地方。陬(zōu):隅,角落。

【译文】

海外西经记载的地方是自西南角到西北角。

【原文】

7.2 灭蒙鸟在结匈国北①,为鸟青,赤尾。

【注释】

①灭蒙鸟:鸟名,这里指灭蒙鸟栖息的地方。

【译文】

灭蒙鸟的栖息之地在结胸国的北面,这种鸟身子呈青色,长有红色的尾巴。

【原文】

7.3 大运山高三百仞①,在灭蒙鸟北。

【注释】

① 仞:古时以八尺或七尺为一仞。

【译文】

大运山高达三百仞,在灭蒙鸟栖息之地的北面。

【原文】

7.4 大乐之野①,夏后启于此儛《九代》②,乘两龙,云盖三层③。左手操翳④,右手操环⑤,佩玉璜⑥。在大运山北⑦。一曰大遗之野。

【注释】

① 大乐之野:地名,也叫大穆之野。② 夏后启:夏朝国君启。儛:跳舞。《九代》:一说为乐名;一说为马名。③ 云盖:呈盖状的云。④ 翳(yì):用羽毛做的华盖。⑤ 环:玉环。⑥ 璜:半圆形的玉。⑦ 大运山:山名,在中国西南部。

【译文】

大乐之野,夏朝国君启曾在此举行《九代》歌舞,他乘着两条龙,周围有三层云盖。启左手举着用羽毛做的华盖,右手拿着玉环,身上佩戴着玉璜。大乐之野位于大运山的北面。一说启在大遗之野观看歌舞。

【原文】

7.5 三身国在夏后启北①,一首而三身。

【注释】

① 三身国:国名。因其国中之人长着三个身子而得名。夏后启:

这里指启举行歌舞的地方。

【译文】

三身国在大乐之野的北面，国人均长着一个脑袋、三个身子。

【原文】

7.6 一臂国在其北①，一臂、一目、一鼻孔。有黄马虎文，一目而一手②。

【注释】

① 其：指三身国。② 手：这里指马的腿蹄。

【译文】

一臂国在三身国的北面，国人都只长着一条胳膊、一只眼睛、一个鼻孔。那里有一种黄色的马，身上长着老虎一样的斑纹，只有一只眼睛、一条腿。

【原文】

7.7 奇肱之国在其北①。其人一臂三目，有阴有阳②，乘文马。有鸟焉，两头，赤黄色，在其旁。

【注释】

① 奇（jī）肱（gōng）之国：奇肱国。因其国中人只有一只胳膊而得名。其：指一臂国。② 有阴有阳：一身兼有阴阳两性。

【译文】

奇肱国在一臂国的北面。国人长着一条胳膊、三只眼睛，一身兼有阴阳两性，乘坐的是带有斑纹的马。那里有一种鸟，长着两个脑袋，呈赤黄色，伴随在他们旁边。

【原文】

7.8 刑天与帝争神①，帝断其首，葬之常羊之山②。乃以乳为目，以脐为口，操干戚以舞③。

【注释】

①刑天：神话传说中的人物。帝：指黄帝。②常羊之山：常羊山。一说在今陕西之南、四川之北。③干：盾牌。戚：大斧。

【译文】

刑天与黄帝争权，黄帝斩断刑天的脑袋，并把它埋到常羊山。刑天于是以双乳作眼睛，以肚脐作嘴，挥舞手中的盾牌和大斧继续作战。

【原文】

7.9 女祭、女薎在其北①，居两水间，薎操鱼䱡②，祭操俎③。

【注释】

①女祭、女薎：一说为两个女子之名；一说为两个以女性为主的民族之名。②䱡（dàn）：圆形小酒器，古代的一种礼器。③俎（zǔ）：古代祭祀时放祭品的器物。

【译文】

女祭、女薎在黄帝砍掉刑天脑袋之地的北面，她们居住在两条河流之间。女薎手里拿着䱡，女祭手里拿着俎。

【原文】

7.10 鸶鸟、鹯鸟①，其色青黄，所经国亡。在女祭北。鸶鸟人面，居山上。一曰维鸟，青鸟、黄鸟所集②。

【注释】

①鸶（cì）：传说中的一种鸟。鹯（zhān）：猫头鹰一类的鸟。②一曰维鸟，青鸟、黄鸟所集：此句当是后人注解，不是经文。维

鸟：鶩鸟和䳐鸟。

【译文】

鶩鸟和䳐鸟，这两种鸟的羽毛呈青黄色，凡是它们经过的国家都会败亡。这两种鸟的栖息之地位于女祭的北面。鶩鸟长着人一样的脸，居住在山上。一说这两种鸟统称维鸟，是青鸟、黄鸟聚集在一起的混称。

【原文】

7.11　丈夫国在维鸟北①，其为人衣冠带剑②。

【注释】

①丈夫国：据说国中全为男性，故名。维鸟：这里指鶩鸟和䳐鸟栖息的地方。②衣冠：指衣帽整齐。

【译文】

丈夫国位于维鸟栖居之地的北面，国中之人每个人都衣冠整齐，身上佩剑。

【原文】

7.12　女丑之尸①，生而十日炙杀之②。在丈夫北③。以右手鄣其面④。十日居上，女丑居山之上。

【注释】

①女丑：人名。②十日：十个太阳。炙：烤。③丈夫：指丈夫国。④鄣（zhāng）：同"障"，遮蔽。

【译文】

有一具女丑的尸体，她是被十个太阳活活烤死的。女丑的尸体位于丈夫国的北面。死时女丑用右手遮住了自己的脸。十个太阳高高地悬挂在空中，女丑的尸体则在山上。

【原文】

7.13 巫咸国在女丑北①，右手操青蛇，左手操赤蛇。在登葆山②，群巫所从上下也。

【注释】

①巫咸国：传说中的国名。巫咸：咸巫，意思是都是巫师。②登葆山：山名，也叫登备山。

【译文】

巫咸国在女丑尸体所在之地的北面，国中之人右手拿着青蛇，左手拿着红蛇。该国有座登葆山，是巫师们往返于天地之间的地方。

【原文】

7.14 并封在巫咸东①，其状如彘②，前后皆有首，黑。

【注释】

①并封：兽名，也叫屏蓬。巫咸：指巫咸国。②彘：猪。

【译文】

名叫并封的动物居住在巫咸国的东面，它的形状与猪相似，前面和后面各有一个脑袋，周身都呈黑色。

【原文】

7.15 女子国在巫咸北①，两女子居，水周之。一曰居一门中②。

【注释】

①女子国：传说中国人皆为女性的国家。巫咸：指巫咸国。②一曰居一门中：此句当是后人注解，不是经文。

【译文】

女子国位于巫咸国的北面,这里住有两个女子,四周有水环绕。一说她们住在一道门的中间。

【原文】

7.16 轩辕之国在此穷山之际①,其不寿者八百岁。在女子国北,人面蛇身,尾交首上。

【注释】

①轩辕之国:轩辕国,国名。一说因黄帝生长于此而得名。此:是衍文。穷山:山名。一说即邛崃山,在四川境内。

【译文】

轩辕国处在穷山附近,国中之人即便不长寿者也能活到八百岁。轩辕国位于女子国的北面。国人长着人面蛇身,尾巴盘绕于头顶之上。

【原文】

7.17 穷山在其北①,不敢西射②,畏轩辕之丘③。在轩辕国北。其丘方,四蛇相绕。

【注释】

①其:指轩辕国。②西射:向西射箭。③轩辕之丘:丘名,可能在今四川境内。

【译文】

穷山在轩辕国的北面,这里的人不敢朝着西方射箭,这是因为他们敬畏轩辕丘。轩辕丘位于轩辕国的北边。丘呈方形,有四条蛇相互环绕。

【原文】

7.18 诸夭之野①,鸾鸟自歌②,凤鸟自舞③。凤皇卵④,

民食之；甘露⑤，民饮之，所欲自从也。百兽相与群居。在四蛇北⑥。其人两手操卵食之，两鸟居前导之。

【注释】

①此：可能为衍文。诸夭之野：一说"夭"应做"沃"，指传说中的一片沃野。②鸾鸟：传说中凤凰一类的鸟。③凤鸟：雄凤凰。④凤皇：凤凰。⑤甘露：甜美的雨露，古人认为天下太平就会天降甘露。⑥四蛇：指有四条蛇环绕的轩辕丘。

【译文】

有个名叫诸夭之野的地方，鸾鸟自由地歌唱，凤鸟自在地起舞。凤凰生下的蛋，这里的百姓可以食用；甘甜的雨露，这里的百姓可以饮用，凡是他们想要的都能如愿以偿。各种野兽群居在这里。诸夭之野在轩辕丘的北边。这里的人用双手捧着凤凰蛋吃，有两只鸟在前面引导。

【原文】

7.19　龙鱼陵居在其北①，状如狸②。一曰鰕③。即有神圣乘此以行九野④。一曰鳖鱼在沃野北，其为鱼也如鲤⑤。

【注释】

①龙鱼：鱼名。一说指穿山甲；一说指鱼类化石。陵居：居住在山陵中。其：诸夭之野。②狸：山猫。③鰕（xiā）：大鲵，即娃娃鱼。④九野：指九州之地。⑤一曰鳖鱼在沃野北，其为鱼也如鲤：此句当是后人注解，不是经文。

【译文】

在山陵中居住的龙鱼居住在诸夭之野的北面，其形状与山猫相似。一说它的形状像娃娃鱼。有神圣之人骑着龙鱼巡游于九州之地。一说鳖鱼在诸沃之野的北面，它的形状与鲤鱼相似。

【原文】

7.20　白民之国在龙鱼北①，白身被发②。有乘黄，其状如狐，其背上有角，乘之寿二千岁。

【注释】

① 白民之国：白民国。因国中之人全身雪白而得名。龙鱼：指龙鱼所居的山陵。② 被：同"披"，披散。

【译文】

白民国在龙鱼栖息之地的北边，其国人浑身雪白，披散着头发。有一种名叫乘黄的兽，它的形状与狐相似，背上长着角，人若骑在它的身上，就能活两千岁。

【原文】

7.21　肃慎之国在白民北①。有树名曰雒棠②，圣人代立，于此取衣③。

【注释】

① 白民：即白民国。② 雄常：树名，或作雒棠、雄棠。③ 圣人代立，于此取之衣：中原地区有英明的帝王出现，雒棠树就会生长出一种树衣，肃慎国的人就用这树皮做成衣服穿。

【译文】

肃慎国位于白民国之北。该国有一种树名叫雒棠树，只要有圣人称帝，就取此树的树皮来做衣服。

【原文】

7.22　长股之国①在雒棠北，被发②。一曰长脚③。

【注释】

① 长股之国：长股国。因其国中之人腿长而得名。② 被：同

"披",披散。③一曰长脚:此句当是后人注解,不是经文。

【译文】

长股国在雒棠树生长之地的北面,国中之人都披散着头发。一说长股国是长脚国。

【原文】

7.23 西方蓐收①,左耳有蛇,乘两龙。

【注释】

①蓐(rù)收:古代传说中的神名,司秋。

【译文】

西方之神蓐收,他的左耳上有蛇,乘着两条龙飞行。

第八卷 海外北经

《海外北经》所记录的国家大致在中国北部,具体位置已难以考证。《海外北经》紧接着《海外西经》中的长股国,由西北向东北依次展开叙述。

海外北经

【导读】

《海外北经》中记述了我们所熟知的夸父逐日、禹杀相柳氏的故事,以及蚕神许配给马、钟山之神烛阴的传说。经中还记载了西方九个国家,包括国中人只长一只眼睛的一目国、国中人只有一手一足的柔利国、国中人肚里没肠子的无肠国,以及聂耳国、博父国等。此外,还记录了这些国家中的各种动植物。

【原文】

8.1 海外自西北陬至东北陬者①。

【注释】

①海外:指海外北经所记载的地方。陬(zōu):隅,角落。

【译文】

海外北经所记载的地方是从西北角到东北角。

【原文】

8.2 无启之国在长股东①,为人无启。

【注释】

①无启(qǐ)之国:无启国,没有后代的国家。传说无启国的人死后一百二十年又可重新化成人,所以不需要后代。启:后代。长股:指长股国。

【译文】

无启国在长股国的东边,这里的人没有后代。

【原文】

8.3 钟山之神①,名曰烛阴,视为昼,瞑为夜②,吹为冬,呼为夏。不饮,不食,不息③,息为风,身长千里。在无启之东④。其为物,人面,蛇身,赤色,居钟山下。

【注释】

①钟山:山名。在今吕梁山脉东侧、霍山东南。②瞑:闭眼。③息:呼吸。④无启:指无启国。

【译文】

钟山的山神,名叫烛阴,他睁开眼睛,天下便是白天;闭上眼睛,天下就变成了黑夜;他吹一口气,天下就是寒冬;呼一口气,天下便是炎夏。他平时不喝水,不吃东西,不呼吸,而他只要一呼吸,就会刮风。他的身体有一千里长。这位神仙居住在无启国的东面。他的形状为人面蛇身,全身呈赤红色,住在钟山的脚下。

【原文】

8.4 一目国在其东①,一目中其面而居。

【注释】

①其:指钟山。

【译文】

一目国在钟山的东面,那里的人只有一只眼睛,眼睛长在脸的正中间。

【原文】

8.5 柔利国在一目东①,为人一手一足,反膝②,曲足居上③。一云留利之国,人足反折④。

【注释】

①一目：指一目国。②反膝：膝盖反着长。③曲足居上：脚弯曲，脚心朝上。④一云留利之国，人足反折：此句当是后人注解，不是经文。反折：向反方向弯折。

【译文】

柔利国位于一目国的东面，该国之人长有一只手、一只脚，膝盖反着长，脚弯曲朝向上方。一说此国名叫留利国，国中之人的脚向反方向弯折。

【原文】

8.6 共工之臣曰相柳氏①，九首，以食于九山。相柳之所抵②，厥为泽溪③。禹杀相柳④，其血腥，不可以树五谷种。禹厥之，三仞三沮⑤，乃以为众帝之台⑥。在昆仑之北⑦，柔利之东⑧。相柳者，九首人面，蛇身而青。不敢北射，畏共工之台。台在其东⑨。台四方，隅有一蛇，虎色⑩，首冲南方。

【注释】

①共工：古代神话传说中的人物，传说他与颛顼争帝，失败发怒而头触不周山。相柳氏：古代神话传说中的人物，又叫相繇（yáo）。②抵：触。③厥：通"撅"，挖掘。④禹：传说是夏朝的第一位君主。因禹治水有功，舜让位给禹，禹建国为夏。⑤仞：通"牣（rèn）"，满。沮：毁坏。这里指下陷。⑥众帝：帝尧、帝喾、帝舜等传说中的上古帝王。⑦昆仑：山名，一说此处可能指阴山，在内蒙古境内。⑧柔利：指柔利国。⑨其：指众帝之台。⑩虎色：虎一样的斑纹。

【译文】

共工有位臣子名叫相柳氏，长着九个脑袋，分别在九座山上取食。相柳所触到的地方，都会变成沼泽和溪流。大禹杀死了相柳，相柳身上流出的血腥臭不堪，所流经的地方都不能种植五谷。大禹掘土填埋这块地方，填满了三次却塌陷了三次，于是大禹在此为众帝建帝台。帝台在昆仑山的北面、柔利国的东面。相柳，有九个脑袋，长着人一样的脸、蛇一样的身子，身子呈青色。不敢朝北方射箭，因为敬畏共工之台。共工之台在帝台的东面。台呈四方形，每个角上有一条蛇，身上长着老虎一样的斑纹，头朝着南方。

【原文】

8.7 深目国在其东①，为人深目，举一手。一曰在共工台东②。

【注释】

①深目国：传说中的国名。因其国中之人两目深陷而得名。其：相柳氏所在地。②一曰在共工台东：此句当是后人注解，不是经文。

【译文】

深目国在相柳所处之地的东边，此国之人眼睛深陷在眼窝里，举着一只手。一说深目国在共工台的东边。

【原文】

8.8 无肠之国在深目东①，其为人长而无肠。

【注释】

①深目：指深目国。

【译文】

无肠国位于深目国的东边，国中之人个子很高，但肚子里没有肠子。

【原文】

8.9 聂耳之国在无肠国东①，使两文虎，为人两手聂其耳。县居海水中②，及水所出入奇物③。两虎在其东④。

【注释】

①聂（shè）耳之国：聂耳国。因国中之人常常双手抓着耳朵而得名。聂：通"摄"，抓。②县：通"悬"。③及：到。这里指到海中捕捉。④其：指聂耳国。

【译文】

聂耳国在无肠国的东边，国中之人驱使两只带有斑纹的老虎，而且总是用双手抓着自己的耳朵，聂耳国的人孤独地居住在海水环绕的小岛上，到海水中捕捉奇异之物。有两只老虎在聂耳国的东面。

【原文】

8.10 夸父与日逐走①，入日。渴欲得饮，饮于河渭②，河渭不足，北饮大泽。未至，道渴而死。弃其杖，化为邓林③。

【注释】

①逐走：追着跑。②河、渭：黄河和渭河。③邓林：树林名。

【译文】

夸父追赶太阳，离太阳越来越近。这时夸父口渴难忍，想要喝水，于是去喝黄河和渭河中的水，将两条河的水喝干了，还是不够，便去喝北方大泽里的水。还没等到达大泽，夸父就渴死在半路上了。夸父临死前扔掉了自己的手杖，这根手杖后来变成了邓林。

【原文】

8.11 夸父国在聂耳东①，其为人大，右手操青蛇，左手操黄蛇。邓林在其东,二树木②。一曰博父③。

【注释】

①夸父国:一作"博父国"。聂(shè)耳:指聂耳国。②二树木:指由两棵树组成的树林。③一曰博父:此句当是后人注解,不是经文。

【译文】

夸父国在聂耳国的东边,国中的人身材高大,右手握着青蛇,左手握着黄蛇。邓林就在夸父国的东面,由两棵树组成。一说夸父国叫博父国。

【原文】

8.12 禹所积石之山在其东①,河水所入②。

【注释】

①禹所积石之山:禹所积石山,意为禹堆石而成的山。②河:黄河。

【译文】

禹所积石山位于夸父国的东面,是黄河流入的地方。

【原文】

8.13 拘瘿之国在其东①,一手把瘿。一曰利瘿之国②。

【注释】

①拘瘿之国:拘瘿国。因其国中之人常用手托着脖子上的肉瘤而得名。瘿(yǐng):颈上的肉瘤。其:指禹所积石山。②一曰利瘿之国:此句当是后人注解,不是经文。

【译文】

拘瘿国在禹所积石山的东面,国中之人用一只手托着颈部的大肉瘤。一说拘瘿国叫利瘿国。

【原文】

8.14　寻木长千里，在拘瘿南①，生河上西北②。

【注释】

①拘瘿：指拘瘿国。②河：黄河。

【译文】

寻木有千里高，生长在拘瘿国的南边，黄河上游的西北方。

【原文】

8.15　跂踵国在拘瘿东①，其为人两足皆支。一曰反踵②。

【注释】

①跂（qì）踵国：传说中的国名。因其国中之人跂起脚跟走路而得名。跂：通"企"，跂起。拘瘿：指拘瘿国。②反踵：脚是反着长的，脚跟在前，脚尖在后。

【译文】

跂踵国在拘瘿国的东边，该国的人跂起脚跟走路。一说跂踵国叫反踵国。

【原文】

8.16　欧丝之野①在大反踵东，一女子跪据树欧丝②。

【注释】

①欧丝之野：欧丝野，地名。欧丝：呕丝，吐丝。大踵：指跂踵国。②据：靠着。

【译文】

欧丝之野在大踵国的东边，有一个女子跪着倚靠在桑树上吐丝。

【原文】

8.17 三桑无枝①,在欧丝东②,其木长百仞③,无枝。

【注释】

① 三桑:三棵桑树。② 欧丝:指欧丝国。③ 仞:古时以八尺或七尺为一仞。

【译文】

有三棵没有树枝的桑树,生长在欧丝之野的东面,它们高达百仞,没有树枝。

【原文】

8.18 范林方三百里,在三桑东,洲环其下①。

【注释】

① 洲:水中的小块陆地。

【译文】

范林方圆三百里,在三棵桑树的东边,它的下面有沙洲环绕。

【原文】

8.19 务隅之山,帝颛顼葬于阳①,九嫔葬于阴。一曰爰有熊、罴、文虎、离朱、鸱久、视肉②。

【注释】

① 颛顼:号高阳氏。相传为黄帝之孙、昌意之子,生于若水,居于帝丘。② 一曰:"一曰"及后面的内容,当是后人注解,不是经文。爰:这里,那里。罴:棕熊。离朱:传说中的一种神禽。鸱(chī)久:鸺(qú)鹠(liú),猫头鹰的一种。视肉:传说中的兽名,又叫聚肉。

【译文】

有一座务隅山,帝颛顼就埋葬在它的南面,他的九位妃嫔埋葬在山的北面。一说这座山中有熊、罴、花斑虎、离朱、鸱久、视肉。

【原文】

8.20 平丘在三桑东①,爰有遗玉、青马、视肉、杨柳、甘柤、甘华②,百果所生。有两山夹上谷③,二大丘居中,名曰平丘。

【注释】

① 平丘:平整的丘陵地。三桑:指长着三棵无枝桑树的地方。② 遗玉:玉石名。视肉:传说中的兽名。甘柤(zhā):传说中的一种植物,树干是红色的,花是黄色的,叶是白色的,果实是黑色的。甘华:植物名。一说属于柑橘类。③ 上:大。

【译文】

平丘在三棵桑树的东面。这里有遗玉、青马、视肉、杨柳、甘柤、甘华,生长着各种果树。有两座山夹着一个大山谷,中间有两个大的丘陵,名叫平丘。

【原文】

8.21 北海内有兽①,其状如马,名曰䮫䮷②。有兽焉,其名曰駮,状如白马,锯牙,食虎豹。有素兽焉③,状如马,名曰蛩蛩④。有青兽焉,状如虎,名曰罗罗。

【注释】

① 北海:古代泛指北方僻远之地。② 䮫(táo)䮷(tú):兽名。一说指野马,性格暴烈,原产地在蒙古草原。③ 素:白色。④ 蛩(qióng)蛩:传说中的兽名。

【译文】

北海之内有一种野兽，它的形状与马相似，名叫䮔䮙。还有一种野兽，名叫䮽，形状与白马相似，长着锯齿般的牙齿，能吃虎、豹。还有一种白色的野兽，形状与马相像，名叫蛩蛩。还有一种青色的野兽，形状似虎，名叫罗罗。

【原文】

8.22　北方禺彊①，人面鸟身，珥两青蛇②，践两青蛇。

【注释】

①禺彊：即玄冥，就是水神。②珥（ěr）：用作动词，这里指用两条青蛇作耳饰。

【译文】

北方有个名叫禺彊的神，他长着人面鸟身，用两条青蛇做耳饰，脚底下还踩着两条青蛇。

第九卷　海外东经

　　《海外东经》紧接着《海外北经》中的狄山，记录了海外东南角到东北角的国家及山川河岳。

海外东经

【导读】

《海外东经》中记载了海外八个国家和地区的地理物产、民俗传说及独特风貌。如大人国中居民身材高大、君子国中居民衣冠带剑、青丘国中栖息着九尾狐、黑齿国中居民牙齿乌黑，还有玄股国、毛民国等。另外，经中还记载了十个太阳沐浴、八面八首的天吴神、兽身人面的奢比尸等神话。这些民俗传说可能是古人对于其他民族的独特想象，也说明了中华民族早期的对外交流情况。

【原文】

9.1　海外自东南陬至东北陬者①。

【注释】

①海外：指海外东经所记载的地方。陬（zōu）：隅，角落。

【译文】

海外东经所记载的地方是从东南角到东北角。

【原文】

9.2　䃟丘①，爰有遗玉、青马、视肉、杨桃、甘柤、甘华②，百果所生，在东海③。两山夹丘，上有树木。一曰嗟丘④。一曰百果所在，在尧葬东⑤。

【注释】

①䃟（jiè）丘：地名，即今山东烟台。②爰：这里，那里。遗玉：玉石名。视肉：传说中的兽名。甘柤（zhā）：植物名。甘华：植物名。③东海：所指因时而异。先秦时代多指今之黄海。④一曰嗟丘：此句当是后人注解，不是经文。⑤一曰百果所在，在尧葬东：此句当是后人注解，不是经文。

【译文】

嗟丘,此地产有遗玉、青马、视肉兽、杨桃树、甘柤、甘华,结出各种甜美果实的果树生长的地方,就在东海。有两座山夹着这座丘,丘上长有树木。一说此丘名叫嗟丘。还有一说认为各种果树生长的地方,位于帝尧所葬之地的东边。

【原文】

9.3 大人国在其北①,为人大,坐而削船②。一曰在嗟丘北③。

【注释】

① 其:指嗟丘。② 削船:削刻船只。③ 一曰在嗟(jiē)丘北:此句当是后人注解,不是经文。

【译文】

大人国在嗟丘的北边,国中之人身材高大,坐在那里用刀削船。一说大人国在嗟丘的北边。

【原文】

9.4 奢比之尸在其北①,兽身、人面、大耳,珥两青蛇②。一曰肝榆之尸在大人北③。

【注释】

① 奢比之尸:奢比尸,传说中的神名。其:指大人国。② 珥:作动词,这里指(用青蛇)作耳饰。③ 一曰肝榆之尸在大人北:此句当是后人注解,不是经文。

【译文】

奢比尸在大人国的北边,他长着兽一样的身子、人一样的脸,耳朵大大的,且以两条青蛇做耳饰。一说肝榆尸在大人国的北边。

【原文】

9.5 君子国在其北①,衣冠带剑②,食兽,使二文虎在旁③,其人好让不争。有薰华草,朝生夕死。一曰在肝榆之尸北④。

【注释】

①其:指奢比尸所在的地方。②衣冠:衣帽整齐。③大:应作"文"。④一曰在肝榆之尸北:此句当是后人注解,不是经文。

【译文】

君子国在奢比尸所在之地的北面,国人衣冠整齐,身上佩剑,能吃野兽,驱使的两只花斑老虎就在身旁,该国之人喜欢谦让而不争斗。此地长着一种薰华草,每天早晨开花,傍晚就凋谢了。一说此国在肝榆尸所居之地的北边。

【原文】

9.6 䖙䖙在其北①,各有两首。一曰在君子国北②。

【注释】

①䖙䖙:可能指虹霓。其:指君子国。②一曰在君子国北:此句当是后人注解,不是经文。

【译文】

䖙䖙在君子国的北面,国中之人各有两个脑袋。一说位于君子国的北面。

【原文】

9.7 朝阳之谷①,神曰天吴,是为水伯②。在䖙䖙北两水间。其为兽也,八首人面,八足八尾,背青黄。

【注释】

①朝阳之谷:朝阳谷,谷名。今山东临朐东北朝阳故城附近的

朝水。②水伯：水神。

【译文】

朝阳谷居住着一位神，名叫天吴，是一位水神。朝阳谷在虫虫北边的两条水流中间。这位神仙形状与野兽相似，长着八个脑袋，脸与人的脸相似，有八条腿、八条尾巴，背部呈青黄色。

【原文】

9.8 青丘国在其北①，其人食五谷，衣丝帛。其狐四足九尾。一曰在朝阳北②。

【注释】

①其：指朝阳谷。②一曰在朝阳北：此句当是后人注解，不是经文。

【译文】

青丘国位于朝阳谷的北面。这里的人吃五谷，穿丝帛。国中栖居着一种狐狸，它长着四条腿、九条尾巴。一说青丘国在朝阳谷的北边。

【原文】

9.9 帝命竖亥步①，自东极至于西极，五亿十选九千八百步②。竖亥右手把算③，左手指青丘北。一曰禹令竖亥④。一曰五亿十万九千八百步⑤。

【注释】

①帝：天帝。一说指禹。竖亥：神话传说中一个走得很快的人。步：以脚步测量距离。②选：万。③算：通"筹"（suàn），指古代计算用的筹码。④一曰禹令竖亥：此句当是后人注解，不是经文。⑤一曰五亿十万九千八百步：此句当是后人注解，不是经文。

【译文】

天帝命令竖亥以脚步测量大地的长度,竖亥从最东端走到最西端,共走了五亿十万九千八百步。竖亥右手拿着算筹,左手指着青丘国的北端。一说是禹命令竖亥以脚步测量大地。一说测量的结果是五亿十万九千八百步。

【原文】

9.10 黑齿国在其北①,为人黑齿,食稻啖蛇②,一赤一青,在其旁。一曰在竖亥北,为人黑齿③,食稻使蛇,其一蛇赤。

【注释】

①其:指竖亥所在的地方。②啖(dàn):吃。③一曰:"一曰"及其后面的部分,当是后人注解,不是经文。

【译文】

黑齿国在竖亥所处之地的北面,国中人牙齿呈黑色,他们吃稻米和蛇,还有一红一青两条蛇,经常伴随其身边。一说黑齿国在竖亥所居之地的北边,国中之人长着黑色的牙齿,吃稻米,能驱使蛇,其中一条蛇是红色的。

【原文】

9.11 下有汤谷①。汤谷上有扶桑②,十日所浴,在黑齿北③。居水中,有大木,九日居下枝,一日居上枝。

【注释】

①汤(yáng)谷:旸(yáng)谷。传说中的日出之处。②扶桑:神话传说中的一种树。③黑齿:指黑齿国。

【译文】

黑齿国的下面是汤谷。汤谷中生长着一棵扶桑树,那里是十个太阳洗澡的地方,位于黑齿国的北面。在水中有一棵大树,九个太阳居住在下面的树枝上,剩下的一个太阳住在上面的树枝上。

【原文】

9.12　雨师妾(国)在其北①,其为人黑,两手各操一蛇,左耳有青蛇,右耳有赤蛇。一曰在十日北②,为人黑身人面,各操一龟。

【注释】

①雨师妾:传说中的国名。其:指汤谷。②一曰:"一曰"及其后面的部分,当是后人注解,不是经文。

【译文】

雨师妾国在汤谷的北边,该国的人全身皮肤呈黑色,左右两只手各握着一条蛇,左边耳朵上有一条青蛇,右边耳朵上有一条红蛇。一说雨师妾国在十个太阳栖息之地的北边,国中之人长着黑色的身子、人一样的脸,两手各握着一只龟。

【原文】

9.13　玄股之国在其北①,其为人股黑,衣鱼食驱②,两鸟夹之。一曰在雨师妾北③。

【注释】

①玄股之国:玄股国。因国中之人的大腿是黑色的而得名。②衣鱼:穿用鱼皮做的衣服。驱(ōu):同"鸥"。③一曰在雨师妾北:此句当是后人注解,不是经文。

【译文】

玄股国在雨师妾国的北面,这个国家的人大腿是黑色的,穿鱼皮做的衣服,以鸥鸟为食,有两只鸟一左一右在他们身边听候使唤。一说玄股国在雨师妾国的北面。

【原文】

9.14 毛民之国在其北①,为人身生毛。一曰在玄股北②。

【注释】

①毛民之国:毛民国,传说中的国名,因国中之人浑身长毛而得名。②一曰在玄股北:此句当是后人注解,不是经文。

【译文】

毛民国位于玄股国的北边,国中之人浑身长毛。一说毛民国在玄股国的北面。

【原文】

9.15 劳民国在其北①,其为人黑,食草果实。有一鸟两头。或曰教民。一曰在毛民北,为人面目手足尽黑。

【注释】

①其:指毛民国。

【译文】

劳民国在毛民国的北边,该国的人全身皆为黑色,以野果和草莓做食物。这里还有种有两个头的鸟。有人说该国名叫教民国。一说劳民国在毛民国的北边,国中之人的脸、眼睛、手、脚全是黑色的。

【原文】

9.16 东方句芒①,鸟身人面,乘两龙。

【注释】

①句(gōu)芒:传说中的木神,身穿白色的衣服。

【译文】

东方有位名叫句芒的神,长着鸟身人面,乘着两条龙。

【原文】

9.17　建平元年四月丙戌①，待诏太常属臣望校治②，侍中光禄勋臣龚、侍中奉车都尉光禄大夫臣秀领主省③。

【注释】

①这段文字是本卷校勘者的署名。建平元年：公元前6年。②望：可能为丁望，人名。校治：考订整理。③龚：指王龚。秀：指刘歆，后改为秀。领主省：负责主要的工作。

【译文】

建平元年四月丙戌日，待诏太常属臣丁望考订整理，侍中光禄勋臣王龚、侍中奉车都尉光禄大夫刘歆领衔主持主要工作。

第十卷　海内南经

　　《海内南经》描写的国家和山川大部分位于今海南、广西、广东、福建、浙江、四川、湖南、湖北长江以南一带。

海内南经

【导读】

《海内南经》所记事物众多，有伯虑国、离耳国、氐人国、匈奴国等国家，也有大可吞象的巴蛇、长着龙头的窫窳、知晓人名的狌狌等怪兽，还有一些著名历史人物的故事，如夏启之臣孟涂断案的故事，并记录了帝舜和帝丹朱的埋葬之地。

【原文】

10.1 海内东南陬以西者①。

【注释】

①海内：指海内南经记载的地方。陬（zōu）：隅，角落。

【译文】

海内南经记载的是东南角以西的地方。

【原文】

10.2 瓯居海中①。闽在海中②，其西北有山。一曰闽中山在海中③。

【注释】

①瓯（ōu）：地名，在今浙江温州一带。②闽：古代族名。③一曰闽中山在海中：此句当是后人注解，不是经文。

【译文】

瓯位于海中。闽也在海中，它的西北方有山。一说闽地一带的山在海中。

【原文】

10.3　三天子鄣山在闽西海北①。一曰在海中②。

【注释】

① 三天子鄣（zhāng）山：山名。可能在今安徽歙（shè）县。闽：指闽这个种族所在的地方。② 一曰在海中：此句当是后人注解，不是经文。

【译文】

三天子鄣山在闽的西方，海的北方。一说此山在海中。

【原文】

10.4　桂林八树在番隅东①。

【注释】

① 桂林：树林名。八树：八棵树。番（pān）隅：番禺。古代县名，即今广东省广州市番禺区。

【译文】

桂林的八棵树位于番隅的东面。

【原文】

10.5　伯虑国、离耳国、雕题国、北朐国皆在郁水南①。郁水出湘陵南海②。一曰相虑③。

【注释】

① 北朐（qú）国：国名。郁水：指今广西的右江、郁江、浔江及广东的西江。② 湘陵：地名。一说即"湘漓"。南海：一说前应有"入"字；一说应作"南山"。③ 一曰相虑：此句当是后人注解，不是经文。相虑：一说应作"柏虑"，即伯虑。

【译文】

伯虑国、离耳国、雕题国、北朐国都处于郁水的南面。郁水发源于湘陵，流入南海。一说伯虑即相虑。

【原文】

10.6 枭阳国在北朐之西①。其为人人面长唇，黑身有毛，反踵②，见人则笑，左手操管。

【注释】

①北朐（qú）：指北朐国。②踵：脚后跟。

【译文】

枭阳国位于北朐国的西边。这个国家的人长着人一样的脸，嘴唇非常长，身体呈黑色，身上有毛，脚跟反长，一看见人就笑，左手握着竹管。

【原文】

10.7 兕在舜葬东，湘水南①。其状如牛，苍黑，一角。

【注释】

①兕：犀牛一类的兽。舜：传说中的上古帝王，有虞氏，姓姚，名重华。湘水：湖南湘江。

【译文】

兕住在帝舜埋葬之地的东边、湘江的南边。它形状与牛相似，身体呈苍黑色，长有一只角。

【原文】

10.8 苍梧之山①，帝舜葬于阳，帝丹朱葬于阴②。

【注释】

①苍梧之山：今九嶷山。②丹朱：传说中帝尧之子，名朱，因

居丹水，故名丹朱。

【译文】

苍梧山，帝舜死后就葬在它的南面，帝丹朱死后葬在它的北面。

【原文】

10.9　氾林方三百里①，在狌狌东②。

【注释】

①氾林：范林。②狌（xīng）狌：猩猩。

【译文】

氾林方圆三百里，在猩猩栖息之地的东边。

【原文】

10.10　狌狌知人名，其为兽如豕而人面①，在舜葬西。

【注释】

①豕（shǐ）：猪。

【译文】

猩猩知道人的名字，它的形状与猪相似，却长着人一样的脸，居住在帝舜所葬之地的西面。

【原文】

10.11　狌狌西北有犀牛，其状如牛而黑。

【译文】

猩猩居住地的西北方有犀牛，其形状与牛相似，全身呈黑色。

【原文】

10.12　夏后启之臣曰孟涂①，是司神于巴②，巴人讼于孟涂之所，其衣有血者乃执之，是请生③。居山上，在丹山西④。丹山在丹阳南⑤，丹阳居属也⑥。

【注释】

①夏后启：夏朝国君启。②司神：主管之神。巴：古族名，主要分布在今川东、鄂西一带。③请生：请求活命。④丹山：可能是今巫山的支脉。⑤丹阳：古都邑名，在今湖北秭归东南部。⑥居：应作"巴"。

【译文】

夏朝国君启的臣子中有一个叫孟涂的，他是主管巴地的神。巴地的人到孟涂那里去请他审理案件，他把衣服上沾有血迹的人抓起来，被抓起来的人向他请求饶命。孟涂居住在山上，此山在丹山的西面。丹山在丹阳的南边，丹阳则为巴的属地。

【原文】

10.13　窫窳①居弱水中②，在狌狌之西，其状如貙③，龙首，食人。

【注释】

①窫（yà）窳（yǔ）：古代传说中的一种兽。②弱水：水名。叫弱水的河流很多，古人又把水浅而不能载舟的水称为弱水。③貙：即虎，一种像野猫形体略大的野兽。

【译文】

窫窳长着龙一样的脑袋，居住在弱水之中，它的形状与貙相似，长着龙一样的脑袋，会吃人。

【原文】

10.14　有木，其状如牛，引之有皮①，若缨、黄蛇②。其叶如罗③，其实如栾④，其木若苋⑤，其名曰建木。在窫窳西弱水上⑥。

【注释】

①引：牵拉。②缨：用来系帽子或装饰物的带子。③罗：一说指罗网；一说指柔软的丝织品。④栾：栾木。⑤苋（ōu）：菼（tǎn）的别称，即初生的荻。一说指刺榆。⑥窫（yà）窳（yǔ）：古代传说中的一种兽。

【译文】

有一种树，它形状与牛相似，牵拉它时能扯下树皮，拉下的树皮像缨带和黄蛇。它的叶子像罗网，所结的果实与栾树的果实相似，树干与苋相似，这种树名叫建木。它生长在窫窳栖息之地以西的弱水岸边。

【原文】

10.15 氐人国在建木西①，其为人人面而鱼身，无足。

【注释】

①氐（dí）人国：传说中的古国名。建木：这里指建木生长的地方。

【译文】

氐人国在建木生长之地的西边，该国的人长着人面鱼身，没有脚。

【原文】

10.16 巴蛇食象①，三岁而出其骨，君子服之②，无心腹之疾。其为蛇青黄赤黑。一曰黑蛇青首，在犀牛西③。

【注释】

①巴蛇：传说中的一种大蛇。②服之：指吃了巴蛇吐出的象

骨。③一曰:"一曰"及其后面的部分当是后人的注解,不是经文。犀牛:这里指犀牛生活的地方。

【译文】

巴蛇能吃掉大象,三年后才吐出象骨,君子吃了这种象骨,就不会得心脏和腹部的疾病。这种巴蛇身上有青色、黄色、红色、黑色四种颜色。一说巴蛇名为黑蛇,长着青色的脑袋,住在犀牛栖居之地的西边。

【原文】

10.17　旄马,其状如马,四节有毛①。在巴蛇西北、高山南②。

【注释】

①旄(máo)马:兽名。四节:四肢的关节。②巴蛇:指巴蛇所在的地方。高山:山名。一说指今四川西部的大雪山。

【译文】

有一种旄马,其形状与马相似,四条腿的关节处都长着毛。旄马居住在巴蛇栖息之地的西北边、高山的南边。

【原文】

10.18　匈奴、开题之国、列人之国并在西北①。

【注释】

①匈奴:古族名,又称胡。开题之国:开题国,国名。一说在今新疆乌鲁木齐附近。

【译文】

匈奴国、开题国、列人国都在西北方。

第十一卷　海内西经

《海内西经》记载的国家大致位于今陕西、山西、内蒙古、河北、辽宁一带。

海内西经

【导读】

《海内西经》重点记载了昆仑山及其附近的山脉河流、动植物。此处流传着一些奇异的神话传说,如贰负神杀死窫窳神被反绑囚禁在山中的故事、九头开明神兽威风凛凛地守护昆仑山的传说、六巫用不死药救窫窳神的故事。

【原文】

11.1 海内西南陬以北者①。

【注释】

①海内:指海内西经记载的地方。陬(zōu):隅,角落。

【译文】

海内西经记载的是西南角以北的地区。

【原文】

11.2 贰负之臣曰危①,危与贰负杀窫窳②。帝乃梏之疏属之山③,桎其右足④,反缚两手与发,系之山上木。在开题西北⑤。

【注释】

①贰负:传说中的神名。人面蛇身。危:贰负的臣属。②帝:天帝。窫(yà)窳(yǔ):古代传说中的一种兽。③梏(gù):古代木质的手铐,这里指拘禁。疏属之山:疏属山,在今陕西境内。④桎:这里指给(右脚)戴上脚镣。⑤开题:指开题国。

【译文】

贰负有个臣子名叫危,危与贰负一起杀死了窫窳。天帝于是把危拘禁在疏属之山,给他的右脚戴上脚镣,把他的双手和头发反绑在一起,并捆绑在山中的大树上。囚禁他的地方位于开题国的西北边。

【原文】

11.3 大泽方百里,群鸟所生及所解①。在雁门北②。

【注释】

① 解:指鸟脱换羽毛。② 雁门:山名,在今山西省境内。

【译文】

大泽方圆百里,有众多的鸟类在这里繁衍生息、脱羽换毛。大泽位于雁门山的北边。

【原文】

11.4 雁门山①,雁出其间。在高柳北②。

【注释】

① 雁门山:山名,在今山西省境内。② 高柳:地名,在今山西省境内。

【译文】

雁门山,大雁从其间出入。此山位于高柳的北面。

【原文】

11.5 高柳在代北①。

【注释】

① 高柳:地名,在今山西省境内。代:古国名,在今河北蔚县。

【译文】

高柳在代的北边。

【原文】

11.6 后稷之葬①,山水环之。在氐国西②。

【注释】

① 后稷:周族的始祖,名弃。虞舜命为农官,教民耕稼。② 氐(dí)国:氐人国。

【译文】

后稷的埋葬之地,周围有山水环绕。此地位于氐国的西边。

【原文】

11.7 流黄酆氏之国①,中方三百里,有涂四方②,中有山。在后稷葬西③。

【注释】

① 流黄酆(fēng)氏之国:流黄酆氏国。② 涂:通"途",路。③ 后稷葬:后稷所葬之地。

【译文】

流黄酆氏国,其国土方圆三百里,有道路通向四方,国中有大山。此国在后稷所葬之地的西边。

【原文】

11.8 流沙出钟山①,西行又南行昆仑之虚②,西南入海③黑水之山。

【注释】

① 流沙:古时指中国西北地区的沙漠地带。钟山:山名。一

说在今内蒙古境内；一说在今新疆境内。②昆仑之虚：指昆仑山。③海：这里指西北地区的水泽。

【译文】

流沙自钟山起，向西再向南一直延伸到昆仑山，再向西南进入大海和黑水山。

【原文】

11.9　东胡在大泽东①。

【注释】

①东胡：古族名，居于匈奴以东。大泽：大的水泽。

【译文】

东胡在大泽的东边。

【原文】

11.10　夷人在东胡东①。

【注释】

①夷：中国古代对东方各族的泛称，也指四方的少数民族。

【译文】

夷人居住在东胡的东边。

【原文】

11.11　貊国在汉水东北①。地近于燕②，灭之。

【注释】

①貊（mò）：古族名。汉水：水名。一说在今朝鲜半岛上；一说指松花江。②燕：指燕国。

【译文】

貊国位于汉水的东北边,该地与燕国临近,后来被燕国灭掉。

【原文】

11.12 孟鸟在貊国东北。其鸟文赤、黄、青,东乡①。

【注释】

①乡:通"向",朝向。

【译文】

孟鸟居住在貊国的东北边。这种鸟的花纹呈红、黄、青三种颜色,向着东方而立。

【原文】

11.13 海内昆仑之虚,在西北①,帝之下都②。昆仑之虚,方八百里,高万仞③。上有木禾④,长五寻⑤,大五围⑥。面有九井,以玉为槛⑦;面有九门,门有开明兽守之⑧,百神之所在。在八隅之岩⑨,赤水之际⑩,非仁羿莫能上冈之岩⑪。

【注释】

①昆仑之虚:指昆仑山。②帝:指黄帝。下都:在下界的都城。③仞:古代以八尺或七尺为一仞。④木禾:传说中一种高大的谷类植物。⑤寻:古代长度单位,八尺为一寻。⑥围:两臂合拢的长度。⑦槛:栏杆。⑧开明兽:传说中的一种神兽。⑨隅:角落。⑩赤水:水名。一说指红色的水流。⑪羿:后羿,夏朝有穷氏首领,善于射箭。

【译文】

海内西经中所记载的昆仑山位于西北地区,是黄帝在下界的都城。昆仑山方圆八百里，高达万仞。山上长有一种木禾，高达五寻，粗细需五人合抱。昆仑山的每一面都有九口井，每口井都以玉为栏杆。每一面都有九道门，每道门都有名叫开明的神兽为它守卫，这里是百神居住的地方。百神居住在八个方位的岩洞中，赤水的岸边。如果不是后羿那样的人，是无法攀上这些山冈上的岩石的。

【原文】

11.14 赤水出东南隅，以行其东北①，西南流注南海厌火东。

【注释】

① 其：指昆仑山。

【译文】

赤水发源于昆仑山的东南角，沿着山势流到山的东北部，然后转向西南流注到南海厌火国的东面。

【原文】

11.15 河水出东北隅，以行其北①，西南又入渤海②，又出海外③，即西而北，入禹所导积石山④。

【注释】

① 其：昆仑山。② 渤海：水名。一说指蒲昌海；一说在今新疆境内。③ 海外：地名。指异族所居之地。④ 导：疏导。

【译文】

黄河发源于昆仑山的东北角，然后向北方流去，又折向西南，最后注入渤海；接着又流出海外，向西向北一直流入大禹疏导的积石山。

【原文】

11.16 洋水、黑水出西北隅①，以东，东行，又东北，南入海②，羽民南③。

【注释】

①洋水：水名。一说指今新疆境内的叶尔羌河。黑水：水名。一说指喀什喀河。②海：水名。一说指罗布泊。③羽民：指羽民国。

【译文】

洋水、黑水从昆仑山的西北角流出，向东流，然后折向东北流，再折向南流入大海，一直流到羽民国的南边。

【原文】

11.17 弱水、青水出西南隅，以东，又北，又西南，过毕方鸟东①。

【注释】

①毕方鸟：这里指毕方鸟栖息的地方。

【译文】

弱水、青水从昆仑山的西南角流出，向东流，然后向北流，再向西南流，流经毕方鸟栖息之地的东面。

【原文】

11.18 昆仑南渊深三百仞①。开明兽身大类虎而九首，皆人面，东向立昆仑上。

【注释】

①昆仑：昆仑山。仞：古代以八尺或七尺为一仞。

【译文】

昆仑山南面的渊潭，深达三百仞。开明兽身形跟老虎一般庞大，长着九个脑袋，每个脑袋上都长着人一样的脸，面向东站立在昆仑山上。

【原文】

11.19 开明西有凤皇、鸾鸟①，皆戴蛇践蛇，膺有赤蛇②。

【注释】

① 开明：指开明兽。鸾鸟：传说中凤凰一类的鸟。② 膺：胸。

【译文】

开明兽所在之地的西边有凤凰、鸾鸟，它们头上盘绕着蛇，脚下踩踏着蛇，胸前有红色的蛇。

【原文】

11.20 开明北有视肉、珠树、文玉树、玗琪树、不死树①。凤皇、鸾鸟皆戴瞂②。又有离朱、木禾、柏树、甘水、圣木曼兑③。一曰挺木牙交④。

【注释】

① 开明：指开明兽。视肉：传说中的一种兽。珠树：长有珍珠的树。文玉树：五彩玉树。玗（yú）琪树：玗琪，红玉，长红玉的树。不死树：吃了它的果实可以不死的树。② 瞂（fá）：盾。③ 离朱：传说中的一种神禽。木禾：传说中的一种高大的谷类植物。甘水：甘甜的泉水。圣木曼兑：一说指一种名叫曼兑的圣树。④ 一曰挺木牙交：此句当是后人注解，不是经文。

【译文】

开明兽栖息之地的北面有视肉，有珠树、文玉树、玗琪树、不死树。此处的凤凰、鸾鸟头上都戴着盾。这里还有离朱，木禾、柏树、甘甜的泉水及圣木曼兑。一说圣木曼兑即指挺木牙交。

【原文】

11.21 开明东有巫彭①、巫抵、巫阳、巫履、巫凡、巫相②,夹窫窳之尸③,皆操不死之药以距之④。窫窳者,蛇身人面,贰负臣所杀也⑤。

【注释】

①开明:指开明兽。②巫彭、巫抵、巫阳、巫履、巫凡、巫相:都是古代的巫师。③窫(yà)窳(yǔ):猰貐,传说中的一种兽。④距:通"拒",抗拒。⑤贰负臣:指贰负的臣子危。

【译文】

开明兽所居之地的东面有巫彭、巫抵、巫阳、巫履、巫凡、巫相六位巫师,他们围在窫窳的尸体周围,手捧着不死药,试图令窫窳复活。这位窫窳神,长着蛇身人面,被贰负及其臣子危一起杀死。

【原文】

11.22 服常树①,其上有三头人,伺琅玕树②。

【注释】

①服常树:树名。②伺:守候。琅(láng)玕(gān)树:珠树。

【译文】

有一种服常树,它上面有长着三颗脑袋的人,正在守候着琅玕树。

【原文】

11.23 开明南有树鸟①,六首;蛟、蝮、蛇、蜼、豹、鸟秩树②,于表池树木③,诵鸟、鹍、视肉④。

【注释】

①开明:指开明兽。树鸟:传说中的一种鸟。②蛟:蛟龙。

蝮：蝮蛇。蜼（wèi）：一种长尾猿。鸟秩树：树名。③表池：地名。一说指华表池。树：种植。④诵鸟：鸟名。鶽（sǔn）：雕。视肉：传说中的一种兽。

【译文】

开明兽栖息之地的南边有树鸟，它长着六个脑袋；那里还有蛟龙、蝮蛇、长尾猿、豹子和鸟秩树，在表池的周围环绕着树；那里生活着诵鸟、雕、视肉。

第十二卷　海内北经

《海内北经》记录的国家山川大致分布在昆仑山向东，经陕西、河北，一直延伸到朝鲜以东的大海中。

海内北经

【导读】

《海内北经》中记载的内容比较简单,主要是一些奇异的动物,如为西王母取食的三青鸟、形似虎长着翅膀的穷奇兽、状若虎长尾巴的驺吴兽。除此之外,还记载了人面蛇身的鬼国人、长得像狗的犬封国人、兽头人身的环狗国人及头上长着三只角的戎族人等。逢蒙忘恩负义射死后羿、犬封国犬夫人妻的故事充满奇幻色彩,给人留下了深刻的印象。

【原文】

12.1　海内西北陬以东者①。

【注释】

①海内:指海内北经所记载的地方。陬:隅,角落。

【译文】

海内北经所记载的是西北角以东的地方。

【原文】

12.2　蛇巫之山①,上有人操杯而东向立②。一曰龟山③。

【注释】

①蛇巫之山:蛇巫山。一说在今昆仑山附近;一说在今四川、湖北边境。②杯:同"杯"。③一曰龟山:此句当是后人注解,不是经文。

【译文】

有一座蛇巫山,山上有人手拿杯子,面朝东而立。一说此山名叫龟山。

【原文】

12.3 西王母①梯几而戴胜,其南有三青鸟②,为西王母取食。在昆仑虚北③。

【注释】

①西王母:亦称为金母、瑶池金母、瑶池圣母。住在昆仑山的瑶池中,神话传说中的女神。梯:依凭。几:小桌子。②三青鸟:传说中的一种鸟。③昆仑虚:昆仑山。

【译文】

西王母身子倚靠着桌几,头上戴着玉胜,她的南面有三青鸟,专门负责给西王母取食。西王母住在昆仑山的北面。

【原文】

12.4 有人曰大行伯,把戈。其东有犬封国。贰负之尸在大行伯东①。

【注释】

①贰负:传说中的神名。人面蛇身。

【译文】

有个人名叫大行伯,手中拿着戈。大行伯所居之地的东边有个犬封国。贰负的尸体也在大行伯所居之地的东面。

【原文】

12.5 犬封国曰犬戎国,状如犬。有一女子,方跪进杯食①。有文马,缟身朱鬣②,目若黄金,名曰吉量,乘之寿千岁。

【注释】

①桮:同"杯"。②缟(gǎo):细白的绢。鬣(liè):兽类颈上的长毛。

【译文】

犬封国又叫犬戎国,该国之人的样貌与狗相像。这里有一位女子,正跪在地上,手捧一杯酒向人进献食物。这里有一种带有斑纹的马,全身呈白色,有红色的鬣毛,眼睛像黄金一样闪闪发光,这种马名叫吉量,人只要骑过它就能寿达千岁。

【原文】

12.6　鬼国在贰负之尸北①,为物人面而一目。一曰贰负神在其东②,为物人面蛇身。

【注释】

①鬼国:传说中的国名。贰负:传说中的神名。人面蛇身。②一曰贰负神在其东:此句当是后人注解,不是经文。

【译文】

鬼国在贰负的尸体所在之地的北面,该国之人长着人一样的脸,只有一只眼睛。一说贰负神在鬼国的东面,该国之人都是人面蛇身。

【原文】

12.7　蜪犬如犬①,青,食人从首始。

【注释】

①蜪(táo)犬:兽名。

【译文】

蜪犬的形状与狗相似,它全身青色,吃人时先从脑袋开始吃。

【原文】

12.8 穷奇状如虎,有翼,食人从首始。所食被发①。在蜪犬北②。一曰从足③。

【注释】

①被:同"披",披散。②蜪(táo)犬:这里指蜪犬所在的地方。③一曰从足:此句当是后人注解,不是经文。从足:指从脚开始吃。

【译文】

穷奇的形状与虎相似,长有翅膀,吃人时先吃头。被吃的人都是披散着头发的。穷奇居住在蜪犬所居之地的北边。也有人说穷奇吃人先从脚开始。

【原文】

12.9 帝尧台、帝喾台、帝丹朱台、帝舜台①,各二台,台四方,在昆仑东北。

【注释】

①尧:传说中远古部落联盟首领,号陶唐氏。喾:黄帝之子玄嚣的后裔,号高辛氏。丹朱:传说中帝尧之子。名朱,因居丹水,故名丹朱。舜:上古帝王,有虞氏,姓姚,名重华。

【译文】

帝尧台、帝喾台、帝丹朱台、帝舜台,此四座台各由两座台组成,台呈四方形,位于昆仑山的东北方。

【原文】

12.10 大蜂,其状如螽①;朱蛾②,其状如蛾。

【注释】

① 螽（zhōng）：螽斯。② 朱蛾：红色的大蚂蚁。

【译文】

有一种大蜂，形状与螽斯相似；有一种红色的大蚂蚁，形状与蛾子相似。

【原文】

12.11　蟜①，其为人虎文，胫有朞②，在穷奇东③。一曰状如人。昆仑虚北所有④。

【注释】

① 蟜（qiáo）：国名或地名。② 胫：小腿。朞（qǐ）：小腿肚子。③ 穷奇：穷奇兽所在的地方。④ 一曰……所有："一曰"及其后面的部分当是后人注解，不是经文。昆仑虚：昆仑山。

【译文】

蟜，这里的人长着虎一样的斑纹，腿上有强健的小腿肚子。蟜在穷奇居住之地的东面。一说蟜的形状与人相似，居住在昆仑山的北边。

【原文】

12.12　阘非①，人面而兽身，青色。

【注释】

① 阘（tà）非：兽名。

【译文】

阘非这种动物，长着人面兽身，全身都为青色。

【原文】

12.13　据比之尸①，其为人折颈被发②，无一手。

【注释】

①据比:天神名,一说是诸比。②折:折断。被:同"披",披发。

【译文】

据比的尸首,是一个折断了脖子、披散着头发、只有一只手的形象。

【原文】

12.14　环狗①,其为人兽首人身。一曰蜩状如狗,黄色②。

【注释】

①环狗:指环狗国。②一曰……黄色:"一曰"及其后面的部分当是后人注解,不是经文。

【译文】

有一个环狗国,这个国家的人长着野兽一样的头,人一样的身子。一说环狗形状像刺猬,又像狗,全身皆为黄色。

【原文】

12.15　袜①,其为物人身、黑首、从目②。

【注释】

①袜:同"魅",指鬼怪。②从(zòng)目:纵目。眼睛竖着长。

【译文】

袜,长着人一样的身子,脑袋是黑色的,眼睛竖着长。

【原文】

12.16　戎①,其为人人首三角。

【注释】

① 戎：这里指传说中的国家或部族。

【译文】

戎族中的人，长着人一样的脑袋，脑袋上长着三只角。

【原文】

12.17　林氏国有珍兽①，大若虎，五采毕具，尾长于身，名曰驺吾②，乘之日行千里。

【注释】

① 林氏国：国名。② 驺（zōu）吾：传说中的一种兽。

【译文】

林氏国居住着一种珍奇的野兽，它的形状有老虎那么大，身上五彩斑斓，尾巴比身子还长，这种兽名叫驺吾，骑上它就能日行千里。

【原文】

12.18　昆仑虚南所①，有氾林方三百里②。

【注释】

① 昆仑虚：昆仑山。② 氾林：分布广泛的树林。

【译文】

昆仑山的南面有一片分布十分广泛的树林，方圆有三百里。

【原文】

12.19　从极之渊①深三百仞②，维冰夷恒都焉③。冰夷人面，乘两龙。一曰忠极之渊④。

【注释】

①从极之渊:从极渊,传说中的深渊名。②仞:古代以八尺或七尺为一仞。③冰夷:传说中的水神名,又作冯夷、无夷,也叫河伯。④一曰忠极之渊:此句当是后人注解,不是经文。

【译文】

从极渊有三百仞那么深,只有一位名叫冰夷的水神经常住在那里。冰夷长着人一样的脸,驾乘着两条龙。一说从极渊名叫忠极渊。

【原文】

12.20 阳汙之山①,河出其中②;凌门之山③,河出其中。

【注释】

①阳汙之山:阳汙山。一说指潼关。②河:黄河。③凌门之山:凌门山,在今陕西省韩城市附近。

【译文】

阳汙山,黄河的一条支流发源于此;凌门山,黄河的另一条支流由这里发源。

【原文】

12.21 王子夜之尸①,两手、两股、胸、首、齿,皆断异处。

【注释】

①王子夜:可能指王亥。

【译文】

王子夜的尸体,两只手、两条腿、胸部、脑袋、牙齿,都被斩断,被抛到不同的地方。

【原文】

12.22 舜妻登比氏生宵明、烛光①，处河大泽，二女之灵能照此所方百里。一曰登北氏②。

【注释】

①舜：上古帝王，有虞氏，姓姚，名重华。登比：舜的妃子。宵明、烛光：传说中舜的两个女儿。②一曰登北氏：此句当是后人注解，不是经文。

【译文】

帝舜的妻子登比氏生了宵明、烛光这两个女儿，她们居住在黄河边上的大泽中，这两位女子发出的灵光能照亮周围方圆百里的地方。一说帝舜的妻子叫登北氏。

【原文】

12.23 盖国在钜燕南①，倭北②。倭属燕。

【注释】

①盖国：国名。钜（jù）燕：钜通"巨"，大燕国。②倭：古代指日本。

【译文】

盖国位于大燕国的南边，倭国的北边。倭国隶属于燕国。

【原文】

12.24 朝鲜在列阳东①，海北山南②。列阳属燕。

【注释】

①朝鲜：位于今朝鲜半岛。列阳：列水的阳面。②海：指黄海。山：指长白山。

【译文】

朝鲜位于列阳的东面,大海的北面,山的南面。列阳属于燕国。

【原文】

12.25 列姑射在海河州中①。

【注释】

① 海河州:一说指朝鲜半岛,一说在今朝鲜半岛北汉江下游。

【译文】

列姑射位于河流与大海交汇处的山地上。

【原文】

12.26 射姑国在海中①,属列姑射,西南,山环之。

【注释】

① 射(yè)姑国:国名。

【译文】

射姑国在海中的岛屿上,隶属于列姑射。射姑国的西南部被高山环绕着。

【原文】

12.27 大蟹在海中①。

【注释】

① 大蟹:巨大的蟹,据说广达千里。

【译文】

大蟹生活在海中。

【原文】

12.28　陵鱼人面、手足,鱼身①,在海中。

【注释】

①陵鱼:传说中的一种鱼。

【译文】

有一种陵鱼,长着人一样的脸,有手有脚,鱼一样的身子,生活在大海里。

【原文】

12.29　大鯾居海中①。

【注释】

①鯾(biān):鱼名,鲂鱼。

【译文】

大鯾鱼生活在海中。

【原文】

12.30　明组邑居海中①。

【注释】

①明组邑:一说指海生类植物;一说指地名或部落名。

【译文】

明组邑生活在海中。

【原文】

12.31　蓬莱山在海中①。

【注释】

① 蓬莱山：传说中的一座神山，为仙人所居之处。

【译文】

蓬莱山位于大海之中。

【原文】

12.32　大人之市在海中①。

【注释】

① 大人之市：指身材高大的人的集市。

【译文】

大人贸易的集市在大海之中。

第十三卷　海内东经

　　《海内东经》主要记载了中国东部河北到浙江一带的山川河流分布情况。

海内东经

【导读】

《海内东经》中重点介绍了一些水流的发源地、流向和流经地域，如岷江、浙江、庐江、淮水、湘水；介绍了某些独具风貌的国家，如出产美玉的白玉山国。此外还简单点出了某些山名、地名和神名，所记内容比较简单。

【原文】

13.1　海内东北陬以南者①。

【注释】

①海内：指海内东经所记载的地方。陬：隅，角落。

【译文】

海内东经记载的是东北角以南的地方。

【原文】

13.2　钜燕在东北陬①。

【注释】

①钜（jù）燕：大燕国。钜：同"巨"，大。陬：隅，角落。

【译文】

大燕国位于东北角。

【原文】

13.3　国在流沙中者埻端、玺㬢①，在昆仑虚东南②。一曰海内之郡③，不为郡县，在流沙中。

【注释】

①埻（zhǔn）端：国名，可能指敦煌。玺㬇（huàn）：国名。②昆仑虚：昆仑山。③一曰："一曰"及其后面的部分当是后人注解，不是经文。海内：指国境之内。

【译文】

位处流沙中的国家有埻端国和玺㬇国，它们都在昆仑山的东南边。一说埻端国和玺㬇国都属于国内之郡，之所以一直不把它们看做国内的郡县，是因为它们处在流沙之中。

【原文】

13.4　国在流沙外者①，大夏、竖沙、居繇、月支之国②。

【注释】

①流沙：古时指中国西北地区的沙漠地带。②大夏：位于中亚。竖沙：可能在今新疆莎车县一带。居繇（yáo）：在今乌兹别克斯坦境内。月支：即月氏（zhī）。

【译文】

位居流沙之外的国家有大夏国、竖沙国、居繇国、月支国。

【原文】

13.5　西胡白玉山在大夏东①，苍梧在白玉山西南②，皆在流沙西，昆仑虚东南。昆仑山在西胡西，皆在西北。

【注释】

①西胡：西边的胡人。古代泛称北方边地和西域的民族为胡。大夏：指大夏国。②苍梧：山名，大致位于我国西北地区。

【译文】

西胡境内的白玉山位于大夏国以东，苍梧山位于白玉山的西南边,这两座山都在流沙的西边、昆仑山的东南边。昆仑山在西胡的西面,它们都处在西北地区。

【原文】

13.6 雷泽中有雷神①,龙身而人头,鼓其腹②。在吴西③。

【注释】

①雷泽:古泽名。雷神:掌管雷的神,又叫雷公、雷师。②鼓:敲击。③吴:地名。

【译文】

雷泽中住着一位雷神,这位雷神长着龙一样的身子、人一样的脑袋,只要拍一下自己的腹部,就会发出打雷声。雷泽位于吴地的西边。

【原文】

13.7 都州在海中①。一曰郁州②。

【注释】

①都州:一说应作"郁山",即今江苏连云港的云台山。②一曰郁州:此句当是后人注解,不是经文。

【译文】

都州位于海中。一说都州应为郁州。

【原文】

13.8 琅邪台在渤海间,琅邪之东①。其北有山。一曰在海间②。

【注释】

①琅邪:古邑名,在今山东胶南市。②一曰在海间:此句当是

后人注解，不是经文。

【译文】

琅邪台位于渤海海岸之间、琅邪山的东边，琅邪山的北边有一座山。一说琅邪台在海中间。

【原文】

13.9　韩雁在海中①，都州南②。

【注释】

①韩雁：一说是山名；一说是鸟名。具体所指待考。②都州：山名。在今江苏省境内。

【译文】

韩雁位于大海之中，在都州的南边。

【原文】

13.10　始鸠在海中①，韩雁南。

【注释】

①始鸠：一说是鸟名；一说是国名。

【译文】

始鸠在大海之中，位于辕厉的南面。

【原文】

13.11　会稽山在大楚南①。

【注释】

①会稽山：山名。在今浙江省境内。楚：指楚国。

【译文】

会稽山位于大楚国的南边。

【原文】

13.12 岷三江①,首大江出汶山②,北江出曼山③,南江出高山④。高山在城都西⑤,入海,在长州南⑥。

【注释】

①此段以下文字据学者研究,不是《山海经》原文,而是《水经》中的文字。岷:指岷江。②大江:指岷江的主流。③曼山:山名。一说指蒙山;一说指崛山。④高山:山名。一说是邛崃山;一说是大雪山。⑤城都:"城"应作"成"。⑥长州:地名。一说指今江苏如皋市东的沙洲。

【译文】

岷江由三条江组成:首条是岷江的主流,由汶山发源;北江发源于曼山;南江发源于高山。高山位于成都的西面,入海口在长州的南边。

【原文】

13.13 浙江①出三天子都,在其东②。在闽西北③,入海,余暨南④。

【注释】

①浙江:今钱塘江。②其:应作"蛮",蛮是古代长江中游及其以南地区少数民族的泛称。③闽:古代族名。④余暨:在今浙江杭州市。

【译文】

浙江发源于三天子都山,这座山位于蛮人居住之地的东边,闽地的西北边,在余暨的南边流入大海。

【原文】

13.14　庐江出三天子都①,入江,彭泽西②。一曰天子鄣③。

【注释】

①庐江:水名。一说指江西庐源水;一说指青弋江,在今安徽东南部。三天子都:山名。即三天子鄣。②彭泽:今鄱阳湖。③一曰天子鄣(zhāng):此句当是后人注解,不是经文。

【译文】

庐江发源于三天子都山,在彭泽的西边流入长江。一说三天子都应为天子鄣。

【原文】

13.15　淮水出余山①,余山在朝阳东②,义乡西③,入海,淮浦北④。

【注释】

①淮水:淮河。②余山:山名。一说指位于河南境内的大复山。朝阳:古县名,治所在今河南邓州市一带。③义乡:郡、国名。④淮浦:汉时县名,在今江苏涟水县。

【译文】

淮水发源于余山,余山在朝阳的东边、义乡的西边,淮水在淮浦的北边注入大海。

【原文】

13.16　湘水出舜葬东南陬①,西环之,入洞庭下②。一曰东南西泽③。

【注释】

①湘水：今湘江。舜葬东：舜所葬之地的东边。陬：隅，角落。②洞庭：今洞庭湖。③一曰东南西泽：此句当是后人注解，不是经文。

【译文】

湘水发源于舜所葬之地的东南角，环绕山的西侧流过，最后流入洞庭湖。一说湘水最后流入东南西泽。

【原文】

13.17　汉水出鲋鱼之山①，帝颛顼葬于阳②，九嫔葬于阴，四蛇卫之。

【注释】

①汉水：今汉江。鲋（fù）鱼之山：鲋鱼山。一说是嶓冢山。②颛顼：相传为黄帝之孙、昌意之子，生于若水，居于帝丘。

【译文】

汉水发源于鲋鱼山，帝颛顼就埋葬在鲋鱼山的南面，他的九个嫔妃埋葬在山的北面，有四条蛇守卫着那里。

【原文】

13.18　濛水出汉阳西①，入江，聂阳西②。

【注释】

①濛水：水名。一说是乌江。汉阳：汉时县名。在今贵州境内。②聂阳：地名。

【译文】

濛水发源于汉阳的西边，最后在聂阳的西面流入长江。

【原文】

13.19 温水出崆峒山①,在临汾南②,入河,华阳北③。

【注释】

① 崆峒山:在今山西省境内。② 临汾:治所在今山西新绛县东北。③ 华阳:地名。一说可能指华山之阳。

【译文】

温水发源于崆峒山,这座山位于临汾的南边,最后在华阳的北面流入黄河。

【原文】

13.20 颖水出少室①,少室山在雍氏南②,入淮西鄢北。一曰缑氏③。

【注释】

① 颖水:今颖河。少室:今少室山。② 雍氏:一说即雍梁邑,在今河南禹州市东北;一说应作"缑氏"。③ 缑(gōu)氏:古县名。秦时设置。

【译文】

颖水发源于少室山,此山位于雍氏的南面,颖水在淮河的西边、鄢陵的北边流入淮河。一说雍氏应为缑氏。

【原文】

13.21 汝水出天息山①,在梁勉乡西南②,入淮极西北。一曰淮在期思北③。

【注释】

① 天息山:可能在今河南鲁山县南。② 梁:古县名。在今河南汝州市。勉乡:乡邑名。属古梁县。③ 期思:古县名。

【译文】

汝水发源于天息山,它位于梁县勉乡的西南方,汝水最后在极西的北边流入淮河。一说淮河在期思的北边。

【原文】

13.22 泾水出长城北山①,山在郁郅长垣北,北入渭②,戏北③。

【注释】

①泾水:今泾河。②渭:今渭河。③戏:地名。在今陕西西安市。

【译文】

泾水发源于长城北山,北山位于郁郅境内的长城的北边,向北流入渭水,入水处在戏的北边。

【原文】

13.23 渭水出鸟鼠同穴山①,东注河,入华阴北②。

【注释】

①渭水:今渭河。鸟鼠同穴山:今鸟鼠山。②华阴:古县名。在今陕西华阴市。

【译文】

渭水发源于鸟鼠同穴山,向东流入黄河,入河处在华阴的北面。

【原文】

13.24 白水出蜀①,而东南注江,入江州城下②。

【注释】

①白水:今白水江。②江州:古县名,战国时,治所在今重庆

市区嘉陵江北岸。

【译文】

白水发源于蜀山,向东南流入长江,入江处在江州城下。

【原文】

13.25　沅水山出象郡镡城西①,入东注江②,入下隽西③,合洞庭中④。

【注释】

①沅(yuán)水山:沅江。"山"为衍文。象郡:治所在今广西崇左市境内。镡(xín)城:古县名。②入东注江:此句疑应在段尾。"入"字当为衍文。③下隽:在今湖北通城县西北。④洞庭:今洞庭湖。

【译文】

沅水发源于象郡镡城的西边,向东流入长江,在下隽的西边入江,最后汇入洞庭湖。

【原文】

13.26　赣水出聂都东山①,东北注江,入彭泽西②。

【注释】

①聂都:在今江西境内。②彭泽:今鄱阳湖。

【译文】

赣水发源于聂都东边的山,向东北流入长江,入江处在彭泽的西边。

【原文】

13.27　泗水出鲁东北,而南①,西南过湖陵西,而东南②

注东海③，入淮阴北。

【注释】

①泗（sì）水：在今山东西南部。②湖陵：古县名。在今山东鱼台县东南。③东海：先秦时代多指今之黄海。

【译文】

泗水发源于鲁地的东北方，然后向南流、再折向西南流经湖陵的西边，又向东南，流入东海，入海处在淮阴的北面。

【原文】

13.28　郁水出象郡①，而西南注南海，入须陵东南②。

【注释】

①象郡：郡名。秦时设置，在今广西崇左市境内。②须陵：一说应作"猛陵"，猛陵为古县名，属苍梧郡。

【译文】

郁水发源于象郡，向西南流入南海，入海处在须陵的东南方。

【原文】

13.29　肄水出临晋西南①，而东南注海，入番禺西②。

【注释】

①肄水：水名。今溱水。临晋：应作"临武"。②番禺：古县名。在今广州市内。

【译文】

肄水发源于临晋的西南方，向东南方流入海中，入海处在番禺的西边。

【原文】

13.30 潢水出桂阳西北山①，东南注肄水②，入敦浦西③。

【注释】

①潢（huáng）水：水名。在今广东省境内。②肄水：溱水。③敦浦：地名。一说指浈浦关。

【译文】

潢水发源于桂阳西北的山中，向东南流入肄水，入水处在敦浦的西面。

【原文】

13.31 洛水出洛西山①，东北注河，入成皋之西②。

【注释】

①洛水：洛河。洛：今河南洛阳市。②成皋：汉时设置的县，在今河南荥阳市汜水镇西。

【译文】

洛水发源于洛阳西边的山中，向东北流入黄河，入河处在成皋的西边。

【原文】

13.32 汾水出上窳北①，而西南注河，入皮氏南②。

【注释】

①上窳（yǔ）：地名。一说在今山西静乐县北。②皮氏：古县名。在今山西河津县。

【译文】

汾水发源于上窳的北面,向西南流入黄河,入河处在皮氏的南边。

【原文】

13.33　沁水出井陉山东①,东南注河,入怀东南。

【注释】

① 沁水:今沁河。井陉(xíng)山:在山西境内。

【译文】

沁水发源于井陉山的东面,向东南流入黄河,入河处在怀的东南面。

【原文】

13.34　济水出共山南东丘①,绝钜鹿泽②,注渤海,入齐琅槐东北。

【注释】

① 济水:水名。包括黄河南北两部分。共山:山名。② 绝:穿过。钜鹿泽:"鹿"应作"野",即大野泽,在今山东巨野县北。

【译文】

济水发源于共山南面的东丘,穿过钜鹿泽,最后流入渤海,入海处在齐地琅槐的东北方。

【原文】

13.35　潦水出卫皋东①,东南注渤海,入潦阳②。

【注释】

① 潦水:今辽河。② 潦阳:古县名。在今辽宁辽中县。

【译文】

潦水发源于卫皋的东面,向东南流入渤海,入海处在潦阳。

【原文】

13.36 虖沱水出晋阳城南①,而西至阳曲北②,而东注渤海,入越章武北。

【注释】

①虖(hū)沱水:滹沱河。晋阳:古县名。在今山西太原市。②阳曲:古县名,在今山西太原市北。

【译文】

虖沱水发源于晋阳城的南边,向西流到阳曲的北边,再转向东流入渤海,入海处在章武的北边。

【原文】

13.37 漳水出山阳东①,东注渤海,入章武南②。

【注释】

①漳水:漳河。一说在今河南境内;一说在今山西境内。②章武:古县名。在今河北黄骅市西北。

【译文】

漳水发源于山阳的东面,向东注入渤海,入海处在章武的南边。

【原文】

13.38 建平元年四月丙戌①,待诏太常属臣望校治②,侍中光禄勋臣龚、侍中奉车都尉光禄大夫刘秀领主省③。

【注释】

①这段文字是本卷校勘者的署名。建平元年:即汉哀帝刘欣乙

卯年，公元前6年。②望：人名。指丁望。③龚：指王龚。秀：人名。指刘歆。领主省：负责主要的工作。

【译文】

建平元年四月丙戌，待诏太常属臣丁望考订整理，侍中光禄勋臣王龚、侍中奉车都尉光禄大夫刘歆主持整理。

第十四卷　大荒东经

《大荒东经》所记录的国家、山川大致位于中国的东部，与海外东经所记录的地域大致相同。

大荒东经

【导读】

《大荒东经》中记述的国家如大人国、小人国、君子国、黑齿国等同样出现在了《海外东经》中,值得注意的是,这些国家的居民开始有了姓氏。经中还详细说明了这些国家的形成过程,如王亥丧牛于易的故事,讲述了因民国灭亡和摇民国建立的过程,从一个侧面展示了上古时期部落之间的斗争。此外,经中提到明星山、合虚山等山之时,强调它们是日月所出之山,反映了古人对日月活动规律的认识。应龙行雨的神话传说,则反映了古人对自然现象奇幻瑰丽的想象。

【原文】

14.1 东海之外大壑①,少昊之国②。少昊孺帝颛顼于此③,弃其琴瑟。有甘山者,甘水出焉,生甘渊。

【注释】

①东海:所指因时而异,先秦时代多指今之黄海。②少昊:传说中远古东夷族首领,名挚,号金天氏。③孺:这里指养育。颛顼:传说中的古代部族首领,五帝之一,号高阳氏,相传为黄帝之孙、昌意之子,生于若水,居于帝丘。

【译文】

东海之外有一个大的沟壑,少昊在这里建国。少昊于此处养育颛顼帝,并把琴瑟丢在这里。此地有座甘山,甘水发源于此山,流出山后形成一个渊,名叫甘渊。

【原文】

14.2 大荒东南隅有山①,名皮母地丘。

【注释】

①大荒：最荒远的地方。

【译文】

最荒远之地的东南角有座山，名字叫作皮母地丘。

【原文】

14.3　东海之外①，大荒之中，有山名曰大言，日月所出。

【注释】

①东海：所指因时而异，先秦时代多指今天的黄海。

【译文】

东海之外，最荒远的地方之中，有座山名叫大言，此山是太阳和月亮升起的地方。

【原文】

14.4　有波谷山者，有大人之国。有大人之市，名曰大人之堂①。有一大人踆其上②，张其两臂。

【注释】

①大人之堂：一说是山名，因为山的形状如堂屋而得名；一说指大人之市中用来交易的堂屋。②踆：通"蹲"。

【译文】

有一座山名叫波谷山，这里是大人国所处之地。大人国中有一个大人贸易的集市，名叫大人之堂。有一个大人正张着他的两只手臂蹲在上面。

【原文】

14.5　有小人国，名靖人①。

【注释】

① 靖人：古代传说中的小人，也叫诤人。

【译文】

有一个小人国，国中的人被称作靖人。

【原文】

14.6 有神，人面兽身，名曰犁䰠之尸①。

【注释】

① 犁䰠（líng）之尸：犁䰠尸，传说中的神名。

【译文】

有一位神，他长着人一样的脸、兽一样的身子，名叫犁䰠之尸。

【原文】

14.7 有㶑山①，杨水出焉。

【注释】

① 㶑（jué）山：山名。

【译文】

有座山名叫㶑山，杨水发源于此。

【原文】

14.8 有蒍国①，黍食，使四鸟②：虎、豹、熊、罴③。

【注释】

① 蒍（wěi）国：国名。一说即妫（guī）国。妫是传说中舜居住的地方，妫国中的人应当为舜的后裔。② 鸟：这里指兽。③ 罴（pí）：棕熊。

【译文】

有一个国家名叫国,这个国家的人以黍为食,能驱使四种野兽:虎、豹、熊、罴。

【原文】

14.9 大荒之中①,有山名曰合虚,日月所出。

【注释】

① 大荒:最荒远的地方。

【译文】

最荒远的地方之中有座山,名叫合虚,这是太阳和月亮升起的地方。

【原文】

14.10 有中容之国。帝俊生中容①,中容人食兽、木实,使四鸟:豹、虎、熊、罴。

【注释】

① 帝俊:一说指帝舜;一说指颛顼。生:生育。一说这里并非指亲生,而是表明中容人为帝俊后裔。

【译文】

有一个国家叫中容国,帝俊生了中容,中容国人以野兽的肉和果树的果实为食,他们能驱使四种野兽:豹、虎、熊、罴。

【原文】

14.11 有东口之山。有君子之国①,其人衣冠带剑②。

【注释】

① 君子之国:君子国,传说中的国名,因国中之人注重礼仪、

讲求揖让而得名。②衣冠：衣帽整齐。

【译文】

有一座山名叫东口山。有一个君子国，该国之人衣冠整洁，身上佩剑。

【原文】

14.12　有司幽之国。帝俊生晏龙，晏龙生司幽。司幽生思士，不妻；思女，不夫①。食黍，食兽，是使四鸟②。

【注释】

①思士，不妻；思女，不夫：思士，不娶妻子；思女，不嫁丈夫。传说他们因精气感应、魂魄相合而生育后代。晏龙、司幽、思士、思女均为人名。②鸟：这里指兽。

【译文】

有个国家名叫司幽。帝俊生了晏龙，晏龙生了司幽。司幽又生了思士，思士终身未娶；司幽还生了思女，思女一生不嫁。司幽国的人以黍和兽肉为食，能驱使四种野兽。

【原文】

14.13　有大阿①之山者。

【注释】

①大阿：名叫大阿的山。

【译文】

有一座山名叫大阿山。

【原文】

14.14　大荒之中，有山名曰明星①，日月所出。

【注释】

① 明星：为日月所出山之三也。

【译文】

大荒中有一座山，叫明星山，这里是太阳和月亮升起的地方。

【原文】

14.15　有白民之国。帝俊生帝鸿①，帝鸿生白民。白民销姓，黍食，使四鸟：虎、豹、熊、罴②。

【注释】

① 帝鸿：一说指黄帝；一说指黄帝的后裔。② 罴（pí）：棕熊。

【译文】

有一个国家叫白民国。帝俊生了帝鸿，帝鸿生了白民。白民国的人以销为姓，以黍为食，能驱使四种野兽：虎、豹、熊、罴。

【原文】

14.16　有青丘之国①。有狐，九尾。

【注释】

① 青丘之国：青丘国，即《海外东经》中提到的国家。

【译文】

有一个国家叫青丘国，国中有一种狐，长着九只尾巴。

【原文】

14.17　有柔仆民①，是维嬴土之国②。

【注释】

① 柔仆民：国名。② 维：句中语气助词，无实义。嬴土：肥沃

的土地。

【译文】

有一个国家叫柔仆民,是一个土壤肥沃的国家。

【原文】

14.18　有黑齿之国①。帝俊生黑齿,姜姓,黍食,使四鸟②。

【注释】

①黑齿之国：黑齿国,即《海外东经》中提到的国家。②鸟：这里指兽。

【译文】

有一个国家叫黑齿国。帝俊生了黑齿,该国之人以姜为姓,以黍为食,能驱使四种野兽。

【原文】

14.19　有夏州之国。有盖余之国①。

【注释】

①盖余之国：盖余国,国名。一说即盖国。

【译文】

有一个夏州国。还有一个盖余国。

【原文】

14.20　有神人,八首人面,虎身十尾,名曰天吴。

【译文】

有一位神人,长着八个脑袋、人一样的脸、虎一样的身子,有十条尾巴,名叫天吴。

【原文】

14.21 大荒之中①,有山名曰鞠陵于天、东极、离瞀②,日月所出。有神名曰折丹③——东方曰折,来风曰俊——处东极以出入风。

【注释】

①大荒:最荒远的地方。②鞠陵于天、东极、离瞀(mào):均为山名。一说东极、离瞀不指山,而是对"鞠陵于天"的解释。③折丹:传说中的神名。

【译文】

在最荒远的地方之中有三座山,分别名叫鞠陵于天、东极、离瞀,这三座山是太阳和月亮升起的地方。有一位名叫折丹的神——东方的人称他为折,从东方吹过来的风称为俊——折丹神就处在大地的最东边,掌管风的出入。

【原文】

14.22 东海之渚中,有神①,人面鸟身,珥两黄蛇②,践两黄蛇③,名曰禺䝞。黄帝生禺䝞,禺䝞生禺京④。禺京处北海⑤,禺䝞处东海,是惟海神。

【注释】

①渚:水中的小块陆地。②珥:耳饰,这里作动词,指(用两条黄蛇)作耳饰。③践:踩、踏。④禺䝞(hào)、禺京:都是传说中的海神。⑤北海:古代泛指我国北方偏远之地。秦汉时也指里海、贝加尔湖等。

【译文】

东海的小岛上有位神,长着人面鸟身,用两条黄蛇作耳饰,脚下(还)踩着两条黄蛇,这位神名叫禺䝞。黄帝生了禺䝞,禺䝞生了禺京。禺京住在北海，禺䝞住在东海，他们都是海神。

【原文】

14.23 有招摇山①，融水出焉。有国曰玄股，黍食，使四鸟②。

【注释】

①招摇山：一说在今广东省境内；一说在今广西省境内。②鸟：这里指兽。

【译文】

有座招摇山，融水发源于此。有一个国家名叫玄股国，国人以黍为食，他们能驱使四种野兽。

【原文】

14.24 有困民国①，勾姓而食②。有人曰王亥，两手操鸟，方食其头。王亥托于有易、河伯仆牛③，有易杀王亥，取仆牛。河伯念有易，有易潜出，为国于兽④，方食之，名曰摇民。帝舜生戏⑤，戏生摇民。

【注释】

①困：应作"因"，"因民"即下文的"摇民"。②而：应作"黍"。③有易：国名，可能在今河北易县附近。托：托付。河伯：人名。仆牛：大的牛群。④为国于兽：在野兽出没的地方建国。⑤舜：上古帝王，有虞氏，姓姚，名重华。戏：指有易。

【译文】

有个因民国，以勾为姓，以黍为食。国中有个名叫王亥的人，他两只手抓着鸟，正在吃鸟的头。王亥把一群牛托付给有易国的人和水神河伯，有易国的人杀死了王亥，抢走了这一群牛。（后来，殷王杀了有易国的国君，为王亥报了仇）河伯顾念与有易国的交情，于是帮助该国人逃了出来,他们在野兽出没的地方建立了一个新的国家。他们正在吃兽肉。因此这个国家名叫摇民国。帝舜生了戏,戏生了摇民。

【原文】

14.25 海内有两人①,名曰女丑②。女丑有大蟹。

【注释】

① 两人:下面只说了一个人,大概文字上有逸脱。② 女丑:女丑之尸,是一个女巫。

【译文】

海内有两个人,名叫女丑。女丑所居之地有大蟹。

【原文】

14.26 大荒之中①,有山名曰孽摇頵羝。上有扶木②,柱三百里③,其叶如芥④。有谷曰温源谷。汤谷上有扶木,一日方至,一日方出,皆载于乌⑤。

【注释】

① 大荒:最荒远的地方。② 扶木:扶桑。③ 柱:直立高耸。④ 芥:芥菜。⑤ 乌:传说太阳中有三足乌。

【译文】

最荒远之地有一座山,名叫孽摇頵羝。山上长着扶木,直立高耸达三百里,树叶与芥菜叶相似。山中有一个山谷,名叫温源谷。汤谷的上面也长有扶木,一个太阳刚到达扶木,另一个太阳就从扶木上升起,这两个太阳都载在三足乌的身上。

【原文】

14.27 有神,人面、犬耳、兽身,珥两青蛇①,名曰奢比尸。

【注释】

① 珥：动词。这里指用两条青蛇作耳饰。

【译文】

有一位神，长着人一样的脸、狗一样的耳朵，兽一样的身子，以两条青蛇作耳饰，这位神名叫奢比尸。

【原文】

14.28 有五采之鸟①，相乡弃沙②。惟帝俊下友③。帝下两坛，采鸟是司④。

【注释】

① 五采之鸟：羽毛五彩斑斓的鸟。② 相乡：相对。乡通"向"。弃沙：盘旋舞动的样子。③ 下友：下界的朋友。④ 司：管理。

【译文】

有一种五彩斑斓的鸟，常常相对起舞。这些鸟是帝俊在下界的朋友。帝俊在下界的两个神坛，就是由这种五彩的鸟掌管的。

【原文】

14.29 大荒之中①，有山名曰猗天苏门，日月所生。有壎民之国②。

【注释】

① 大荒：最荒远的地方。② 壎（xūn）民之国：壎民国，国名。

【译文】

最荒远的地方之中有一座山，名叫猗天苏门，这是太阳和月亮升起的地方。那里有一个壎民国。

【原文】

14.30 有綦山①,又有摇山。有䰫山②,又有门户山,又有盛山。又有待山。有五采之鸟③。

【注释】

①綦(jì)山:山名。②䰫(zèng)山:山名。③五采之鸟:羽毛五彩斑斓的鸟。

【译文】

有綦山,又有摇山。有䰫山、又有门户山、盛山和待山。这几座山上有五彩斑斓的鸟。

【原文】

14.31 东荒之中①,有山名曰壑明俊疾,日月所出。有中容之国②。

【注释】

①东荒:东边的荒远之地。②中容之国:中容国,国名。

【译文】

东方的荒远之地中有一座山,名叫壑明俊疾,这是太阳和月亮升起之地。那里有个中容国。

【原文】

14.32 东北海外,又有三青马、三骓、甘华①。爰有遗玉、三青鸟、三骓、视肉、甘华、甘柤②。百谷所在。

【注释】

①三骓(zhuī):马名。甘华:植物名。②爰:这里;那里。遗玉:玉石名。三青鸟:传说中的一种鸟。视肉:兽名。一说又叫聚肉,形状像牛肝,长着两只眼睛,从它身上割去一块肉,很快又

会长出来。甘柤（zhā）：植物名。

【译文】

在东北方向的海外，又有三青马、三骓马、甘华。那里还有遗玉、三青鸟、三骓马、视肉、甘华、甘柤，这里是百谷生长的地方。

【原文】

14.33 有女和月母之国①。有人名曰䴊②——北方曰䴊，来风曰㹞③——是处东北隅以止日月，使无相间出没，司其短长。

【注释】

①女和月母之国：女和月母国，国名。②䴊（yuān）：传说中的人名。③北方曰䴊，来风曰㹞（yǎn）：北方的人称他为䴊，从北方吹来的风叫㹞。

【译文】

有一个女和月母国。国中有一个名叫䴊的人——北方的人称他为䴊，从北方吹来的风名叫㹞——他住在大地的东北角，控制太阳和月亮的运行，使它们不间断地出没，并调节日月出没时间的长短。

【原文】

14.34 大荒东北隅中①，有山名曰凶犁土丘。应龙处南极②，杀蚩尤与夸父③，不得复上④，故下数旱⑤。旱而为应龙之状，乃得大雨。

【注释】

①大荒：最荒远的地方。隅：角落。②应龙：古代传说中善兴云作雨的神。③蚩尤：传说中古代九黎族的首领，以金作为兵器，与黄帝战于涿鹿，失败被杀。夸父：神话传说中的人物，据传与太阳赛跑，最后口渴而死。④上：指上天。⑤下：下界。

【译文】

最荒远之地的东北角中有一座山,名叫凶犁土丘。应龙住在这座山的最南面,由于他杀了蚩尤和夸父,再也不能回到天界,所以下界多次发生旱灾。每当下界大旱时,人们便模仿应龙的样子求雨,天上就会降雨。

【原文】

14.35 东海中有流波山①,入海七千里。其上有兽,状如牛,苍身而无角,一足,出入水则必风雨,其光如日月,其声如雷,其名曰夔。黄帝得之②,以其皮为鼓,橛以雷兽之骨③,声闻五百里,以威天下④。

【注释】

①东海:所指因时而异,先秦时代多指今之黄海。流波山:山名。一说指散布在渤海之中的冀东山岭。②黄帝:传说中原各族的祖先,姬姓,为少典之子,号轩辕氏、有熊氏。③橛(jué):敲。雷兽:雷神。④威:震慑。

【译文】

东海中有一座山,名叫流波山,这座山距离海岸有七千里远。山上有一种兽,它的形状与牛相似,长着苍色的身子,头上没有角,只有一条腿,它出入水中时,一定会有风雨相伴,这种兽发出的光像日月一般明亮,它发出的声音像是打雷声,它的名字叫夔。黄帝得到它之后,用它的皮作鼓面,用雷兽身上的骨头来敲打这面鼓,鼓声能传到五百里之外,黄帝以此来震慑天下。

第十五卷　大荒南经

《大荒南经》中记载的国家、山川河流大致位于中国的南方。

大荒南经

【导读】

《大荒南经》中的国家多与《海外南经》中的国家重复,如不死国、羽民国、焦侥国等。

经中有许多奇异的内容,如卵民国中人产卵繁衍后代、三只青兽合并而成的双双、方齿虎尾的祖状尸让,著名的"后羿射日"的神话传说也出自此篇。

【原文】

15.1 南海之外①,赤水之西,流沙之东②,有兽,左右有首,名曰跊踢③。有三青兽相并④,名曰双双。

【注释】

①南海:所指不定,先秦时指东海或泛指南方民族的居住地,也可以指南方的一个海域;西汉后指今南海。②流沙:古时指中国西北的沙漠地区。③跊(chù)踢:传说中的一种兽。④并:合并。

【译文】

在南海之外、赤水的西边、流沙的东边,有一种兽,这种兽左右两边各长一个脑袋,它名叫跊踢。还有一种三只青兽合在一起的动物,名叫双双。

【原文】

15.2 有阿山者①。南海之中②,有氾天之山,赤水穷焉③。赤水之东,有苍梧之野④,舜与叔均之所葬也⑤。爰有文贝、离俞、鸱久、鹰、贾、委维、熊、罴、象、虎、豹、狼、视肉⑥。

【注释】

①阿山：山名。一说这里的"阿"是大的意思。②南海：所指不定。先秦时指东海或泛指南方民族的居住地，也指南方的一个海域；西汉后指今南海。③穷：尽。④苍梧：即苍梧山。⑤叔均：人名。一说是舜的儿子商均。⑥爰：这里；那里。离俞：离朱，传说中的一种神禽。鸱（chī）久：即鸱鸺。贾：鸟名。委维：传说中的一种怪蛇。罴：棕熊。视肉：兽名。

【译文】

有一座山名叫阿山。在南海之中，有一座氾天山，它位于赤水的尽头。赤水的东面有个地方叫苍梧之野，帝舜与叔均死后都埋葬在这里。这个地方有花斑贝、离朱、鸱久、鹰、贾、委蛇、熊、罴、象、虎、豹、狼、视肉等奇异物产。

【原文】

15.3 有荣山，荣水出焉。黑水之南，有玄蛇①，食麈②。

【注释】

①玄：黑色。②麈（zhǔ）：鹿一类的动物。

【译文】

有一座荣山，荣水发源于此。在黑水的南面，有一种黑色的蛇，它喜欢吃麈。

【原文】

15.4 有巫山者①，西有黄鸟。帝药②，八斋③。黄鸟于巫山，司此玄蛇。

【注释】

①巫山：山名。不是今天的巫山。②帝药：天帝的药。③斋：

屋舍。

【译文】

有一座巫山,它的西面有黄鸟。天帝的丹药就存放在巫山的八处斋舍中。黄鸟在巫山上负责监视这种黑蛇。

【原文】

15.5 大荒之中,有不庭之山①,荣水穷焉②。有人三身,帝俊妻娥皇③,生此三身之国④,姚姓,黍食,使四鸟⑤。有渊四方,四隅皆达⑥,北属黑水⑦,南属大荒。北旁名曰少和之渊⑧,南旁名曰从渊,舜之所浴也。

【注释】

①大荒:最荒远的地方。②荣水:水名。一说作"滎水";一说为融水。③帝俊:这里指帝舜。娥皇:舜的妻子,尧的女儿。④三身之国:国名。⑤鸟:这里指兽。⑥隅:角落。达:通。⑦属(zhǔ):连接。⑧旁:边。

【译文】

最荒远之地中有座不庭山,这座山是荣水的尽头处。这里有一种人,长着三个身子。帝俊的妻子娥皇,生下了这个三身国的祖先。国中的人都姓姚,以黍为食,能驱使四种野兽。这里有一个深潭,呈四方形,四角都与外界相通,北边与黑水相连,南边与最荒远之地相连,北边的渊叫少和渊,南边的渊叫从渊,是帝舜洗澡沐浴的地方。

【原文】

15.6 又有成山①,甘水穷焉②。有季禺之国③,颛顼之子④,食黍。有羽民之国,其民皆生毛羽。有卵民之国⑤,其民皆生卵。

【注释】

①成山：山名。②甘水：水名。可能指今广东北江。穷：尽。③季禺之国：季禺国，传说国中人是颛顼后代。④颛顼：相传为黄帝之孙、昌意之子，生于若水，居于帝丘。⑤卵民之国：卵民国，因其国之人都会生卵而得名。

【译文】

还有一座山，名叫成山，这里是甘水的尽头处。有个季禺国，国中的居民皆是帝颛顼的后裔，他们以黍为食。有一个羽民国，该国的人身上长满了羽毛。还有一个国家，名叫卵民国，国人都会生卵。

【原文】

15.7　大荒之中①，有不姜之山②，黑水穷焉③。又有贾山，汔水出焉。又有言山，又有登备之山。有恝恝之山④。又有蒲山，澧水出焉⑤。又有隗山⑥，其西有丹⑦，其东有玉。又南有山，漂水出焉。有尾山，有翠山。

【注释】

①大荒：最荒远的地方。②不姜之山：不姜山。一说可能在今贵州境内；一说在今中南半岛北部。③黑水：水名。一说指今喀什喀尔河；一说是越南境内的黑水河。穷：尽。④恝恝（qì）之山：恝恝山，可能指今张家界中的山峰。⑤澧水：水名。一说即今澧水。⑥隗（wěi）山：山名。一说在今湖南境内。⑦丹：指丹砂。

【译文】

在最荒远之地中有座山，名叫不姜山，这里是黑水的尽头处。另有一座贾山，汔水发源于此。又有言山、登备山、恝恝山。还有一座蒲山，澧水发源于此。又有一座隗山，山的西面出产丹腹，东面有玉石。再向南还有座山，漂水由此处发源。另外还有尾山和翠山。

【原文】

15.8 有盈民之国①,於姓,黍食。又有人方食木叶。

【注释】

①盈民之国:盈民国,国名。

【译文】

有一个盈民国,国人皆姓於,以黍为食。也有人正在吃树叶。

【原文】

15.9 有不死之国①,阿姓,甘木是食②。

【注释】

①不死之国:不死国,也叫不死民。②甘木:一说指不死树;一说指甘蔗。

【译文】

有一个不死国,国人皆姓阿,他们以甘木为食。

【原文】

15.10 大荒之中①,有山名曰去痓②。南极果,北不成,去痓果③。

【注释】

①大荒:最荒远的地方。②去痓(zhì):山名。③从"南极果"以下三句的意义不详,可能是巫师留下来的几句咒语。

【译文】

在大荒当中,有座山名叫去痓山。南极果,北不成,去痓果。

【原文】

15.11 南海渚中①,有神,人面,珥两青蛇②,践两赤蛇,曰不廷胡余。

【注释】

①南海:所指不定。先秦时指东海或泛指南方民族的居住地,也指南方的一个海域;西汉后指今南海。②珥:用作动词。这里指(用两条青蛇)作耳饰。

【译文】

在南海的岛上有一位神,它长着人一样的脸,以两条青蛇作耳饰,脚下踩着两条赤蛇,这位神名叫不廷胡余。

【原文】

15.12 有神名曰因因乎——南方曰因乎,来风曰乎民——处南极以出入风①。

【注释】

①出入风:这里指掌管风的出入。

【译文】

南方有一位名叫因因乎的神——南方人称他为因乎,从南方吹来的风称为乎民——因因乎在大地的最南端掌管风的出入。

【原文】

15.13 有襄山,又有重阴之山①。有人食兽,曰季厘②。帝俊生季厘③,故曰季厘之国。有缗渊④。少昊生倍伐⑤,倍伐降处缗渊⑥。有水四方,名曰俊坛。

【注释】

①重阴之山:重阴山,山名。②季厘:又叫季狸,传为帝喾之

子。③帝俊：指帝喾。④缗（mín）渊：水泽名。⑤少（shào）昊（hào）：相传是黄帝之子，是远古时羲和部落的后裔、华夏部落联盟的首领，同时也是东夷族的首领。⑥降：流放。

【译文】

有一座裹山，还有一座重阴山。有人正在吞食野兽，此人名叫季厘。帝俊生了季厘，所以季厘后裔所在的国家，名叫季厘国。这里有一个缗渊。少昊生了倍伐，倍伐被流放至缗渊。此地有个呈四方形的水池，它的名字叫俊坛。

【原文】

15.14 有载民之国①。帝舜生无淫，降载处②，是谓巫载民。巫载民盼姓③，食谷，不绩不经④，服也；不稼不穑⑤，食也。爰有歌舞之鸟⑥，鸾鸟自歌⑦，凤鸟自舞。爰有百兽，相群爰处。百谷所聚。

【注释】

①载（zhí）民之国：载民国，国名，又叫载国。②降：流放。③盼（fén）：一作"盼"。④绩：把麻搓捻成线或绳。经：本义是织物的纵线，这里指织布。⑤稼：种植谷物。穑（sè）：收割庄稼。⑥爰：这里；那里。⑦鸾鸟：传说中凤凰一类的鸟。

【译文】

有一个载民国。帝舜生了无淫，（后来）无淫被流放至载地，此地的人就被称为巫载民。巫载国的人都以盼为姓，以谷为食，他们不用纺织，就有衣服穿；不用耕作，就有粮食吃。这里生长着擅长唱歌跳舞的鸟，鸾鸟正自由自在地歌唱，凤鸟正自由自在地跳舞。这里还有各种各样的野兽，它们群居在一起。此处还是百谷聚集生长的地方。

【原文】

15.15 大荒之中①，有山名曰融天，海水南入焉。

【注释】

①大荒：最荒远的地方。

【译文】

在最荒远的地方之中有一座山，名叫融天，海水从它的南边流入。

【原文】

15.16 有人曰凿齿①，羿杀之②。

【注释】

①凿齿：古代传说中的野人。②羿：后羿，夏朝有穷氏首领，善于射箭。

【译文】

有一个人名叫凿齿，他被羿用箭射杀了。

【原文】

15.17 有蜮山者①，有蜮民之国，桑姓，食黍，射蜮是食。有人方扜弓射黄蛇②，名曰蜮人。

【注释】

①蜮（yù）山：山名。蜮：传说中一种害人的动物，能含沙射人，使人生病。②扜（yū）：拉。

【译文】

有一座蜮山，那里有个蜮民国，这个国家的人以桑为姓，以黍为食，也用箭射杀蜮来作为食物。有人正在拉弓射黄蛇，他的名字叫蛾人。

【原文】

15.18　有宋山者，有赤蛇，名曰育蛇。有木生山上，名曰枫木。枫木，蚩尤所弃其桎梏①，是为枫木。

【注释】

①桎（zhì）梏（gù）：脚镣和手铐。

【译文】

有一座宋山，山中有一种赤蛇，名叫育蛇。有一种树生长在山上，这种树名叫枫树。蚩尤把他身上的脚镣、手铐扔在地上，于是长出了枫树。

【原文】

15.19　有人方齿虎尾①，名曰祖状之尸②。

【注释】

①齿：咬。一说指牙齿。②祖状之尸：祖状尸，人名一作"柤状之尸"。

【译文】

有个人正咬着老虎的尾巴，这个人名叫祖状尸。

【原文】

15.20　有小人①，名曰焦侥之国②，几姓，嘉谷是食③。

【注释】

①小人：指由身材矮小的人组成的国家。②焦侥之国：焦侥国，国名，又叫周饶国。③嘉谷：优良的谷物。

【译文】

有一个由身材矮小的人组成的国家,名叫焦侥国,这个国家的人均以几为姓,以优质的谷物为食。

【原文】

15.21　大荒之中①,有山名朽涂之山②,青水穷焉③。有云雨之山④,有木名曰栾⑤,禹攻云雨⑥,有赤石焉生栾,黄本、赤枝、青叶⑦,群帝焉取药。

【注释】

①大荒:最荒远的地方。②朽(xiǔ)涂之山:朽涂山。一说即丑涂山。③青水:水名。一说可能是今贵州的清水江;一说是中国西南部的澜沧江。④云雨之山:云雨山,山名。一说为重庆、湖北边境的巫山;一说为贵州的云雾山。⑤栾:即栾木。⑥禹:传说是夏朝的第一位君主。因禹治水有功,舜让位给禹,禹建国为夏。攻:治理。云雨:云雨山。⑦本:草木的茎或根。

【译文】

在最荒远的地方之中有座山,名叫朽涂山,这里是青水穷尽的地方。还有一座云雨山,山上有一种树名叫栾,大禹治理云雨山时,有块赤石长出了栾树,这种树长着黄色的树干、红色的树枝、青色的叶子,诸位帝王都采集它的枝叶来制作药物。

【原文】

15.22　有国曰伯服①,颛顼生伯服,食黍。有鼬姓之国②。有苕山③。又有宗山。又有姓山。又有壑山。又有陈州山。又有东州山。又有白水山,白水出焉,而生白渊,昆吾之师所浴也④。

【注释】

①伯服：伯服国，国名。②鼬（yòu）姓之国：鼬姓国，国名。③䖒（tiáo）山：山名，大致在今湖南、广西、贵州境内。④昆吾之师：指昆吾人。

【译文】

有个国家名叫伯服国，颛顼生了伯服，国中之人以黍为食。又有一个鼬姓国。（这里）有座䖒山。还有宗山、姓山、壑山、陈州山、东州山。此外还有座白水山，白水发源于此，白水从山中流出汇聚成白渊，这里是昆吾人洗澡沐浴的地方。

【原文】

15.23 有人名曰张弘，在海上捕鱼。海中有张弘之国①，食鱼，使四鸟②。

【注释】

①张弘之国：张弘国，国名。一说即长臂国。②鸟：这里指兽。

【译文】

有个名叫张弘的人，他正在海上捕鱼。海中有一个张弘国，国人以鱼为食，能够驱使四种野兽。

【原文】

15.24 有人焉，鸟喙，有翼，方捕鱼于海。大荒之中①，有人名曰驩头②。鲧妻士敬③，士敬子曰炎融，生驩头。驩头人面鸟喙，有翼，食海中鱼，杖翼而行。维宜芑苣，穆杨是食④。有驩头之国。

【注释】

①大荒：最荒远的地方。②驩（huān）头：人名。③鲧（gǔn）：

传说中禹的父亲。④芑（qǐ）苣（jù）穋（qiú）：都是黑色的谷物。

【译文】

有一个人，他长着鸟一样的嘴，身上长有翅膀，正在海中捕鱼。在最荒远之地中有个人，名叫驩头。鲧的妻子为士敬，士敬的儿子名叫炎融，炎融又生下了驩头。驩头长着人一样的脸，嘴巴与鸟嘴相似，身上长有翅膀，以海中的鱼为食，依靠翅膀来行走。将杞、苣、穋和杨树叶做成食物吃。于是有了头国。

【原文】

15.25　帝尧、帝喾、帝舜葬于岳山①。爰有文贝、离俞、鸱久、鹰、贾、延维、视肉、熊、罴、虎、豹②；朱木③，赤枝、青华、玄实④。有申山者。

【注释】

①尧：传说中远古部落联盟首领，号陶唐氏，史称唐尧。喾：黄帝之子玄嚣的后裔，号高辛氏。舜：上古帝王，有虞氏，姓姚，名重华，又称虞舜。岳山：狄山。一说可能是九嶷山，又名苍梧山，在今湖南宁远南，相传虞舜葬于此处。②离俞：离朱，传说中的一种神禽。鸱久：鸱鹠，鸟名，猫头鹰的一种。延维：委蛇。传说中的一种怪蛇。视肉：传说中的兽名。罴：棕熊。③朱木：木名。④玄：黑色。

【译文】

帝尧、帝喾、帝舜都埋葬在岳山。岳山中有带花纹的贝、离朱、鸱久、鹰、贾、延维、视肉、熊、罴、虎、豹。山中还生长着一种朱木树，枝干是红色的，花是青色的，所结的果实是黑色的。还有一座山，名叫申山。

【原文】

15.26　大荒之中①，有山名曰天台②，海水南入焉。

【注释】

①大荒:最荒远的地方。②天台:今浙江省东部的天台山。

【译文】

在最荒远之地中有座山,名叫天台山,海水从此山南边流入。

【原文】

15.27 东南海之外①,甘水之间,有羲和之国②。有女子名曰羲和,方日浴于甘渊③。羲和者,帝俊之妻,生十日。

【注释】

①南:应为衍文。②羲和之国:羲和国,国名。③日浴:当为"浴日",给太阳洗澡。甘渊:渊名。

【译文】

在东海之外、甘水与东海之间,有个国家名叫羲和国。国中有一个女子,名叫羲和,她正在甘渊中给太阳洗澡沐浴。羲和,是帝俊的妻子,她生了十个太阳。

【原文】

15.28 有盖犹之山者①,其上有甘柤②,枝干皆赤,黄叶,白华,黑实。东又有甘华③,枝干皆赤,黄叶。有青马。有赤马,名曰三骓④。有视肉⑤。

【注释】

①盖犹之山:盖犹山,山名。②甘柤(zhā):植物名。③甘华:植物名。④三骓(zhuī):马名。⑤视肉:传说中的兽名。

【译文】

有一座盖犹山,山上生长着甘柤,它的枝条和树干都是红色的,叶子是黄色的,开白色的花朵,结黑色的果实。东面长着甘华树,枝条和树干都呈红色，长着黄色的叶子。山中有青马，也有赤马，名叫三骓。此外还有视肉。

【原文】

15.29　有小人①，名曰菌人。

【注释】

① 小人：指身材矮小的人。

【译文】

有一种身材异常矮小的人，名叫菌人。

【原文】

15.30　有南类之山①。爰有遗玉、青马、三骓、视肉、甘华②。百谷所在。

【注释】

① 南类之山：南类山。一说在今中南半岛。② 爰：这里；那里。遗玉：玉石名。三骓：马名。视肉：兽名。甘华：植物名。

【译文】

有一座山名叫南类山。山里出产黑色玉石，还有青马、三骓马、视肉、甘华树等动植物。那里是百谷生长的地方。

第十六卷 大荒西经

《大荒西经》中记载的国家、山川大致位于中国西部,与海外西经中的部分国家相同。

大荒西经

【导读】

《大荒西经》中记述的国家有丈夫国、一臂民、轩辕国等,还记录了许多神话传说,如共工怒撞不周山、女娲之肠化为神等,极具神秘浪漫色彩。此外,经中还讲述了中华文明的起源,如后稷降百谷、叔均耕作播百谷,指出了农业的起源;太子长琴在榣山上始作乐风,指出了音乐的起源。

【原文】

16.1　西北海之外,大荒之隅①,有山而不合,名曰不周②,有两黄兽守之。有水曰寒暑之水③。水西有湿山,水东有幕山。有禹攻共工国山④。

【注释】

①大荒:最荒远的地方。②不周:不周山。传说共工曾怒触不周山。③寒暑之水:指冷水和热水交替涌出的泉水。④共工国山:山名,指禹杀共工之臣相柳的地方。

【译文】

在西北海之外,最荒远之地的角落,有一座不能合拢的山,名叫不周山,有两个黄色的兽守卫着这座山。山中有一条水,名叫寒暑水。水的西面有座湿山,东面有座幕山。此外,还有一座大禹攻打共工国时的山。

【原文】

16.2　有国名曰淑士,颛顼之子①。

【注释】

① 颛顼之子：指颛顼之子淑士的后代。

【译文】

有个名叫淑士的国家，该国的人是颛顼之子淑士的后代。

【原文】

16.3 有神十人，名曰女娲之肠①，化为神，处栗广之野，横道而处②。

【注释】

① 女娲之肠：女娲肠，神名。女娲：神话中人类的始祖，传说她与伏羲结合而产生人类，又有她炼石补天、抟土造人的传说。② 横：侧，旁边。

【译文】

有十位神人，名叫女娲之肠，这些神人是由女娲的肠子变幻而成的，他们居住在栗广的原野上，在道路的旁边。

【原文】

16.4 有人名曰石夷——西方曰夷，来风曰韦——处西北隅以司日月之长短①。

【注释】

① 司：掌管。

【译文】

有个名叫石夷的人，西方单称它为夷，风吹来的地方叫作韦，石夷处在西北角以掌管日月运行时间的长短。

【原文】

16.5 有五采之鸟①，有冠，名曰狂鸟。

【注释】

①五采之鸟：羽毛五彩斑斓的鸟。

【译文】

有一种鸟，身上五彩斑斓，头上有冠，它的名字叫作狂鸟。

【原文】

16.6 有大泽之长山①。有白民之国。

【注释】

①大泽之长山：山名。一说指沙漠。

【译文】

有一座大泽长山。有一个白民国。

【原文】

16.7 西北海之外，赤水之东①，有长胫之国②。

【注释】

①赤水：水名。一说指金沙江；一说指额尔齐斯河。②长胫之国：长胫国，因其国中之人小腿较长而得名。

【译文】

在西北海之外、赤水的东面，有一个叫长胫国的国家。

【原文】

16.8 有西周之国①，姬姓，食谷。有人方耕，名曰叔均。帝俊生后稷②，稷降以百谷。稷之弟曰台玺，生叔均。叔均是代其父及稷播百谷，始作耕。有赤国妻氏③。有双山。

【注释】

①西周：古部落名，姬姓国，始祖为后稷。②后稷：周族的始

祖,名弃。虞舜任命他为农官,教民耕稼。③赤国妻氏:人名。一说为地名。

【译文】

有一个西周国,这个国家的人姓姬,以谷物为食。国中有人正在耕田,这个人名叫叔均。帝俊生了后稷,后稷把各种谷物的种子从天上带到了人间。后稷的弟弟名叫台玺,他生下了叔均。叔均代替他的父亲和后稷播种各种谷物,这才有了耕作。有一个人名叫赤国妻氏。还有一座双山。

【原文】

16.9　西海之外①,大荒之中②,有方山者,上有青树,名曰柜格之松,日月所出入也。

【注释】

①西海:水名。一说可能指青海湖。②大荒:最荒远的地方。

【译文】

在西海之外,在最荒远的地方之中,有一座山名叫方山,山上长有一种青树,它的名字叫柜格之松,这里是日月升降出入的地方。

【原文】

16.10　西北海之外,赤水之西①,有先民之国②,食谷,使四鸟③。

【注释】

①赤水:水名。一说指黄河;一说指金沙江。②先民之国:先民国。一说应作"天民之国"。③鸟:这里指兽。

【译文】

在西北海之外,在赤水的西岸,有一个先民国,这个国家的人以谷物为食,能驱使四种野兽。

【原文】

16.11　有北狄之国①。黄帝之孙曰始均,始均生北狄。

【注释】

①北狄之国:北狄国,国名。狄:我国古代对北部少数民族的统称。

【译文】

有一个北狄国。黄帝的孙子名叫始均,始均生了北狄。

【原文】

16.12　有芒山。有桂山。有榣山。其上有人,号曰太子长琴。颛顼生老童①,老童生祝融②,祝融生太子长琴,是处榣山,始作乐风③。

【注释】

①颛顼:号高阳氏,相传为黄帝之孙、昌意之子,生于若水,居于帝丘。老童:耆童,颛顼之子。②祝融:传说中楚国君主的祖先,名重黎,是颛顼的后代。祝融是掌火之官。③乐风:乐曲。

【译文】

有座芒山。有座桂山。有座榣山。榣山上住着一个人,名叫太子长琴。颛顼生了老童,老童生了祝融,祝融生了太子长琴,太子长琴住在榣山之上,开始创作乐曲。

【原文】

16.13　有五采鸟三名①:一曰皇鸟②,一曰鸾鸟③,一曰凤鸟④。

【注释】

①五采鸟：羽毛五彩斑斓的鸟。②皇鸟：即"凰"，雌凤凰。③鸾鸟：传说中凤凰一类的鸟。④凤鸟：雄凤凰。

【译文】

有三类五彩斑斓的鸟：一种叫凰鸟，一种叫鸾鸟，一种叫凤鸟。

【原文】

16.14 有虫状如菟①，胸以后者裸不见②，青如猿状。

【注释】

①菟（tù）：通"兔"。②裸：指不长毛。

【译文】

有一种野兽，它的形状与兔子相似，胸部以下裸露着，但又看不出是裸露，这是因为它的皮色发青，与猿猴的皮色差不多。

【原文】

16.15 大荒之中①，有山名曰丰沮玉门②，日月所入。

【注释】

①大荒：最荒远的地方。②丰沮（jū）玉门：山名。

【译文】

在最荒远之地中有座山，名叫丰沮玉门，这是日月降落后进入的地方。

【原文】

16.16 有灵山，巫咸、巫即、巫朌、巫彭、巫姑、巫真、巫礼、巫抵、巫谢、巫罗十巫①，从此升降，百药爰在。

【注释】

① 十巫：指前面列举的十个巫师。肦（bān）：一作"盼"。

【译文】

有一座灵山，巫咸、巫即、巫肦、巫彭、巫姑、巫真、巫礼、巫抵、巫谢、巫罗这十位巫师，从这里升到天庭或是下到人间，这里是各种各样的草药生长的地方。

【原文】

16.17　西有王母之山、壑山、海山①。有沃之国②，沃民是处。沃之野③，凤鸟之卵是食④，甘露是饮。凡其所欲，其味尽存。爰有甘华、甘柤、白柳、视肉、三骓、璇瑰、瑶碧、白木、琅玕、白丹、青丹⑤，多银、铁。鸾凤自歌⑥，凤鸟自舞，爰有百兽，相群是处，是谓沃之野。

【注释】

① 王母之山：应作"有西王母之山"，西王母山，山名。② 沃之国：应作"沃民之国"，即沃民国。③ 沃之野：即"诸夭之野"，传说中的一片沃野。④ 凤鸟：雄凤凰。⑤ 甘华：植物名。甘柤（zhā）：植物名。白柳：柳的一种，柳叶的背面为苍白色或有白粉。视肉：传说中的一种兽。三骓（zhuī）：马名。璇瑰：美玉名。瑶：美玉。碧：青绿色的玉石。白木：树名。一说指枝干呈白色的树木；一说指白乳木。琅（láng）玕（gān）：美石。丹：这里指一种可用来制药的矿物。⑥ 鸾凤：应作"鸾鸟"，传说中凤凰一类的鸟。

【译文】

有西王母山、壑山和海山。有一个沃民国，沃民就在这里生活居住。他们生活在沃野之上，以凤鸟的卵为食，以甘露为饮品。凡是他们想吃的东西，这里都应有尽有。这里还有甘华、甘柤、白柳、视肉、三骓马、璇瑰玉石、瑶碧玉石、白木树、琅玕树、白丹、青丹，另外还有许多银和铁。鸾鸟自由地歌唱,凤鸟自在地起舞,这里还有各种各样的野兽,它们成群结队地生活在一起,这里就是所谓的沃野。

【原文】

16.18 有三青鸟①,赤首黑目,一名曰大鵹②,一名少③,一名曰青鸟。

【注释】

① 三青鸟:三只青鸟。② 大鵹(lí):鸟名。③ 少:前应有"曰"字。

【译文】

有三只青鸟,它们都长着红色的脑袋、黑色的眼睛,一只名叫大鵹,一只名叫少鵹,还有一只名叫青鸟。

【原文】

16.19 有轩辕之台①,射者不敢西向,畏轩辕之台。

【注释】

① 轩辕之台:轩辕台,可能是纪念皇帝的台。

【译文】

有一座轩辕台,射箭的人不敢向西射箭,这是因为他们敬畏轩辕台。

【原文】

16.20 大荒之中①,有龙山②,日月所入。有三泽水,名曰三淖③,昆吾之所食也④。

【注释】

① 大荒:最荒远的地方。② 龙山:山名。③ 三淖(nào):沼

泽名。④昆吾：指昆吾人。

【译文】

在最荒远之地中有座山，名叫龙山，这里是日月降落后进入的地方。有三个连在一起的大沼泽，名叫三淖，这里是昆吾人获取食物的地方。

【原文】

16.21　有人衣青，以袂蔽面①，名曰女丑之尸②。

【注释】

①袂（mèi）：衣袖。②女丑之尸：女丑尸，人名。

【译文】

有个人身穿青色的衣服，用袖子遮住脸，这个人名叫女丑尸。

【原文】

16.22　有女子之国①。

【注释】

①女子之国：女子国，国名。

【译文】

有一个国家叫女子国。

【原文】

16.23　有桃山，有䖟山①。有桂山。有于土山。

【注释】

①䖟（méng）山：山名。一说即"芒山"。

【译文】

有桃山。有䖵山。有桂山。有于土山。

【原文】

16.24 有丈夫之国①。

【注释】

①丈夫之国：丈夫国，国名。

【译文】

有一个国家叫丈夫国。

【原文】

16.25 有弇州之山①，五采之鸟仰天②，名曰鸣鸟。爰有百乐歌儛之风③。

【注释】

①弇（yǎn）州之山：弇州山。一说指崦嵫山。②五采之鸟：羽毛五彩斑斓的鸟。③儛：跳舞。

【译文】

有一座弇州山，这里有一种五彩斑斓的鸟仰面向天，这种鸟名叫鸣鸟。这里有各种音乐及唱歌跳舞的风俗。

【原文】

16.26 有轩辕之国。江山之南栖为吉①，不寿者乃八百岁。

【注释】

①江山：山名。一说在四川省境内；一说指江和山。

【译文】

有一个轩辕国。在江山的南边居住可以获得吉祥,这里的居民不长寿的也能活到八百岁。

【原文】

16.27　西海陼中①,有神,人面鸟身,珥两青蛇②,践两赤蛇,名曰弇兹③。

【注释】

①陼:同"渚",水中的小洲。②珥:用作动词,这里指用两条青蛇作耳饰。③弇兹:传说中的神名。

【译文】

在西海的小洲中住着一位神人,这位神人长着人面鸟身,他以两条青蛇作耳饰,脚踏两条赤蛇,名字叫作弇兹。

【原文】

16.28　大荒之中①,有山名曰日月山,天枢也②。吴姬天门,日月所入。有神,人面无臂,两足反属于头山③,名曰嘘。颛顼生老童④,老童生重及黎⑤,帝令重献上天⑥,令黎卬下地⑦,下地是生噎⑧,处于西极,以行日月星辰之行次⑨。

【注释】

①大荒:最荒远的地方。②天枢:天的枢纽。③山:应作"上"。④颛顼:号高阳氏。相传为黄帝之孙、昌意之子,生于若水,居于帝丘。老童:即耆童。⑤重:传说中老童之子,掌管天上的事物。黎:传说中老童之子,管理地下的事物。⑥献:这里是举起的意思。⑦卬:通"抑",抑压,按下之意。⑧噎:一说即上文的"嘘"。⑨行次:运行次序。

【译文】

在最荒远之地有一座山，名叫日月山，这里是天的枢纽。吴姖天门，是太阳和月亮降落后进入的地方。有一位神，他长着人一样的脸，没有手臂，两只脚反转着生在头上，名叫噎。颛顼生了老童，老童生了重和黎，天帝命令重托着天向上举起来，又命令黎压着地按下去，黎到凡间后生了噎，噎住在大地的最西端，掌管着太阳、月亮和星辰的运行次序。

【原文】

16.29 有人反臂①，名曰天虞。

【注释】

①反臂：胳膊反着长。

【译文】

有一个人的两只胳膊反着生长，名叫天虞。

【原文】

16.30 有女子方浴月。帝俊妻常羲①，生月十二，此始浴之。

【注释】

①帝俊：这里指帝喾。

【译文】

有一个女子正在给月亮洗澡沐浴。帝俊的妻子常羲，生了十二个月亮，这是她开始为月亮洗澡。

【原文】

16.31 有玄丹之山①。有五色之鸟，人面有发。爰有青鸢、黄鹜，青鸟、黄鸟②，其所集者其国亡。

【注释】

①玄丹之山：玄丹山。一说因山中产黑丹而得名。②爰：这里；那里。鹜（wén）：传说中的一种鸟。鹜（áo）：传说中的一种鸟。

【译文】

有一座山名叫玄丹山。有一种五彩斑斓的鸟，它长着人一样的脸，头上长着发。这里有青鹜、黄鹜、青鸟、黄鸟，这些鸟在哪个国家聚集，哪个国家就会灭亡。

【原文】

16.32 有池，名孟翼之攻颛顼之池①。

【注释】

①孟翼之攻颛顼之池：池名。孟翼：人名。

【译文】

有一个水池，名叫孟翼攻颛顼池。

【原文】

16.33 大荒之中①，有山名曰鏖鏊钜②，日月所入者。

【注释】

①大荒：最荒远的地方。②鏖（áo）鏊（ào）钜（jù）：山名。

【译文】

在最荒远之地中有座山，名叫鏖鏊钜，这里是太阳和月亮降落后进入的地方。

【原文】

16.34 有兽，左右有首，名曰屏蓬①。

【注释】

①屏蓬：即并封，传说中的一种兽。

【译文】

有一种兽，身体的左右两侧各长着一个脑袋，名叫屏蓬。

【原文】

16.35　有巫山者。有壑山者。有金门之山，有人名曰黄姖之尸①。有比翼之鸟②。有白鸟，青翼、黄尾、玄喙③。有赤犬，名曰天犬，其所下者有兵。

【注释】

①黄姖（jù）之尸：黄姖尸，人名。②比翼之鸟：比翼鸟。③玄：黑色。

【译文】

有一座巫山。有一座壑山。还有一座金门山，山中居住着一个名叫黄姖尸的人。有比翼鸟。也有白鸟，它长着青色的翅膀，黄色的尾巴，黑色的嘴。有一种赤色的狗，名叫天犬，它在哪里出现，哪里就会有战争发生。

【原文】

16.36　西海之南①，流沙之滨②，赤水之后，黑水之前，有大山，名曰昆仑之丘③。有神—人面虎身，有文有尾，皆白—处之。其下有弱水之渊环之④，其外有炎火之山⑤，投物辄然⑥。有人戴胜⑦，虎齿，有豹尾，穴处，名曰西王母⑧。此山万物尽有。

【注释】

①西海：水名。一说指青海湖；一说指今新疆的罗布泊。②流

沙：古时指中国西北的沙漠地区。③昆仑之丘：昆仑山。④弱水之渊：弱水渊。弱水：传说这种水轻得无法浮起鸿雁的羽毛。⑤炎火之山：炎火山，今新疆吐鲁番的火焰山。⑥然：即"燃"。⑦胜：古代妇女的饰物。⑧西王母：传说中的女神，亦称金母、瑶池金母、瑶池圣母，住在昆仑山的瑶池中。

【译文】

在西海的南边、流沙的旁边、赤水的后面、黑水的前面，有一座大山，名叫昆仑丘。有一位神，他长着人面虎身，身上有白色的斑纹和白色的尾巴，居住在昆仑山中。山脚下有弱水渊环绕，深渊之外有一座炎火山，只要将物品投到这座山上，就会燃烧起来。有一个人，头上戴着头饰，长着虎一样的牙齿、豹一样的尾巴，住在昆仑丘的洞穴中，名叫西王母。世间万物，这座山中应有尽有。

【原文】

16.37　大荒之中①，有山名曰常阳之山②，日月所入。

【注释】

①大荒：最荒远的地方。②常阳之山：常阳山，可能在今陕西之南、四川之北。

【译文】

在最荒远之地中有座山，名叫常阳山，这里是日月降落后进入的地方。

【原文】

16.38　有寒荒之国。有二人女祭、女薎①。

【注释】

①女薎（miè）：人名。一说指女戚。

【译文】

有一个国家叫寒荒国。这里有两个人叫女祭、女薎。

【原文】

16.39　有寿麻之国①。南岳娶州山女②,名曰女虔。女虔生季格,季格生寿麻。寿麻正立无景③,疾呼无响。爰有大暑,不可以往。

【注释】

①寿麻之国:寿麻国,国名。②南岳:人名。一说指黄帝;一说为与黄帝同属一系的人。州山:山名。一说是地名。③景(yǐng):"影"的本字。

【译文】

有一个国家叫寿麻国。南岳娶了一位州山的女子为妻,这位女子名叫女虔。女虔生了季格,季格生了寿麻。寿麻站在太阳底下也不会出现影子,大声叫喊却没有声音。这个国家的天气异常炎热,人们无法前往。

【原文】

16.40　有人无首,操戈盾立,名曰夏耕之尸①。故成汤伐夏桀于章山②,克之,斩耕厥前③。耕既立,无首,走厥咎④,乃降于巫山⑤。

【注释】

①夏耕:人名,可能是夏桀的臣属。②成汤:名履,又叫武汤、汤,商部族首领,打败夏桀建立了商朝。夏桀:夏朝最后一位君主。③厥:他,这里指夏桀。④走(zǒu)厥咎(jiù):"走"是"走"的本字,即逃跑、逃避。咎,罪责、责任。⑤降:指逃奔。

【译文】

有一个人没有脑袋,手执矛和盾站立着,这个人名叫夏耕之尸。原来成汤在章山讨伐夏桀,打败夏桀后,当着他的面砍下了夏耕的脑袋。夏耕的尸体站立在那里,没有脑袋,为了逃避罪责,他就躲到了巫山之中。

【原文】

16.41 有人名曰吴回,奇左①,是无右臂。

【注释】

①奇左:指只有左臂。

【译文】

有个名叫吴回的人,只有左臂,而没有右臂。

【原文】

16.42 有盖山之国。有树,赤皮支干,青叶,名曰朱木①。

【注释】

①朱木:木名。一说指红木。

【译文】

有一个国家叫盖山国。有一种树,树皮呈红色,枝干也呈红色,叶子呈青色,这种树名叫朱木。

【原文】

16.43 有一臂民①。

【注释】

①一臂:指一臂国。

【译文】

有个一臂国,国民只长着一只手臂。

【原文】

16.44　大荒之中①,有山名曰大荒之山,日月所入。有人焉三面,是颛顼之子②,三面一臂,三面之人不死,是谓大荒之野。

【注释】

①大荒:最荒远的地方。②颛顼:号高阳氏,相传为黄帝之孙、昌意之子,生于若水,居于帝丘。

【译文】

在最荒远之地有座山,名叫大荒山,这里是日月落下后进入的地方。有一个人,长着三张脸,他是颛顼的后代,有三张脸、一只手臂,这种三面人永远不会死,这里就是所谓的大荒之野。

【原文】

16.45　西南海之外,赤水之南,流沙之西①,有人珥两青蛇②,乘两龙,名曰夏后开③。开上三嫔于天④,得《九辩》与《九歌》以下⑤。此天穆之野⑥,高二千仞⑦,开焉得始歌《九招》⑧。

【注释】

①流沙:古时指中国西北的沙漠地区。②珥:动词,指(用两条青蛇)作耳饰。③夏后开:夏后启。④嫔:通"宾",宾客。⑤《九辩》、《九歌》:都是乐曲名。相传原为天帝的乐曲,后被夏启带到人间。⑥天穆之野:地名。一作"大穆之野"。⑦仞:古代以八尺或七尺为一仞。⑧《九招》:即"九韶",传说为虞舜时的乐曲。

【译文】

在西南海之外、赤水的南边、流沙的西边,有一个人,他以两条青蛇作耳饰,骑着两条龙出行,这人名叫夏后启。夏后启三次上天庭做客,他把天上的乐曲《九辩》和《九歌》带到人间。在这高达二千仞的天穆野之上,启才得以开始歌唱乐曲《九招》。

【原文】

16.46　有氐人之国。炎帝之孙名曰灵恝①,灵恝生氐人,是能上下于天。

【注释】

① 炎帝:上古姜姓部落的首领,号烈山氏。灵恝(jiá):传说中的人物。

【译文】

有个氐人国。炎帝的孙子名叫灵恝,灵恝生了氐人,氐人能在天界和人世之间自由往来。

【原文】

16.47　有鱼偏枯①,名曰鱼妇,颛顼死即复苏②。风道北来③,天乃大水泉,蛇乃化为鱼,是为鱼妇。颛顼死即复苏。

【注释】

① 偏枯:偏瘫。② 颛顼:号高阳氏。相传为黄帝之孙、昌意之子,生于若水,居于帝丘。③ 道:从。

【译文】

有一种一侧身体瘫痪的鱼,名叫鱼妇,据说颛顼死后苏醒过来变化而成的。大风从北方吹来,天上便下起像泉涌一样大的雨,蛇在这时变为了鱼,死去的颛顼便趁蛇鱼变化未定的时机,托体鱼躯,死而复苏。人们因此称这种和颛顼结为一体的鱼叫鱼妇。

【原文】

16.48　有青鸟，身黄，赤足，六首，名曰䴅鸟①。

【注释】

①䴅（chù）鸟：传说中的一种鸟。

【译文】

有一种青鸟，它长着黄色的身子、红色的脚，还长着六个头，这种鸟名叫䴅鸟。

【原文】

16.49　有大巫山。有金之山。西南，大荒之隅①，有偏句、常羊之山②。

【注释】

①大荒：最荒远的地方。隅：角落。②偏句：山名。

【译文】

有一座大巫山，还有一座金山。在最荒远的地方的西南角，有一座偏句山和一座常羊山。

【原文】

16.50　按：夏后开即启，避汉景帝讳云①。

【注释】

①此句原文即有，不知何人所加。汉景帝：西汉皇帝刘启。

【译文】

按：夏后开即指夏后启，是为避汉景帝刘启的名讳而改的。

第十七卷 大荒北经

《大荒北经》中所记述的国家大致位于中国的北边，与《海外北经》有许多相似之处，这些国家有三桑无枝、无肠国等。此外，经中还提到一些神话人物如禺强神、夸父神等。

大荒北经

【导读】

《大荒北经》中记载了很多奇异的动物和神,如:兽首蛇身的琴虫,长着九颗脑袋、人脸鸟身的九凤神,虎头人身、口中衔蛇的强良神,能呼风唤雨的烛龙。经中记载了帝颛顼和他的九个嫔妃埋葬于附禺山的故事,令神话传说有依有据;还有黄帝与蚩尤大战,请来应龙和女魃相助,大获全胜的故事,展示了上古时期部落之间斗争的真实历史。

【原文】

17.1 东北海之外,大荒之中①,河水之间②,附禺之山③,帝颛顼与九嫔葬焉④。爰有鸮久、文贝、离俞、鸾鸟、凤鸟、大物、小物⑤。有青鸟、琅鸟、玄鸟、黄鸟、虎、豹、熊、罴、黄蛇、视肉、璿、瑰、瑶、碧⑥,皆出卫于山⑦。卫丘方员三百里,丘南帝俊竹林在焉⑧,大可为舟。竹南有赤泽水⑨,名曰封渊。有三桑无枝⑩,皆高百仞。丘西有沈渊,颛顼所浴。

【注释】

①大荒:最荒远的地方。②河:黄河。③附禺之山:附禺山。④颛顼:号高阳氏。相传为黄帝之孙、昌意之子,生于若水,居于帝丘。⑤爰:这里;那里。鸮久:即鸱鸺。离俞:离朱。鸾鸟:传说中凤凰一类的鸟。凤鸟:雄凤凰。大物:大的殉葬品。小物:小的殉葬品。⑥琅(láng)鸟:鸟名。玄:黑色。罴:棕熊。视肉:传说中的一种兽。璿瑰:美玉名。瑶:美玉。碧:青绿色的玉石。⑦卫:应在下句"丘"字前面。⑧帝俊:所指待考。⑨赤泽水:指红色的水泽。⑩三桑:三棵桑树。

【译文】

东北海的外面,最荒远之地,黄河的岸边,有一座附禺山,帝颛顼和他的九个妃嫔就葬在此山之中。这里有鸱鹰、花斑贝、离朱、鸾鸟、凤及各种殉葬的大小物件。还有青鸟、琅鸟、黑鸟、黄鸟、虎、豹、熊、罴、黄蛇、视肉兽、璇瑰玉、瑶碧玉,都出于这座山。卫丘方圆三百里,丘的南边是帝俊的竹林,林中的竹子十分粗大,单根竹子就能制作小船。竹林的南边是一片池泽,湖水呈红色,名叫封渊。封渊旁边有三棵桑树,没有树枝。卫丘的西边是沈渊,这里是帝颛顼洗澡沐浴的地方。

【原文】

17.2 有胡不与之国①,烈姓,黍食。

【注释】

①胡不与之国:胡不与国,国名。

【译文】

有一个胡不与国,国人都以烈为姓,以黍为食。

【原文】

17.3 大荒之中①,有山,名曰不咸。有肃慎氏之国。有蜚蛭②,四翼。有虫,兽首蛇身,名曰琴虫。

【注释】

①大荒:最荒远的地方。②蜚(fěi)蛭(zhì):动物名。蜚,通"飞"。

【译文】

最荒远之地有座山,名叫不咸。有一个肃慎氏国。有一种名叫蜚蛭的动物,它有四只翅膀。有一种虫,它长着兽一样的脑袋,蛇一样的身子，名叫琴虫。

【原文】

17.4 有人名曰大人。有大人之国①，釐姓，黍食。有大青蛇，黄头，食麈②。

【注释】

①大人之国：大人国，国名。②麈（zhǔ）：鹿一类的动物。

【译文】

有人名叫大人。有一个大人国，国中的人皆以釐为姓，以黍为食。有一种巨大的青蛇，它长着黄色的脑袋，以麈为食。

【原文】

17.5 有榆山。有鲧攻程州之山①。

【注释】

①程州：可能是国名。

【译文】

有一座榆山。还有一座鲧攻程州山。

【原文】

17.6 大荒之中①，有山名曰衡天。有先民之山②。有槃木千里③。

【注释】

①大荒：最荒远的地方。②先民之山：先民山。③槃（pán）木：屈·曲盘绕的树。

【译文】

在最荒远之地有座山，名叫衡天。有一座先民山。有一种屈曲盘绕的树，它占地千里。

【原文】

17.7 有叔歜国①，颛顼之子②，黍食，使四鸟③：虎、豹、熊、罴④。有黑虫如熊状⑤，名曰猎猎。

【注释】

①叔歜（chù）国：国名。②颛顼：号高阳氏。相传为黄帝之孙、昌意之子，生于若水，居于帝丘。③鸟：这里指兽。④罴：棕熊。⑤虫：这里指兽。

【译文】

有个叔歜国，国中的人都是颛顼的后裔，他们以黍为食，能驱使四种野兽：虎、豹、熊和罴。有一种黑色野兽，形状与熊相似，名叫猎猎。

【原文】

17.8 有北齐之国①，姜姓，使虎、豹、熊、罴②。

【注释】

①北齐之国：北齐国，国名。②罴：棕熊。

【译文】

有个北齐国，这个国家的人都以姜为姓，他们能驱使老虎、豹子、熊、罴这四种野兽。

【原文】

17.9 大荒之中①，有山名曰先槛大逢之山②，河济所入③，海北注焉。其西有山，名曰禹所积石④。

【注释】

①大荒：最荒远的地方。②先槛大逢之山：山名。可能在今山

东半岛。③河：黄河。济：济水。④禹所积石：山名。可能在今河北境内。

【译文】

最荒远之地有座山，名叫先槛大逢山，这里是黄河和济水流入的地方，海水也从北面注入此山中。大逢山的西边有一座山，名叫禹所积石山。

【原文】

17.10　有阳山者。有顺山者，顺水出焉。有始州之国①，有丹山。

【注释】

① 始州之国：国名。始州国。

【译文】

有一座阳山。有一座顺山，顺水发源于此。有一个始州国，国中有座丹山。

【原文】

17.11　有大泽方千里，群鸟所解①。

【注释】

① 解：指鸟脱换羽毛。

【译文】

有一个大泽，方圆可达千里，这里是众鸟脱换羽毛的地方。

【原文】

17.12　有毛民之国①，依姓，食黍，使四鸟②。禹生均国，均国生役采，役采生修鞈③，修鞈杀绰人④。帝念之，潜为之国,是此毛民。

【注释】

①毛民之国:毛民国。国名。②鸟:这里指兽。③修鞈(gé):人名。④绰人:人名。

【译文】

有个毛民国,国中之人皆以依为姓,以黍为食,能驱使四种野兽。禹生了均国,均国生了役采,役采生了修鞈,修鞈杀死了绰人。天帝怜念绰人,便暗地里帮他的后代建了一个国家,这个国家就是毛民国。

【原文】

17.13 有儋耳之国①,任姓,禺号子②,食谷。北海之渚中③,有神,人面鸟身,珥两青蛇④,践两赤蛇,名曰禺彊。

【注释】

①儋(dān)耳之国:儋耳国,国名。②禺号:传说中的海神名。③北海:古代泛指北方偏远之地。渚:水中间的小块陆地。④珥:用作动词。这里指(用两条青蛇)做耳饰。

【译文】

有一个儋耳国,国中之人皆以任为姓,他们是禺号的后裔,以谷物为食。在北海的岛屿中居住着一位神,他人面鸟身,以两条青蛇作耳饰,脚下踩着两条赤蛇,这位神名叫禺彊。

【原文】

17.14 大荒之中①,有山名曰北极天柜,海水北注焉。有神,九首人面鸟身,名曰九凤。又有神,衔蛇操蛇,其状虎首人身,四蹄长肘,名曰强良。

【注释】

①大荒：最荒远的地方。

【译文】

在最荒远之地有座山，名叫北极天柜，海水从它的北面注入山中。山里有一位神，他长着九个脑袋，人一样的脸，鸟一样的身子，这位神名叫九凤。还有一位神，他嘴中衔着一条蛇，手里还握着一条蛇，他长着虎首人身，有四只蹄子，肘臂很长，这位神名叫强良。

【原文】

17.15　大荒之中①，有山名曰成都载天。有人珥两黄蛇②，把两黄蛇，名曰夸父。后土生信③，信生夸父。夸父不量力，欲追日景④，逮之于禺谷⑤，将饮河而不足也，将走大泽，未至，死于此。应龙已杀蚩尤⑥，又杀夸父，乃去南方处之，故南方多雨。

【注释】

①大荒：最荒远的地方。②珥：用作动词，指（用两条黄蛇）作耳饰。③后土：传说是共工的儿子句龙。④景（yǐng）："影"的本字。⑤禺谷：传说是太阳落下后要去的地方。⑥应龙：古代传说中善兴云作雨的神。蚩尤：传说中的古代九黎族首领，以金作兵器，与黄帝战于涿鹿，失败被杀。

【译文】

在最荒远之地有座山，名叫成都载天。有个人以两条黄蛇为耳饰，手里还拿着两条黄蛇，这人名叫夸父。后土生了信，信生了夸父。夸父不自量力，想要追赶太阳，终在禺谷追赶上了（太阳），夸父因口渴而喝黄河之水，但黄河水不够喝，便想到北方的大泽中取水喝，结果还未走到，便渴死了。也有说是应龙杀了蚩尤，又杀了夸父，于是跑到南方去居住，所以南方的雨水特别多。

【原文】

17.16　又有无肠之国①，是任姓，无继子②，食鱼。

【注释】

①无肠之国：无肠国，国名。②无继子：指无继国人的后代。

【译文】

还有个国家名叫无肠国，国中的人都姓任，他们是无继国人的后代，以鱼类为食。

【原文】

17.17　共工之臣名曰相繇①，九首蛇身，自环②，食于九土③。其所歍所尼④，即为源泽⑤，不辛乃苦，百兽莫能处。禹湮洪水⑥，杀相繇，其血腥臭，不可生谷，其地多水，不可居也。禹湮之，三仞三沮⑦，乃以为池，群帝因是以为台。在昆仑之北⑧。

【注释】

①相繇（yáo）：又叫相柳氏。②自环：身子盘绕在一起。③九土：一作"九山"。④歍（wū）：恶心呕吐。尼：止。⑤源泽：这里指沼泽。⑥湮（yīn）：阻塞。⑦仞：通"牣"，指满。沮：毁坏。这里指地面塌陷。⑧昆仑：指昆仑山。

【译文】

水神共工有个名叫相繇的臣子，这个相繇长着九个脑袋，蛇一样的身子，身体盘成一团，他从九个地方取食。他呕吐出来的东西或是他所到之处，都会立即变为沼泽，沼泽中的水的味道不是辛辣就是苦涩，各种野兽都无法在这里居住。禹治理洪水的时候，杀死了相繇，它流出的血又腥又臭，流经之处不能生长谷物，而且又有很多水，人们无法在此居住。禹将它的血流经之地掩埋起来，填了三次又塌了三次，禹便把此地挖掘成一个水池，诸帝用挖出的土在这里建造了几座台子，位于昆仑山的北面。

【原文】

17.18 有岳之山①，寻竹生焉②。

【注释】

①岳之山：岳山，山名。②寻：长。

【译文】

有一座岳山，山中长着许多高大的竹。

【原文】

17.19 大荒之中①，有山名曰不句，海水北入焉。

【注释】

①大荒：最荒远的地方。

【译文】

在最荒远之地有座山，名叫不句山，海水从北面就流入这座山中。

【原文】

17.20 有系昆之山者①，有共工之台②，射者不敢北乡③。有人衣青衣，名曰黄帝女魃④。蚩尤作兵伐黄帝⑤，黄帝乃令应龙攻之冀州之野⑥。应龙畜水，蚩尤请风伯雨师，纵大风雨。黄帝乃下天女曰魃，雨止，遂杀蚩尤。魃不得复上，所居不雨。叔均言之帝⑦，后置之赤水之北。叔均乃为田祖⑧。魃时亡之，所欲逐之者，令曰："神北行！"先除水道，决通沟渎⑨。

【注释】

①系昆之山：系昆山。一说可能指阴山。②共工之台：共工台。③乡：同"向"，朝向。④黄帝：传说中中原各族的祖先，姬姓，少典之子，号轩辕氏、有熊氏。女魃（bá）：旱魃，相传是不长一根头发的光秃女神，她所居住的地方，天下不下雨。⑤蚩尤：传说中的古代九黎族首领，以金作兵器，与黄帝战于涿鹿，失败被杀。⑥应龙：古代传说中善兴云作雨的神。冀州：古代九州之一。⑦叔均：人名。一说是舜的儿子商均。⑧田祖：主管田地的官。⑨渎：小沟。

【译文】

有一座系昆山，有一座共工台，射箭之人不敢朝共工台所处的北方射箭。有一个人穿着青色衣服，名叫黄帝女魃。蚩尤制造兵器攻击黄帝，黄帝便派应龙在冀州的原野与蚩尤作战。应龙蓄积了很多水，蚩尤请来风伯和雨师，于是天上掀起狂风暴雨。黄帝于是请来一位名叫魃的天女，魃从天上下来后雨就停住了，黄帝于是杀了蚩尤。魃再也无法回到天上，凡是她居住的地方，就不会下雨。叔均把这件事报告给了黄帝，黄帝就让魃住到了赤水的北面。叔均被任命为管理田地的官。魃经常跑到其他地方去，人们想要赶走她，就会说："神啊，请你向北去吧！"并要先清理水道，疏通沟渠。

【原文】

17.21 有人方食鱼，名曰深目民之国①，盼姓，食鱼。

【注释】

①深目民之国：深目民国，即深目国。

【译文】

有人正在吃鱼，他们是深目民国的国民，这个国家的人都姓盼，以鱼类为食。

【原文】

17.22　有钟山者。有女子衣青衣,名曰赤水女子献①。

【注释】

①献:应作"魃",因魃是"衣青衣",住在"赤水之北"。

【译文】

有一座钟山。山中居住着一位穿青色衣服的女子,名叫赤水女子魃。

【原文】

17.23　大荒之中①,有山名曰融父山,顺水入焉。有人名曰犬戎②。黄帝生苗龙③,苗龙生融吾,融吾生弄明,弄明生白犬,白犬有牝牡,是为犬戎,肉食。有赤兽,马状无首,名曰戎宣王尸④。

【注释】

①大荒:最荒远的地方。②犬戎:古族名,古戎人的一支,大概在今陕西一带。③黄帝:传说是中原各族的祖先,姬姓,少典之子,号轩辕氏、有熊氏。④戎宣王尸:传说中的一种神兽。

【译文】

在最荒远之地有一座山,名叫融父山,这里是顺水流入的地方。有人名叫犬戎。黄帝生了苗龙,苗龙生了融吾,融吾生了弄明,弄明生了白犬,白犬雌雄同体,生下了犬戎族人,他们以肉为食。有一种红色的兽,它的形状与马相似,但没有脑袋,名叫戎宣王尸。

【原文】

17.24　有山名曰齐州之山、君山、鬻山、鲜野山、鱼山①。

【注释】

①�махgroup（qiǎn）山：山名。

【译文】

有几座山，名叫齐州山、君山、鼍山、鲜野山、鱼山。

【原文】

17.25　有人一目，当面中生。一曰是威姓，少昊之子①，食黍。

【注释】

①少昊：传说中远古东夷族首领，名挚，号金天氏。

【译文】

有人只长着一只眼睛，而且眼睛长在脸的正中间。一说他们姓威，是少昊的后裔，以黍为食。

【原文】

17.26　有无继民①，无继民任姓，无骨子②，食气、鱼③。

【注释】

①无继民：国名或部族名。②无骨：国名或部族名。③食气：指古代的一种养生术，通过调节呼吸来摄取空气中的营养物质。

【译文】

有一群无继民，他们都姓任，是无骨的后代，这些人以空气和鱼类为食。

【原文】

17.27　西北海外，流沙之东①，有国名曰中䡱②，颛顼之子③，食黍。

【注释】

① 流沙：古时指中国西北的沙漠地区。② 中䮣（biǎn）：国名。③ 颛顼：号高阳氏，相传为黄帝之孙、昌意之子，生于若水，居于帝丘。

【译文】

在西北方的海外，流沙的东面，有个名叫中䮣的国家，这个国家的居民是颛顼的后裔，他们以黍为食。

【原文】

17.28　有国名曰赖丘。有犬戎国①。有人，人面兽身，名曰犬戎。

【注释】

① 犬戎：传说中的神名。

【译文】

有个名叫赖丘的国家。有个犬戎国。有一种人，长着人面兽身，名叫犬戎。

【原文】

17.29　西北海外，黑水之北①，有人有翼，名曰苗民②。颛顼生骦头③，骦头生苗民，苗民釐姓，食肉。有山名曰章山。

【注释】

① 黑水：水名，可能在今甘肃境内。② 苗民：三苗国的国民。③ 骦（huān）头：讙头。

【译文】

在西北方的海外,黑水的北面,有一种人身上长着翅膀,名叫苗民。颛顼生了驩头,驩头生了苗民,苗民都以釐为姓,以肉为食。有一座山名叫章山。

【原文】

17.30 大荒之中①,有衡石山、九阴山、灰野之山,上有赤树,青叶赤华,名曰若木。

【注释】

① 大荒:最荒远的地方。

【译文】

最荒远之地中,有衡石山、九阴山、灰野山,山上生长着一种红色树,它的叶子是青色的,花朵是红色的,名叫若木。

【原文】

17.31 有牛黎之国。有人无骨,儋耳之子①。

【注释】

① 儋(dān)耳:儋耳国。

【译文】

有个牛黎国。国中的人身上没有骨头,他们是儋耳的后裔。

【原文】

17.32 西北海之外,赤水之北,有章尾山。有神,人面蛇身而赤,身长千里,直目正乘①,其瞑乃晦②,其视乃明③,不食,不寝,不息,风雨是谒④。是烛九阴⑤,是谓烛龙。

【注释】

①直目：眼睛竖着长。乘：是"朕"的假借字。朕，缝隙。②瞑：闭眼。晦：夜晚。③视：睁眼。④谒："噎"的假借音。噎，这里是吞食、吞咽的意思。⑤烛：照亮。九阴：极为阴暗的地方，九是表示程度的副词。

【译文】

在西北方的海外，赤水的北岸，有一座章尾山。山中有一位神，他长着人一样的脸，蛇一样的身子，全身都是红色的，身体长达千里，眼睛竖着长，正中有合成一条缝的眼皮。他把眼睛闭上，天下就会变成黑夜；睁开眼睛，天下就会变成白昼。他不吃饭、不睡觉、不呼吸，能吞食风雨。他能照耀极为阴暗的地方，他就是烛龙。

第十八卷　海内经

　　《海内经》中记载的国家山川几乎遍布中华大地，包括我国西北的新疆、甘肃、青海，长江以南的四川、湖南、贵州，以及中原的河北等地。

海内经

【导读】

《海内经》中记载了许多奇异的神话传说,如华胥踏巨人足印生伏羲的故事、伏羲与女娲结合繁衍人类的故事。《山海经》最后以大禹治水、分定九州的故事作结,用历史现实向我们说明,这不仅是一部想象力非凡的神话著作,更可看做是一部上古时期真实的历史及地理巨著,对今人研究上古史具有重要的价值。

【原文】

18.1 东海之内①,北海之隅②,有国名曰朝鲜、天毒③,其人水居,偎④人爱人。

【注释】

① 东海:水名。包括今天的黄海、渤海。② 北海:今渤海。③ 天毒:天竺,今印度。④ 偎:爱。

【译文】

在东海之内,北海的角落,有两个国家,一个名叫朝鲜,一个名叫天毒,人们都傍水而居,对人怜悯慈爱。

【原文】

18.2 西海之内①,流沙之中②,有国名曰壑市③。

【注释】

① 西海:水名。一说在今甘肃境内;一说在今新疆境内。② 流沙:古时指中国西北的沙漠地区。③ 壑市:我国西北地区。

【译文】

在西海之内,流沙之中,有一个国家,名叫壑市国。

【原文】

18.3 西海之内①,流沙之西②,有国名曰氾叶。

【注释】

①西海:水名。一说在今甘肃境内;一说在今新疆境内。②流沙:古时指中国西北的沙漠地区。

【译文】

在西海之内,流沙的西面,有一个国家名叫氾叶国。

【原文】

18.4 流沙之西,有鸟山者①,三水出焉②。爰有黄金、璇瑰、丹货、银铁③,皆流于此中。又有淮山,好水出焉④。

【注释】

①鸟山:在今新疆境内。②三水:三条河流。③璇瑰:美玉名。丹货:具体所指不详,疑为朱砂、铁矿、硫磺一类矿物质。④好水:水名。一说在今甘肃境内;一说在今新疆境内。

【译文】

在流沙的西边,有一座鸟山,三条河流从这座山上流出。这里有黄金、璇瑰、丹货、银铁,且全部产于这些河流沿岸。还有一座淮山,好水发源于此山。

【原文】

18.5 流沙之东①,黑水之西,有朝云之国、司彘之国②。黄帝妻雷祖③,生昌意。昌意降处若水④,生韩流。韩流擢首、谨耳、人面、豕喙、麟身、渠股、豚止⑤,取淖子曰阿女⑥，生帝颛顼⑦。

【注释】

①流沙：古时指中国西北的沙漠地区。②朝云之国：朝云国，国名。司彘之国：司彘国，国名。③黄帝：传说是中原各族的祖先，姬姓，少典之子，号轩辕氏、有熊氏。雷祖：嫘祖，传说为西陵氏之女，黄帝的正妃。④降：流放。若水：今四川雅砻江。⑤擢（zhuó）首：引拔，耸起。这里指物体因吊拉变成长竖形的样子。谨：慎重细心。这里是细小的意思。豕：猪。渠股：罗圈腿。止：足。⑥淖（nào）子：氏族名。⑦颛顼：号高阳氏，相传为黄帝之孙、昌意之子，生于若水，居于帝丘。

【译文】

在流沙的东面，黑水的西岸，有朝云国和司彘国。黄帝之妻雷祖生下了昌意。后来昌意被贬到若水居住，在那里生下了韩流。韩流长着细长的脑袋、小小的耳朵，有人一样的脸、猪一样的嘴、麒麟一样的身子、罗圈腿、猪一样的蹄子，他娶了淖子氏一个名叫阿女的人为妻，这位女子生下了帝颛顼。

【原文】

18.6 流沙之东①，黑水之间，有山名不死之山。

【注释】

①流沙：古时指中国西北的沙漠地区。

【译文】

在流沙的东边，黑水流经的地方，有一座山名叫不死山。

【原文】

18.7 华山青水之东①，有山名曰肇山。有人名曰柏子高，柏子高上下于此，至于天。

【注释】

①华山：山名。一说指今四川青城山；一说指岷山。青水：水名。

【译文】

华山和青水的东边，有座山名叫肇山。山上有位名叫柏子高的人，柏子高由这里上下，可以升到天上去。

【原文】

18.8　西南黑水之间，有都广之野①，后稷葬焉②。其城方三百里，盖天地之中，素女所出也。爰有膏菽、膏稻、膏黍、膏稷③，百谷自生，冬夏播琴④。鸾鸟自歌⑤，凤鸟自舞⑥，灵寿实华⑦，草木所聚。爰有百兽，相群爰处。此草也，冬夏不死。

【注释】

①都广：地名。一说在今成都一带。②后稷：周族的始祖，名弃。虞舜命为农官，教民耕稼。③膏：形容味美如油脂。菽：豆类的总称。④播琴：播种。⑤鸾鸟：传说中凤凰一类的鸟。⑥凤鸟：雄凤凰。舞：跳舞。⑦灵寿：木名。

【译文】

在西南方黑水流经的地方，有一个都广野，后稷死后就埋葬于此。它方圆有三百里，是天和地的中心，神女素女便出现在这个地方。这里出产味美如膏的豆类、稻、黍和稷，各种谷物于此处自然生长，无论冬夏都能播种。鸾鸟在这片土地上自由地歌唱，凤鸟正自在地起舞，灵寿树开花结果，各种草木聚集在这里生长。这里有各种各样的野兽，它们成群聚居在一起。这里生长的草，无论冬夏都不会死。

【原文】

18.9 南海之内①，黑水青水之间，有木名曰若木，若水出焉②。

【注释】

①南海：所指不定，先秦时指东海或泛指南方民族的居住地，或指南方的一个海域；西汉后指今南海。②若水：今四川雅砻江。

【译文】

在南海以内，黑水和青水之间，生长着一种树名叫若木，若水发源于此。

【原文】

18.10 有禺中之国①。有列襄之国②。有灵山，有赤蛇在木上，名曰蝡蛇，木食。

【注释】

①禺中之国：禺中国，国名。②列襄之国：列襄国，国名。

【译文】

有一个禺中国。还有一个列襄国。这一带有座灵山，山中的树木上有一种红色的蛇，名叫蝡蛇，它以树木为食物。

【原文】

18.11 有盐长之国①。有人焉鸟首，名曰鸟氏。

【注释】

①盐长之国：盐长国，国名。

【译文】

有个盐长国。有一种人，长着鸟一样的脑袋，名叫鸟氏。

【原文】

18.12 有九丘，以水络之①，名曰陶唐之丘、有叔得之丘、孟盈之丘、昆吾之丘、黑白之丘、赤望之丘、参卫之丘、武夫之丘、神民之丘②。有木，青叶紫茎，玄华黄实③，名曰建木，百仞无枝④，上有九欘⑤，下有九枸⑥，其实如麻，其叶如芒⑦，大皞爰过⑧，黄帝所为⑨。

【注释】

①络：环绕。②有：为衍文。③玄：黑色。④仞：古代以八尺或七尺为一仞。⑤欘（zhǔ）：弯弯曲曲的树枝。⑥枸（gōu）：盘错的树根。⑦芒：芒树叶。⑧大皞（hào）：太昊，伏羲氏。传说中的帝王。⑨黄帝：传说是中原各族的祖先，姬姓，少典之子，号轩辕氏、有熊氏。

【译文】

有九座山丘，它们的周围有水环绕，这九座丘分别是：陶唐丘、叔得丘、孟盈丘、昆吾丘、黑白丘、赤望丘、参卫丘、武夫丘、神民丘。丘上生长着一种树，叶子呈青色，茎干呈紫色，开黑色的花朵，结黄色的果实，名叫建木，它高达百仞，不长树枝，在顶端有九根弯曲的树枝，在下面有九条盘错的树根，它结的果实像麻的果实，叶子则与芒叶相似，当年大皞就是凭借建木登上了天，据说这棵树是黄帝特意制造的天梯。

【原文】

18.13 有窫窳①，龙首，是食人。有青兽，人面，名曰猩猩。

【注释】

①窫（yà）窳（yǔ）：猰貐。传说中的一种兽。

【译文】

有一种野兽,名叫窫窳,它长着龙一样的脑袋,能吃人。还有一种青色的野兽,长着人一样的脸,名叫猩猩。

【原文】

18.14　西南有巴国①。大皞生咸鸟②,咸鸟生乘厘,乘厘生后照,后照是始为巴人③。

【注释】

① 巴国:古国名,在今重庆、湖北交界地带。② 大皞:伏羲氏,传说中的帝王。③ 始为巴人:(后照)是巴人的祖先。

【译文】

西南方有个巴国。大皞生了咸鸟,咸鸟生了乘厘,乘厘生了后照,后照就是巴国人的祖先。

【原文】

18.15　有国名曰流黄辛氏,其域中方三百里,其出是麈①。有巴遂山,渑水出焉。

【注释】

① 麈(zhǔ):鹿的一种,体形较大。

【译文】

有个国家名叫流黄辛氏,这个国家方圆三百里,这里生活着一种驼鹿。有一座巴遂山,渑水就发源于这座山。

【原文】

18.16　又有朱卷之国①。有黑蛇,青首,食象。

【注释】

①朱卷之国：朱卷国，国名。

【译文】

还有一个朱卷国。国中有一种黑色的蛇，它长着青色的脑袋，能够吞食大象。

【原文】

18.17　南方有赣巨人①，人面长唇，黑身有毛，反踵②，见人则笑，唇蔽其面，因可逃也③。

【注释】

①赣巨人：枭阳国人。②踵：脚后跟。③因：趁。

【译文】

南方有一种赣巨人，他们长着人一样的脸，嘴唇很长，全身黑色，身上长满了毛，脚跟长在前面，他们会吃人，看见人他就笑，笑的时候长长的嘴唇遮住了脸，人可以趁机逃走。

【原文】

18.18　又有黑人，虎首鸟足，两手持蛇，方啖之①。

【注释】

①啖（dàn）：吃。

【译文】

还有一种浑身皆呈黑色的人，长着虎一样的脑袋，鸟一样的脚，两手拿着蛇，正在那里吃蛇。

【原文】

18.19　有嬴民①，鸟足。有封豕②。

【注释】

①嬴民：传说中的国名或部族名。②封豕：大野猪。

【译文】

有一种人叫嬴民，长着鸟一样的脚。还有一种大野猪。

【原文】

18.20 有人曰苗民。有神焉，人首蛇身，长如辕①，左右有首，衣紫衣，冠旃冠②，名曰延维，人主得而飨食之③，伯天下④。

【注释】

①辕：车辕，车前驾畜生的部分。②旃（zhān）：同"毡"，指红色。③飨：祭祀。④伯：通"霸"。

【译文】

有一种人名叫苗民。有一位神，长着人一样的头，蛇一样的身子，身长如车辕，左右两边各长着一个脑袋，穿紫色的衣服，头戴红色的帽子，名叫延维，哪个国君若是能得到他并祭祀他，就能称霸天下。

【原文】

18.21 有鸾鸟自歌①，凤鸟自舞②。凤鸟首文曰"德"，翼文曰"顺"，膺文曰"仁"③，背文曰"义"，见则天下和。

【注释】

①鸾鸟：传说中凤凰一类的鸟。②凤鸟：雄凤凰。③膺：胸。

【译文】

鸾鸟在自由地歌唱，凤鸟在自在地起舞。凤鸟头上有似"德"字的花纹，翅膀上有似"顺"字的花纹，胸部有似"仁"字的花纹，背部有似"义"字的花纹,只要这种鸟一出现,天下就会太平。

【原文】

18.22 又有青兽如菟①,名曰菌狗。有翠鸟,有孔鸟②。

【注释】

①菟:同"兔"。②孔鸟:即孔雀。

【译文】

又有一种青毛野兽,形状像兔子,名叫菌狗。有翠鸟。有孔雀。

【原文】

18.23 南海之内①,有衡山②,有菌山,有桂山。有山名三天子之都③。

【注释】

①南海:所指不定。先秦时指东海或泛指南方民族的居住地,或指南方的一个海域;西汉后指今南海。②衡:今南岳衡山。③三天子都:山名,三天子鄣山。

【译文】

在南海之内,有衡山、菌山、桂山。还有一座山名叫三天子都的大山。

【原文】

18.24 南方苍梧之丘①,苍梧之渊,其中有九嶷山②,舜之所葬③,在长沙零陵界中。

【注释】

①苍梧:古地区名。②九嶷(yí)山:山名。在今湖南宁远南。③舜:上古帝王,有虞氏,姓姚,名重华。

【译文】

南方有一座苍梧丘,还有一个叫苍梧渊的深渊,苍梧丘和苍梧渊之间有一座九嶷山,这里是帝舜死后埋葬的地方,位于长沙零陵界内。

【原文】

18.25　北海之内①,有蛇山者,蛇水出焉,东入于海。有五采之鸟②,飞蔽一乡,名曰翳鸟。又有不距之山③,巧倕葬其西④。

【注释】

①北海:水名。②五采之鸟:羽毛五彩斑斓的鸟。③不距之山:不距山。④倕(chuí):相传是上古帝尧时代一位灵巧的工匠。

【译文】

北海之内有座山,名叫蛇山,蛇水发源于这座山,向东流入大海。山中有一种五彩斑斓的鸟,它们在空中成群飞翔,能遮住一个地区的上空,名叫翳鸟。又有一座不距山,工匠巧倕就埋葬在这座山的西边。

【原文】

18.26　北海之内①,有反缚盗械、带戈常倍之佐②,名曰相顾之尸。

【注释】

①北海:水名。②盗械:指械盗之具。倍:通"背",背叛。佐:辅佐帝王的人。

【译文】

在北海之内,有一个被反绑着械盗之具、身上带着戈经常叛逆的臣子，名叫相顾尸。

【原文】

18.27　伯夷父生西岳①，西岳生先龙，先龙是始生氐羌②，氐羌乞姓。

【注释】

①伯夷父：人名。②氐（dī）羌：我国古代少数民族氐族和羌族。

【译文】

伯夷父生下了西岳，西岳生下了先龙，先龙是氐羌族的始祖，族中的人都姓乞。

【原文】

18.28　北海之内①，有山，名曰幽都之山②，黑水出焉。其上有玄鸟、玄蛇、玄豹、玄虎、玄狐蓬尾③。有大玄之山④。有玄丘之民。有大幽之国⑤。有赤胫之民⑥。

【注释】

①北海：水名。可能是今贝加尔湖。②幽都之山：幽都山，可能在今山西、河北北部，包括燕山及其北诸山。③玄：黑色。蓬：蓬松。④大玄之山：大玄山。⑤大幽之国：大幽国。⑥赤胫：小腿呈红色。

【译文】

北海之内有一座山，名叫幽都山，黑水发源于此山。山上有黑色的鸟、黑色的蛇、黑色的豹、黑色的老虎、尾巴蓬大的黑色狐狸。有大玄山。有玄丘民。这一带有个大幽国。有一种小腿呈红色的人。

【原文】

18.29　有钉灵之国①，其民从䣛②以下有毛，马蹄善走。

【注释】

①钉灵之国：钉灵国，其国人是高车、回纥的先民。②䣛（xī）：同"膝"，就是膝盖。

【译文】

有一个钉灵国，这个国家的人自膝盖以下都长着毛，还长着马一样的蹄子，擅长奔跑。

【原文】

18.30　炎帝之孙伯陵①，伯陵同吴权之妻阿女缘妇②，缘妇孕三年，是生鼓、延、殳。殳始为侯③，鼓、延是始为钟，为乐风④。

【注释】

①炎帝：上古姜姓部落的首领，号烈山氏。②同：指男女通奸。③侯：箭靶。④乐风：指乐曲的格式。

【译文】

炎帝的孙子名叫伯陵，伯陵与吴权的妻子阿女缘妇私通，阿女缘妇怀孕三年，这才生下了鼓、延和殳。殳最先发明制作了箭靶，鼓和延发明了乐器钟，创制了乐曲的格式。

【原文】

18.31　黄帝生骆明①，骆明生白马，白马是为鲧。

【注释】

①黄帝：传说是中原各族的祖先，姬姓，少典之子。

【译文】

黄帝生了骆明,骆明生了白马,白马就是鲧。

【原文】

18.32 帝俊生禺号①,禺号生淫梁,淫梁生番禺,是始为舟。番禺生奚仲②,奚仲生吉光,吉光是始以木为车。

【注释】

①帝俊:一说指帝舜;一说指颛顼。②吉光:传说中发明用木制造车的人。

【译文】

帝俊生了禺号,禺号生了淫梁,淫梁生了番禺,番禺发明了船。番禺生了奚仲,奚仲生了吉光,吉光发明了用木材造车。

【原文】

18.33 少皞生般①,般是始为弓矢。

【注释】

①少皞:少昊,相传是黄帝之子,是远古时羲和部落的后裔,华夏部落联盟的首领,同时也是东夷族的首领。

【译文】

少皞生了般,般发明了弓和箭。

【原文】

18.34 帝俊赐羿彤弓素矰①,以扶下国,羿是始去恤下地之百艰②。

【注释】

①羿:后羿。彤:红色。矰(zēng):古代射鸟用的拴着丝绳

的短箭。②恤（xù）：忧虑；怜悯；救济。

【译文】

帝俊把红色的弓、系着丝绳的白色短箭赏赐给了后羿，让他去扶助下界的国家。羿于是动身去下方驱除邪恶，救人民于各种苦难之中。

【原文】

18.35　帝俊生晏龙①，晏龙是始为琴瑟。

【注释】

①帝俊：一说指帝舜；一说指颛顼。

【译文】

帝俊生了晏龙，晏龙发明了琴和瑟。

【原文】

18.36　帝俊有子八人，是始为歌舞。

【译文】

帝俊生了八个儿子，他们创制了歌舞。

【原文】

18.37　帝俊生三身①，三身生义均，义均是始为巧倕②，是始作下民百巧。后稷是播百谷。稷之孙曰叔均，是始作牛耕。大比赤阴③，是始为国。禹、鲧是始布土④，均定九州。

【注释】

①三身：指三身国的祖先。②倕（chuí）：古代相传的巧匠名。③大比赤阴：人名。可能是后稷的生母姜嫄。④布：施予，施行。土：土工，治河时填土、挖土的工程。

【译文】

帝俊生了三身,三身生了义均,义均是最早的巧匠,便是世人所说的巧倕,他为下界之民发明了各种巧妙的工艺和技术。后稷最早播种百谷。后稷的孙子名叫叔均,叔均发明了用牛耕田的方法。大比赤阴,开始受封而建国。禹和鲧开始挖掘泥土治理洪水,并规划度量了九州。

【原文】

18.38 炎帝之妻、赤水之子听訞生炎居①,炎居生节并,节并生戏器,戏器生祝融。祝融降处于江水②,生共工。共工生术器,术器首方颠③,是复土壤,以处江水。共工生后土,后土生噎鸣,噎鸣生岁十有二④。

【注释】

①炎帝:上古姜姓部落的首领,号烈山氏。赤水:一说指部族民;一说指黄河。②降:流放。江水:指长江。③首方颠:头顶是方形。④生岁十有二:指把一年划分为十二个月。

【译文】

炎帝的妻子、赤水的女儿听訞生了炎居,炎居生了节并,节并生了戏器,戏器生了祝融。祝融被放逐到了长江岸边,生下了水神共工。共工生了术器,术器的脑袋呈方形,他恢复了祖宗祝融所有的土地,并到长江岸边居住。共工生了后土,后土生了噎鸣,噎鸣生了十二儿子,命名为"岁",以他们的名字来代表一年的十二个月。

【原文】

18.39 洪水滔天,鲧窃帝之息壤以堙洪水①,不待帝命。帝令祝融杀鲧于羽郊②。鲧复生禹③。帝乃命禹卒布土以定九州。

【注释】

①鲧：传说中的人物。姓姬，字熙。黄帝的后代，大禹之父。息壤：传说中一种能自己生长、永不耗减的土壤。堙（yīn）：堵塞。②祝融：传说中楚国君主的祖先，名重黎，是颛顼的后代，传说中的火神。羽郊：羽山之郊。③复：通"腹"。

【译文】

大地上四处都是洪水，鲧没有经过天帝同意，偷了天帝的息壤来堵塞洪水。天帝派祝融把鲧杀死在羽山的郊野。鲧死之后，从他腹中诞生了禹。天帝于是命令禹整治国土治理洪水，并最终划定了九州的区域。